4차산업혁명시대의 사회적 변화와 대응 방안

김용의 · 박봉철

박영사

머리말

　21세기가 시작된 지 벌써 21년이 지났다. 우리는 4차산업혁명이라는 역사적 상황에서 그 혁명이라는 단어가 내포하고 있는 엄청난 기술적 · 사회적 변화를 경험하고 있다. 그러한 변화는 우리 일상생활의 모든 면에서 엄청난 편익을 제공하기도 하지만 그 부작용에 따르는 피해와 위험도 만만치 않다. 4차산업혁명을 구성하는 중요한 요소에는 5G를 넘어 6G로 진화하는 디지털 통신과 블록체인, De-Fi 등 가상화폐를 이용한 금융거래, 메타버스 등 사이버 공간에서의 다양한 활동, 스포츠 예술 분야에 등장한 NFT 작품들과 그 거래시장의 출현 등이 있다. 이러한 모든 분야에 있어서 핵심적 역할을 담당하는 인공지능의 발전 그리고 그것의 기초가 되는 Big-Data 운영 시스템의 진화와 발전은 오늘날 우리 삶의 내용과 방식을 변화시키는 중요한 원천이 되고 있다. 본서는 위에서 열거한 여러 가지 중요한 화두들에 대해서 그 근원이 되는 이론과 실제를 과학적, 공학적, 사회학적, 경영학적 그리고 법학적 관점에서 살펴보았다. 그리고 모든 관점들을 포섭한 융합적 관점에서 이러한 화두들이 품고 있는 문제들을 분석하고 해석한 내용을 좀 더 쉬운 언어로 설명하고자 하였다.

　이 책이 대학에서 관련된 분야들을 전공하는 학생들에게는 그 기초 교재와 참고도서로 사용되고, 다양한 직업과 사업에 종사하시는 사람들에게는 이 시대를 이해하고 미래를 대비하는 데에 유익한 교양서로서의 역할을 담당해 주기를 바란다.

이 책의 대표 저자인 김용의 동아대 법학전문대학원 특임교수는 오랫동안 한국과 미국에서 다양한 국제상거래 실무에 종사해온 경영인이었고 또한 그 현장에서 (미국) 변호사로서 법률서비스 실무도 수행했었다. 2009년 한국에서 로스쿨제도가 도입될 때부터 지금까지는 로스쿨 교수로 일해 왔다. 다른 한 공동 저자인 박봉철 동아대 법학전문대학원 교수는 전산학 박사로서 삼성전자에서 근무한 공학자이자 변호사 실무 경험을 가진 법학자이다. 저자들은 이 책을 저술함에 있어서 노동법 분야의 전문가인 송강직 동아대학교 로스쿨 교수, 사회학자인 윤상우 동아대학교 사회학과 교수, 산업공학 박사인 김준우 동아대학교 산업공학과 교수로부터 큰 도움을 받았다. 이 책이 서술하고 있는 많은 부분들이 이분들의 도움이 없이는 저술이 불가능했음을 밝히며 이 지면을 통하여 감사의 말씀을 드린다.

또한 마지막으로 이 책은 대표 저자가 2019년부터 대한민국 교육부와 한국연구재단의 지원을 받아 연구책임자로서 수행하고 있는 연구 과제(NRF-2019SIA5C2A03080798)의 연구 성과를 정리하고 그 성과를 확산하고자 하는 목적으로 저술된 것임을 밝힌다.

대표 저자 김용의

차례

기술(Tech) 이야기

사회적 변화와 대응 이야기

I

기술(Tech) 이야기

       사람들은 지금을 "4차산업혁명시대(The Fourth Industrial Revolution)"라고 부른다. 세계경제포럼의 창시자 중 한 명인 클라우스 슈바프(Klaus Schwab)가 2015년 처음으로 4차산업혁명의 개념을 주장하였고, 2016년 1월 20일 스위스 다보스에서 열린 세계경제포럼을 통해 널리 퍼지게 되었다.

    바이오산업, 3D 프린터, 로봇, 인공지능, 스마트폰이 4차산업을 이루는 후보군으로 선정된 바 있으며, 신기술들이 유발하는 문제점과 이들을 상쇄할 이점에 관한 낙관적 시각과 비관적 시각이 공존하고 있다. 그러나 기계학습과 인공지능의 발달로 인한 산업의 변화를 의미한다는 수준을 넘어, 그 정의가 명확하지 않아 4차산업의 실체가 불분명하다는 논란은 여전히 존재한다.

    전통적으로 이산수학, 알고리즘, 컴퓨터구조와 같은 과목을 수강하면 기계가 어떤 방식으로 문제를 해결하는지에 관하여 배울 수 있었다. 컴퓨터가 체스를 둘 수 있었고 인간 최고수를 상대로 승리를 거두었다는 기사도 본 적이 있다. 기억을 되살려 보면, 알고리즘 과목의 담당 교수님이 "체스는 몰라도 바둑은 절대로 컴퓨터가 사람을 이길 수 없다. 체스와 달리 바둑은 매 순간 선택할 수 있는 경우의 수가 매우 많기 때문이다. 만약 바둑에 있어서 컴퓨터가 사람을 이기는 시대가 오면 여러분은 지금까지 배운 것을 모두 잊어버리고 새롭게 시작해야 할 것이다"라고 말씀하셨다. 이후 2016년 알파고는 컴퓨터가 바둑에 대해 사람을 이기는 시대가 이미 도래하였음을 세상에 알렸다.

우리는 지금까지 배운 것을 겸허히 내려놓고 새로운 흐름에 몸을 맡긴 채 완전히 다른 내용의 배움을 시작해야만 한다. 알파고가 인공지능이라는 단어를 촉발했다면, 알파고가 어떻게 작동하게 되었는지를 살펴보는 것이 인공지능의 개념을 정립하는 데 도움이 된다.

여기서 중요한 점은 알파고의 성능이 이세돌을 뛰어넘을 만큼 탁월하지 않았다면, 알파고를 구현하는데 어떤 기술이 쓰였든지 간에 인공지능 바둑이라고 불리지는 않았을 것이라는 점이다. 알파고 이전에도 많은 사람을 상대로 바둑을 둘 수 있는 바둑 프로그램들이 다수 존재하였으나, 그 성능이 아마추어에 머물고 있었기 때문에 어느 하나 인공지능 바둑 프로그램이라고 불린 적이 없다. 즉, 알파고를 구현하고 있는 요소기술, 딥러닝이나 강화학습이 인공지능이라는 호칭을 부여한 것이 아니라(또는 그 기술 자체가 인공지능이 아니라), 인간 최고수를 압도하는 성능이 인공지능이라는 호칭을 부여하고 있다는 점을 간과하면 안 된다. 설령 딥러닝이 아닌 다른 기술을 바탕으로 알파고가 구현되었다고 하더라도, 알파고가 인공지능 바둑이 아닌 것은 아니다.

다시 4차산업혁명시대라는 단어로 돌아가서, 4차산업의 정의가 정확히 무엇인지에 관한 의견이 분분하지만, 4차산업이라는 표현과 함께 '인공지능', '블록체인', '빅데이터' 등의 단어가 눈에 띄는 것은 사실이다. 위와 같은 단어에 관한 이해가 선행되지 않는다면 4차산업이라는 의미를 진정으로 받아들이기 힘들다.

현 시대상을 반영하는 다른 키워드는 '융복합(convergence)'이다. 산업현장에서는 오래전부터 다양한 분야의 전문가들이 하나의 팀을 이루어서 일을 하고 있다. 이제 하나의 기술만으로는 인간의 욕구를 만족시킬 서비스를 제공하기 어렵기 때문에 회사는 자신의 전공 분야뿐만 아니라 주위의 전문 분야에 관하여 열려있는 사고를 가진 인재를 원하고 있다. 상황이 그렇기 때문에 정부와 대학에서도 학제 간의 융복합을 적극적으로 권장하고 있다.

융복합의 대상은 실로 여러 가지가 될 수 있나. 융복합 인재를 중시하는 융복합 시대의 기술 분야는 그 수를 헤아릴 수 없을 만큼 많다. 그중에서 흔히 4차산업혁명시대를 이루고 있다고 할 수 있는 몇몇 핵심적인 기술에 관하여 이야기하고자 한다. 4차산업이라는 포장지 속의 요소기술에 관한 기본적인 이해가 전제되면 우리가 살아가고 있는 시대상에 관한 영감을 얻을 수 있을 것이다.

1. 인공지능

요즘 사람들은 인공지능이란 단어를 사용하는데 머뭇거림이 없지만, 막상 인공지능이 무엇이냐고 물어보면 쉽게 대답하는 경우는 많지 않다. 인공지능을 논하기 전에 '지능'이란 무엇인지에 대한 개념을 정의하기 위한 논의가 계속되고 있다. 그런 이유로 지능에 '인공'이란 단어가 결합된 인공지능의 개념 또한 상당히 폭넓게 이해되고 있다.

인공지능이란 사람과 같이 행동하고 반응하는 지능적인 기계라고 하는 다소 거친 정의부터, 지능이 인간의 추론 및 문제해결 능력과 관련하여 사용된다는 점에 착안하여 주변의 정보를 처리하고 그 결과를 바탕으로 올바른 결정을 하는 기계가 인공지능이라는 정의까지 찾아볼 수 있다.

워낙 인공지능에 대한 논의가 활발하게 일어나고 다양한 분야에서 관련 기술을 적용하고자 하는 시도가 많이 있는 탓에 냉장고·세탁기·에어컨 등 일반 가전제품에도 인공지능이라는 수식어가 따라붙고 있다. 전산학이나 소프트웨어에 관한 전문가는 아니라도 어차피 인공지능 알고리즘은 컴퓨터 하드웨어에서 수행되므로 넓게 보면 메모리나 반도체 패키징 전문가도 인공지능 분야에 종사한다고 말할 수 있다.

그렇지만 인공지능의 본질이 무엇인가에 대한 성찰이 없다면 인공지능의 대중화, 인공지능 전문가 양성, 인공지능을 통한 융복합 등 정부가 미래 산업의 먹거리를 인공지능에서 찾겠다는 현시점에서 자칫 피상적인 말잔치로만 그치거나 본래의 의미가 퇴색될 위험이 있다. 뭐든지 인공지능이라고 호도되는 것은 다소 우려스럽다.

처음부터 생각해 보자. 우리는 언제부터 인공지능에 열광했는가. 사실 인공지능의 시작은 1950년대까지 거슬러 올라갈 수 있을 만큼 그 역사가 오래된 분야이지만,[1] 사람들의 입에서 인공지능이란 단어가 오르내리기 시작한 것은 2014년 이세돌과 알파고의 바둑 대결 이후 임이 분명하다. 가로 19줄, 세로 19줄의 바둑판 위에 그려질 수 있는 흑돌과 백돌의 모습은 그

---

[1] 인공지능은 전통적으로 사고나 학습 등 인간이 가진 지적 능력을 컴퓨터를 통해 구현하는 기술이라고 하고, 인간의 인식, 판단, 추론, 문제해결, 그 결과로써 언어나 행동 지령, 더 나아가서는 학습 기능과 같은 인간의 두뇌 작용을 이해하는 것을 연구 대상으로 하는 학문 분야라고 한다.

경우의 수가 너무나 많기 때문에(우주의 원자 수보다 많다) 절대로 기계가 사람을 이길 수 없다는 것이 과학계의 정설이었고 필자도 그렇게 배웠다. 바둑에서 컴퓨터가 사람을 이기는 날이 오면 지금까지 배웠던 내용을 뒤로하고 완전히 새로운 마음으로 처음부터 배워야 할 것이라고 하던 교수님의 말이 떠오른다. 우리가 알파고를 칭송하게 된 것은 그냥 바둑 두는 사람을 이긴 것이 아니라 바둑에 있어서 인간계에 존재하는 최고 수준의 기사를 이겼기 때문이다. 그것도 5판 중에서 1판을 내주었을 뿐 나머지 4판을 모두 불계승으로 끝낸 알파고의 완벽한 승리였다. 이세돌에게 압승한 알파고를 사람들은 인공지능 바둑이라 부르기 시작하였고, 급기야 현재는 프로바둑 기사들조차 인공지능 바둑 프로그램으로 배우고 훈련하고 있다.

그렇다면 일부 전문가들 사이에서 학술적 의미에 머물렀던 인공지능이 아닌 일반 사람들의 가슴 속에 자리 잡은 인공지능은 과연 무엇인지 고민해 볼 필요가 있다. 연구자들이 전통적으로 개념 정의한 인공지능과 알파고를 통해 사람들이 이해하고 있는 인공지능의 뜻은 다를 수 있기 때문이다. 이를 위해 알파고를 사람들이 '인공지능 바둑'이라고 부르는 것에 주저하지 않는 이유가 무엇인지부터 정리해 보자.

첫 번째로 알파고는 인간 바둑기사가 하는 것처럼 바둑 두는 일을 똑같이 해낸다. 데이터베이스화되어 있는 명국의 기보를 검색하여 보여주거나 기력 향상을 위해 난도 있는 사활문제를 제시하고 풀어주는 것이 아니라, 알파고는 실제 사람을 상대로 마치 사람같이 바둑을 둘 수 있다. 물론 이세돌과의 대결에서 알파고가 물리적으로 바둑판에 바둑돌을 놓는 것은 아니었고 알파고가 어디에 바둑돌을 둘 것인지를 결정하면 알파고를 보조하는 사람이 실제 그 자리에 바둑돌을 놓아주었다. 그렇지만 형세를 분석하여 바둑돌을 어디에 둘지 결정하는 이상 알파고가 바둑을 둔다는 점에는 다툼이 있을 수 없다.

두 번째로 알파고의 바둑실력은 인간 최고수의 바둑실력을 압도하였다. 기존에도 바둑 프로그램은 다수 존재하였으나 어느 하나 프로기사의 수준에는 미치지 못하였다. 알파고가 이렇게 유명해진 것은 특정 알고리즘이 적용되었다는 사실 그 자체보다는 바둑계의 최고수인 이세돌에게 완승하는 모습을 보여주었기 때문이다. 만약 알파고가 이세돌을 상대로 이기지 못했다면 지금의 인공지능 바둑이라는 명칭은 얻을 수 없었을 것이다. 알파고에게 인공지능 바둑이라는 칭호를 붙이는데 아무 이견이 없는 이유는 인간계의 최고수에게 승리할 수 있음을 객관적으로 증명한 데 있다. 즉, 우리의 아드레날린을 분비시킨 것은 컴퓨터가 인간 최고수 이세돌을 상대로 완승하였다는 점에 있을 뿐 사용된 기술은 상관없다. 딥러닝이든 얕은 러닝이든 결과적으로 바둑 최고수가 기계에 완패하였다는 역사적 사실에 흥분을 감추지 못하는 것이다. 결국 인공지능이란 단어를 붙이려면 해당 업무 수행에 있어서 사람의 역량보다 현저하게 우월하다는 것이 전제되어야 한다.

세 번째로 바둑은 일부러 배우지 않으면 아무나 둘 수 없다. 바둑은 누구나 배울 수 있지만 어느 정도 수준급의 실력을 갖추려면 기본적인 정석을 익히고 사활을 푸는 등 부단한 훈련과정을 거쳐야만 한다. 특히 프로기사가 되기 위하여 연습생이 평소 훈련하는 것은 초등학생이 덧셈과 뺄셈을 익히는 것과는 큰 차이가 있다. 덧셈·뺄셈은 보통의 아이들이 보통의 교육과정을 거치면 누구라도 잘하게 되지만, 바둑 프로기사는 바둑에 대한 특별한 재능이 없다면 무조건 노력한다고 될 수 있는 것이 아니다. 아무리 산수에 능한 인간이 있다고 하더라도 컴퓨터가 덧셈·뺄셈을 하는 것에 비할 수 없으나, 덧셈·뺄셈을 기가 막히게 빨리한다고 해서 인공지능이라고 부르지 않는다. 인공지능의 지능이라는 단어에는 아무나 할 수 없는 분야라는 뜻이 내포되어 있다.

정리하면, 과거로부터 정치한 정의는 별론으로 하고 알파고 이후 사람들의 마음속에 자리 잡은 인공지능이란 아무나 할 수 없는 특별한 일을 마치 사람이 하는 것과 똑같이 하면서 그 분야에서 최고 수준의 인간보다 월등히 좋은 결과를 담보할 수 있는 기계라고 말할 수 있다. 요즘은 '인공지능 X'라고 하면서 X에 각 산업 분야의 명칭을 대입시켜서 말한다. 예를 들면 인공지능 변호사, 인공지능 주식, 인공지능 자동차, 인공지능 토익 등 그 종류와 수를 한정할 수조차 없다. 그중에는 앞서 알파고를 통해 정리해 본 인공지능의 개념에 부합하는 것도 있고 아닌 것도 있을 수 있다. 인공지능 분야의 침체기에 있다가 인공지능에 다시 관심을 쏟기 시작한 계기가 알파고인 만큼, 어떤 '인공지능 X'이건 간에 알파고를 인공지능 바둑이라고 부르는 이유와 대비될 수 있어야만 인공지능이란 의미가 퇴색되지 않을 것이다.

다양한 분야에서 인공지능을 실현하기 위하여 어느 때보다 소프트웨어에 관한 기술혁신이 이루어지고 있다. 바둑을 넘어 산업 각 분야에 '인공지능'을 도입하고자 하는 움직임이 일어났으며, 학계에는 인공지능이란 명칭이 들어가지 않으면 과제 수주가 힘들 정도라는 말도 있다. 그중에서 인공지능이란 표현이 나오면 으레 등장하는 기술 분야가 있는데, 딥러닝(deep learning)과 강화학습(reinforcement learning)이다. 딥러닝과 강화학습이 인공지능을 대표하는 요소기술이 된 이유는 알파고에서 사용된 기술이기 때문이다. 앞서 설명한 바와 같이 알파고가 인공지능 바둑이라는 단어를 탄생시켰기 때문에 알파고를 구현하는 데에 사용된 기술이 인공지능 기술이라는 식의 등식이 통용되는 것이다.

그런데 여기서 반드시 짚고 넘어가야 할 중요한 점이 있다. 딥러닝과 강화학습만이 인공지능 기술일까? 알파고는 인공지능 바둑이므로 알파고에 사용된 기술은 '인공지능 전체'가 아닌, '인공지능 바둑'에 국한하여 대표되는 기술이라고 하는 것이 정확하다. "인공지능 = 딥러닝"이라는 식의 생각은 교정될 필요가 있다. 알파고의 영향으로 딥러닝이 인공지능을 대표하는 기술이 되었을 뿐 딥러닝만이 인공지능을 구현할 수 있는 유일한 기술은 아니라는 사실을 간과해서는 안 된다. 좀 극단적으로 비유하자면 만약 알파고가 딥러닝이 아니라 '중력의 법칙'으로 구현되었다면 '중력의 법칙'을 두고 인공지능이라고 하는 꼴인데 그럴 수는 없는 노릇인 것과 마찬가지이다. 결국 인공지능의 개념은 사용된 요소기술로 정의되거나 설명되는 것이 아니다. 분야에 따라서는 인공지능을 구현하기 위하여 딥러닝보다는 퍼지논리(fuzzy logic)나 규칙기반(rule-based) 시스템이 적합할 수 있는 것이다. 딥러닝을 사용하면 인공지능이고 딥러닝을 사용하지 않으면 인공지능이 아니라는 식의 설명 때문에 마치 딥러닝을 사용하기만 하면 인공지능의 힘으로 모든 것이 다 해결될 수 있다는 잘못된 인식이 퍼지게 된 것은 아쉽다.

어쨌든 일부 사람들은 아직까지 인공지능이란 딥러닝과 같은 특정 기술을 사용하는 것이라는 식으로 개념을 정의하기 원한다. 물론 앞서 설명한 바와 같이 인공지능의 개념은 사용된 기술의 종류와는 무관한 것이라는 것이 필자의 확고한 입장이다. 그럼에도 불구하고 알파고를 비롯한 다양한 인공지능 분야에서 딥러닝과 강화학습 기술이 널리 활용되는 것은 사실이므로 위 두 가지 기술에 관하여 기초적인 개념과 기술적 특징을 알아둘 필요성은 충분하다.

1.1. 딥러닝

일반인들은 인공지능 기술과 딥러닝을 혼용하여 사용할 정도로 분야에 따라서는 인공지능을 구현하는 주요 기술 중의 하나가 '딥러닝(deep learning)'이라는 기술이다. 딥러닝은 마치 블랙박스처럼 논리적으로 왜 그렇게 되는지는 따질 필요도 없고 따질 수도 없이 주어진 입력에 대하여 원하는 결과만 제대로 출력되면 만족한다는 철학을 엿볼 수 있는 기술이다. 딥러닝 기술을 구현하는 단계에서 보면 생물학적 뉴런을 모방하는 여러 개의 인공뉴런으로 구성된 네트워크 구조를 활용한다는 점이 특징이다.

먼저 뉴런은 신경계를 구성하는 세포이다. 쉽게 말해서 뇌를 구성하는 세포라고 볼 수 있다. 뉴런은 다른 뉴런과 무수하게 연결되어 있으며, 생물학적 뉴런은 순차적으로 아래 3가지 행동을 반복한다.

첫째, 주위의 다른 뉴런으로부터 정보를 받는다. 정보를 받기 위해 뉴런은 다른 뉴런과 수상돌기를 통해 연결되어 있다.

둘째, 받은 정보를 세포 내 전압으로 변환하고 이를 합산한다.

셋째, 합산된 전압이 일정 수치를 넘어서면 세포는 자체적으로 신호를 발생시키며, 발생한 신호는 주위에 연결된 다른 뉴런에게 전달된다. 다른 뉴런에게 신호를 전달하기 위해 축삭을 통해 연결되어 있다.

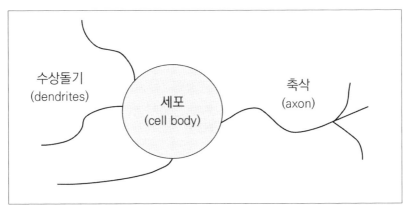

그림 1-1 **생물학적 뉴런의 개념도**

연구자들은 뇌세포가 위와 같이 단순한 구조와 기능을 가지고 있을 뿐인데도 사람들은 복잡하고 복합적인 일을 지능적으로 처리해 낸다는 점을 주시하였다. 실제 생물학적 뉴런의 구조와 기능을 컴퓨터로 모사할 수 있도록 인공적으로 모델링하기 시작했다. 결국 1950년 후반 미국의 신경생물학자 프랭크 로젠블렛(Frank Rosenblatt)이 최초의 인공뉴런을 제안하기에 이르렀고, 이를 퍼셉트론(perceptron)으로 불렀다.

퍼셉트론은 생물학적 뉴런이 하는 일과 비슷하게, 주위로부터 정보를 수집하고 이를 가중 합산한 후, 그 값이 내부적으로 정해진 수치를 넘으면 주위의 다른 퍼셉트론에게 일정한 출력값을 전달한다.

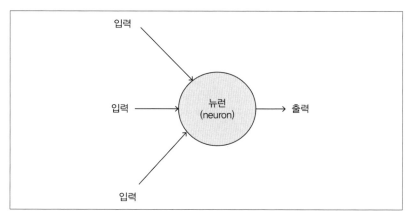

그림 1-2   인공뉴런(퍼셉트론)의 개념도

딥러닝을 정의하는 방식은 다양할 수 있지만, 가장 담백하게 소개하자면 딥러닝이란 특정 목적으로 신경세포(neuron) 망(network)을 학습시키는 방식이라고 말할 수 있다. 일단 진짜 신경세포는 아니다. 생물학적으로 유사하다고는 하지만 그럴 리는 없고 위에서 말한 인공뉴런이 그 대상이다.

딥러닝이 활용하는 데이터 구조는 다음 〈그림 1-3〉과 같이 인공뉴런들이 모인 네트워크로서, 데이터를 입력받는 단일 입력층(input layer), 3개 이상의 층으로 구성되어 입력 데이터로부터 학습한 지식을 담고 있는 은닉층 (hidden layer), 결과를 출력하는 단일 출력층(output layer)으로 구성된다.

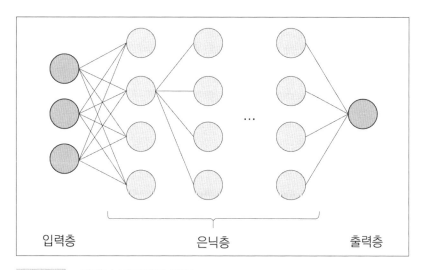

입력층　　　　　　　　　은닉층　　　　　　　　출력층

그림 1-3　딥러닝 네트워크 구조

　하나의 인공뉴런에서 다음 층의 인공뉴런으로 모두 연결되는 것을 원칙으로 하고 각각의 인공뉴런은 입력들에 대한 고유한 가중치(weight)와 기준치(bias)를 주어진 데이터로부터 학습하게 된다.

　인공뉴런은 수 개의 입력신호를 받을 수 있고 출력은 하나인 것이 특징이다. 각 신호 값을 대응하는 가중치로 곱하여 합한 값이 주어진 임곗값 이상이면 출력신호가 발생하고 그렇지 않으면 출력신호는 발생하지 않는다. 생각건대, 어떤 인공뉴런 하나를 특정하는 것은 각 입력에 관한 가중치(w)와 함께 출력을 발생시킬 수 있는 기준치가 되는 임곗값(b)을 정하는 것으로 귀결된다.

　딥러닝은 3개 이상의 은닉층을 가지는 인공신경망을 학습시키는 것이고, 인공신경망을 학습시킨다는 것은 인공신경망을 이루고 있는 각 인공신경세포의 가중치와 임계치를 결정한다는 의미이다. 어떻게 결정할까? 가중치와 임계치를 어떻게 정해주면 주어진 입력에 대하여 기대하는 출력을 얻을 수 있을까?

기본적인 아이디어는 일단 각 뉴런의 가중치와 임계치에 임의의 값을 넣은 후 결과를 얻어 본다. 이때 정말 임의의 값을 넣는다. 다만 모든 가중치가 0이 될 수 없다는 점에 유의하자. 가중치가 0이라는 말은 입력신호가 뭐가 되든 반영이 되지 않는다는 것이고 뉴런이 연결된 것이 아닌 뉴런 사이의 모든 연결이 끊어진 상태를 의미하기 때문이다.

임의의 값을 넣어 본 결과와 실제 나와야 하는 정답과의 차이를 계산하고 그 차이가 점진적으로 줄어들도록 인공뉴런의 가중치와 임계치를 단계적으로 조절해 나가는 기법을 쓰게 된다. 어떤 가중치나 임계치를 어떻게 변화시키면 최종 결과값과 정답과의 차이, 즉 오차의 범위가 커지는지 줄어드는지는 그야말로 해보아야 알 수 있는 것이다. 예를 들어, 다른 가중치와 임계치는 동일한 상태로 두고 특정 가중치의 값을 살짝만 변경시켰을 때 오차가 어떻게 변화하는지 살펴볼 수 있을 것이다. 만약 오차가 줄어든다면 그 가중치의 값을 같은 양으로 좀 더 변화시켜 보면서 다시 오차가 얼마나 줄었는지 본다. 이렇게 모든 가중치와 임계치에 대하여 하나하나 모든 변화를 따져보면서 오차를 줄여나간다면 이론적으로는 동작할 수도 있겠지만 엄청나게 비효율적이라는 느낌이 든다.

딥러닝을 하는 주된 방법 중 오차를 역으로 전파하면서(입력층으로부터 출력층으로 진행하는 것이 아니라 출력층에서 시작하여 입력층으로 진행한다는 의미에서 역으로 전파한다고 한다) 오차의 수준을 역전파(back-propagation)시키는 방법이 있다. 이때 각 뉴런에서 경사하강법(gradient descent)을 써서 가장 효과적으로 오차를 줄일 수 있도록 가중치와 임계치를 조절하는 것이 보통이다. 경사하강법이 되려면 미분을 할 수 있어야 하는데, 계단함수(step function)는 미분이 가능하지 않다(경계점에서 무한대가 나오므로). 따라서 뉴런의 활성화함수(activation function; 입력신호의 가중 합에 따라 출력신호를 발생시키는 함수)를 시그모이드함수(sigmoid function)처럼 미분이 가능한 함수로 대체하여야 한다.

일반적으로 신경망을 이루고 있는 뉴런의 개수가 많아질수록 성능이 높아지고 다룰 수 있는 문제의 영역도 넓어진다. 다만 뉴런의 개수가 많으면 많을수록 그만큼 결정해 주어야 할(학습시켜야 할) 가중치와 임계치의 수도 늘어나는 문제점이 있다. 뉴런의 수가 증가할수록, 층의 개수가 늘어날수록 어느 정도로 작동하는 인공지능 시스템이 되기 위해서는 학습에 소요되는 시간과 비용이 기하급수적으로 늘어나기 때문에 뉴런의 개수를 마냥 늘릴 수만은 없는 것이다.

범죄는 매시간 발생한다. 전국적으로 보면 2분에 한 번꼴로 사기사건이 발생하는데 수사기관에 인지되어 수사가 이루어진 것만 그렇다. 밖에 나가 보면 눈에 보이는 절반은 사기꾼이고 나머지 절반은 그 사기꾼에게 당한 피해자라는 우스갯소리가 있을 정도이다.

범죄를 행한 자, 즉 범죄자를 수사기관에서 수사한 후 검사가 유죄의 증거와 함께 형사재판에 넘기는 것을 기소라고 한다. 기소 전의 범죄자를 피의자, 기소 후에는 피고인이라고 부른다.

변호사는 직업적인 상황 때문에 사기는 물론 음주운전부터 살인까지 다양한 종류의 피고인들을 만나게 된다. 형사법적인 법리를 설명해 가면서 피고인 입장에서 혹시라도 억울한 부분이 없는지 세심히 상담하려고 노력한다. 실제로 억울하게 기소된 사안도 있고 그러한 점을 다투어 무죄를 선고받게 된 사건도 있었지만, 대부분의 사건은 수사기관이 명백한 증거를 바탕으로 기소하였기에 피고인 역시 순순히 죄를 인정하는 자백 사건이었다.

피고인이 자신의 죄를 인정하든 안 하든 변호사를 찾는 피고인의 관심사는 명확하다. 감방, 즉 교도소에 갈 가능성이 있는지와 만약 교도소에 가게 된다면 몇 년 동안 수감되는지 알고 싶어 한다. 정확한 상담을 위해서 관련 판례의 이론을 아무리 설명을 해주어도 결국 듣고 싶은 대답은 교도소에 가게 되는지, 간다면 얼마나 수감되어야 하는 지로 압축된다.

사실 형사판결에 관하여 법관의 재량은 생각보다 크다. 비슷한 사안이라고 하여 항상 판결의 결과가 동일하게 나올 것이라고 단정할 수 없는 이유이기도 하다. 예를 들어, 같은 액수의 피해를 발생시킨 사기범죄라고 하더라도 어떤 피고인은 감방에 가고 다른 피고인은 안 갈 수도 있다. 법관은 양심에 따라 법률에 의해 형을 선고하는 것이므로 동일한 사안에 대하여 동일한 판결이 나와야 한다는 소위 '자판기 판결'의 정당성이 받아들여질 여지는 애초에 희박하다.

그러나 법관의 양심과 법률에 따른 재량이 폭넓게 인정되더라도 주어진 범죄에 대하여 어떤 처벌이 내려질지 합리적인 수준으로 예측할 수 있게 하는 것이 필요하다. 같은 것은 같게 다른 것은 다르게 해야 한다는 평등권에 비추어 보면 형량을 예측할 수 있다는 점은 사법신뢰도와 직결되는 문제이기 때문이다.

양형이란 형사재판에서 법관이 피고인에 대한 형을 정하는 것을 말한다. 양형은 개인의 신체적 자유, 경제적 자유 등을 직접적으로 제한하고, 나아가 생명까지 박탈하는 중대한 결과를 가져올 수 있기 때문에 합리적인 양형은 형사재판 전체의 공정성과 신뢰성을 확보하기 위해 필수적이다. 법관이 합리적인 양형을 도출하는 데 참고할 수 있도록 법원조직법에 따라 설립된 양형위원회가 설정한 기준이 존재하는데, 이를 양형기준이라 부른다. 양형기준에 따라 합리적인 양형이 이루어진다면 형사판결의 예측가능성을 넘어 사법신뢰도가 높아질 것임은 분명해 보인다.

문제는 법관은 반드시 양형기준을 따라야 한다는 구속력이 없을 뿐만 아니라 양형기준을 해석·적용하는 작업 자체가 쉬운 일이 아니라는 데 있다. 양형기준을 적용하여 법관이 형을 선고할 수 있는 범위를 도출하여도 여전히 그 범위가 넓기 때문에 처벌 수위에 대한 구체적인 예측은 어렵다는 점 또한 양형기준의 한계라고 볼 수 있다.

여러분에게 범죄를 저지른 피고인이 징역형을 살게 될지, 살게 된다면 얼마나 살게 될지 묻는다면 어떻게 답하는 것이 좋을까? 먼저 드는 생각은 앞서 설명한 양형기준에 비추어 법관의 입장에서 선고할 수 있는 형의 종류와 범위를 구해보는 것이다. 즉, 반성은 하는지, 피해액은 얼마인지, 피해자와 합의는 했는지 등의 여부에 따라 피고인에게 유리한 인자, 불리한 인자로 구분할 수 있고 그 종류와 수량에 따라 양형위원회에서 정해 놓은 규칙에 따라 선고형의 범위를 보다 구체화할 수 있을 것이다.

다만 범죄의 종류에 따라서는 양형기준에 부합하게 선고가 이루어지지 않을 뿐만 아니라 근본적으로 양형기준을 따라야 할 구속력이 없는 만큼 양형기준을 바탕으로 한 형량예측은 본질적인 한계를 가질 수밖에 없다.

양형기준보다 좋은 해결책은 지금까지 형사재판을 통해 축적된 데이터를 학습하여 비슷한 유형의 범죄와 양형인자에 따라서 실제 피고인에게 선고된 판결내용처럼 결과적으로 최대한 정확하고 세밀하게 예측해 주는 것이다.

지금까지의 형사판결 중에서 사기죄를 단독으로 범했을 때 피해액수에 따라, 합의 여부, 반성 여부 등에 따라 종국적으로 피고인에게 선고된 형의 종류와 범위를 모아 볼 수 있을 것이다. 그 양이 충분히 많다면 소위 빅데이터가 될 것이고 빅데이터 수준까지는 미치지 못하더라도 기계학습을 위한 기초 자료로 활용될 것이다.

1.2. 강화학습

강화학습이란 학습의 대상이 기계가 처해 있는 환경에서 현재의 상태와 직전 행위에 대한 보상값에 근거하여 다음 단계에서 취할 행위를 결정하고 실행하여 환경의 상태를 변화시키면서 향후 종국적인 보상값이 최대가 되도록 하는 기계학습 기법이다.

순수한 강화학습의 작동 방식은 신경세포의 구조와는 무관한 것이다. 비유하자면 지도학습이 배움을 통해서 실력을 키우는 것이라면, 강화학습은 일단 해보면서 경험을 통해서 실력을 키워가는 것이다. 즉, 그 행동의 결과가 자신에게 유리한 것이었다면 상을 받고, 불리한 것이었다면 벌을 받는 것이다. 강화학습은 현재의 상태(state)에서 어떤 행동(action)을 취하는 것이 최적인지를 학습하는 것이다. 행동을 취할 때마다 외부 환경에서 보상(reward)이 주어지는데, 이러한 보상을 최대화하는 방향으로 학습이 진행된다.

강화학습에서는 당장의 보상값이 조금 적더라도, 나중에 얻을 값을 포함한 보상값의 총합이 최대화되도록 행동을 선택해야 한다. 게다가 행동하는 플레이어는 어떤 행동을 해야 보상값의 합이 최대화되는지 모르기 때문에, 미래를 고려하면서 가장 좋은 선택이 뭔지 행동을 여러 방식으로 수행하며 고민해야 한다.

어떤 행위를 하면 당장은 보상이 높더라도 그러한 행위를 함으로써 종국적으로 나쁜 결과에 이를 수 있는 경우가 많다. 바둑에서 하나의 수를 둘 때 자신의 승률이 얼마나 높아지는지를 생각해 보자. 전산학에서는 현재 상태에서 가장 유리한 행위를 해나가는 것을 탐욕알고리즘(greedy algorithm)이라고 하는데, 세상 사람들의 태도를 잘 반영하고 있는 것 같다.

그런데 탐욕알고리즘이 최적의 답을 보장하지 않는다. 무슨 말이냐면, 매 순간 최적의 결과가 나오도록 행동하더라도 전체적으로는 최적이 되지 않을 수 있다는 뜻이다. 지금은 좀 손해 보더라도 전체적으로 최고의 보상이 이루어지도록 행동해 나갈 수 있어야 한다. 그렇다면 어떻게 해야 할까? 특정 행위를 하면 그에 따른 환경의 상태가 변화하게 되고, 목표로 하는 상태와의 비교를 통해 보상이 따른다. 그렇게 변화된 상태와 보상을 바탕으로 다시 어떤 행위를 취할 것인지 정해야 하는데, 탐욕알고리즘이 최적이 아니라면 다른 아이디어가 쉽게 떠오르지는 않는다. 어차피 전역적으로 최고의 해결책을 찾을 수 없다면, 뭔지 모르지만 객관적으로 합당한 직관 내지 통찰력이 필요하다. 여기서 "미래보상의 현재가치"라는 개념이 도입된다. 내가 지금 어떤 행위를 하느냐에 따라 전혀 다른 결론에 이를 수 있고 그 과정에 받은 보상의 합이 최대치가 되기를 원하고 있는 것이다. 여기서 하나의 직관은 현재 보상이 향후 받게 되는 미래의 보상보다 더 가치가 있다는 내용이다. 나중에 잘해주는 것보다 지금 잘해주는 것이 의미가 클 때가 있는 것처럼(항상 그런 것은 아니지만), 대개는 추후에 내가 받게 되는 이익의 가치가 현재 시점에서 상당수준으로 상쇄된다.

앞서 설명한 대로, 강화학습은 주어진 환경의 상태를 파악하여 정해진 조치를 함으로써 환경의 상태에 변화를 끼치면서 목표로 하는 보상이 높아지도록 학습하는 방식이다. 문제를 푸는 주체로서의 에이전트(agent)와 시간의 흐름에 따라 바뀌는 문제의 조건을 나타내는 환경(environment)을 중심으로 환경의 상태(state), 정책에 의한 행동(action), 환경으로부터의 보상(reward)을 구성요소로 하는 다음의 〈그림 1-4〉를 보자.

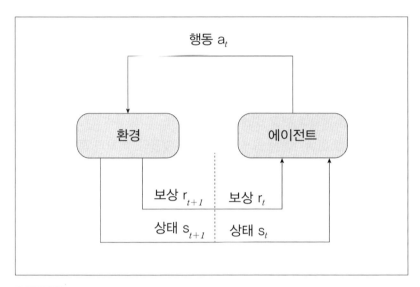

그림 1-4 강화학습 개념도

에이전트는 현재 t 시각의 상태와 보상을 입력받아 학습된 바에 의하여 행동을 하게 되고(at), 그 결과 환경은 다음 시각의 상태(st+1)로 변화하게 되면서 보상도 달라진다(rt+1). 잘 학습된 에이전트라면 어떤 환경에서도 보상을 높여가면서 목표를 달성할 것이다.

하나의 예를 들어 보자. 학생은 공부를 잘할 때도 있고 못할 때도 있다. 그런데 공부를 잘하는 학생에게 칭찬과 격려를 하고 못하는 학생에게 비난과 체벌을 해야만 바람직할까? 오히려 성적 좋은 학생이 자만하지 않고 성적이 더 잘 나오도록 긴장을 놓지 않게 경각심을 주고, 성적 나쁜 학생에게 인간적인 애정과 관심을 주어야 하는 것이 아닐까?

과거의 수학 성적이 48점-50점-70점인 학생과 83점-70점-90점인 학생에게 어떤 방식으로 지도해야 할지 명확하지 않은 경우가 많다. 에이전트를 교사로 학생과 수학 성적을 환경으로 보고, 다음과 같이 강화학습을 설계할 수 있다.

목표	수학 성적이 90점 이상 되도록 유지하기
상태	수학 성적과 직전 성적과의 변화량
행동	0(비난 내지 체벌), 1(칭찬 내지 격려)
보상	수학성적이 90점 이상이면 +1
종료	수학성적이 50점 미만으로 내려가거나 시험을 치른 횟수가 200회가 넘으면 종료

1.3. 적용사례

오늘날 학교폭력이 심각한 사회문제로 대두되고 있는 바와 같이, 학생들이 학교에서 안전하게 교육을 받을 권리가 위협받고 있다.

「학교폭력예방 및 대책에 관한 법률(약칭: 학교폭력예방법)」은 가해학생의 선도 · 교육 및 피해학생과 가해학생 간의 분쟁조정을 통하여 학생의 인권을 보호하고 학생을 건전한 사회구성원으로 육성함을 목적으로 한다. 학교폭력예방법상 학교폭력이란 학교 내외에서 학생을 대상으로 발생한 상해, 폭행, 감금, 협박, 약취 · 유인, 명예훼손 · 모욕, 공갈, 강요 · 강제적인 심부름 및 성폭력, 따돌림, 사이버 따돌림, 정보통신망을 이용한 음란 · 폭력 정보 등에 의하여 신체 · 정신 또는 재산상의 피해를 수반하는 행위를 말한다.

이와 같이 학교폭력의 종류와 행위 태양은 여러 가지가 존재하고, 학교 내에서뿐만 아니라 학교 외에서도 은밀하게 이루어진다는 점에서 피해학생이 스스로 피해사실을 알려오지 않는 이상 먼저 학교폭력의 발생사실을 인지하기란 쉽지 않다.

학교폭력이 어느 정도 진행된 경우 피해학생이 피해를 회복하기가 사실상 어렵고, 가해학생이나 피해학생 중 어느 한쪽이 학교를 떠나더라도 피해학생에게 영구적인 정신적 피해가 남을 개연성이 매우 높다. 그러므로 학교폭력은 발생초기 단계에서 선제적으로 인지하고 대처시키는 것이 무엇보다 중요하다고 할 수 있다.

이를 위해 인공지능은 세 가지 기술적 도구를 제공할 수 있다. 교실, 식당, 화장실, 운동장 등 교내에 CCTV를 촘촘히 설치하고 그 영상을 분석하여 첫째, 주먹을 휘두르거나 발을 차는 등 폭력적인 행동을 실시간 감지할 수 있는 모션인식과 둘째, 사람의 얼굴 표정을 분석하여 보통수준 이상의 아픔이나 고통을 인식하는 표정인식, 마지막으로 학생들 간 비정상적인 접촉 횟수와 이동경로를 바탕으로 가해학생과 피해학생일 가능성을 계산하고 그 결과를 관리자에게 즉시 통보하는 기능이다.

지금도 학교 내에 CCTV가 설치되어 있으나, 사람이 직접 영상을 확인하고 있거나 이마저도 보고 있을 인력이 없고, 사고가 발생한 경우에 증거 확보를 위하여 사후적으로 활용하는 것이 대부분이라서 사건이 발생할 때까지 마냥 녹화만 하고 있는 실정이다. 그마저도 서버 비용 때문에 대부분 며칠 지난 영상은 이미 삭제되어 버리고 만다. 학교폭력의 예방과 선제적 대응이라는 목표를 이루는 데 본질적인 한계가 있는 것이다.

사람의 모션과 표정에 관한 수많은 데이터를 학습한 후 교내에서 생활하고 있는 거의 모든 학생의 행동과 표정을 인식할 수 있게 하고, 폭력적인 행동이나 강도 높은 고통이 인식되면 즉시 경보음을 울리고 선생님이나 학교보안관의 출동을 명하는 시스템을 구축한다.

이에 관하여 학교폭력은 교내에서만 발생하는 것이 아니라 교외에서도 발생한다는 점을 지적하는 비판이 있을 수 있다. 가해학생이 교내의 CCTV

를 피해서 학교에서는 직접적인 폭행이나 모욕을 하지 않고 학교 밖에서 가해행위를 일삼을 수 있다. 다만 이 경우에도 가해학생은 학교 내에서 일상적인 대화를 하는 척하면서 피해학생의 주변을 맴돌거나 자신의 자리로 오도록 하는 등 직접적인 폭력행위만 없을 뿐 다른 학생들보다 높은 빈도로 서로 마주하게 되는 것이 보통이다. 따라서 학년별, 반별 등 연관성이 없는 상황에서 일부 학생들이 무리 지어 다닌다거나 특정 학생의 주위에서 비정상적으로 머무르거나 하는 사실을 적극적으로 포착·관리하여 가해학생과 피해학생의 존재를 추론해 낼 필요성이 있다.

모션인식과 표정인식은 영상 자체를 학습해야 하는 반면, 가해학생 및 피해학생의 가능성을 점치는 기능은 기존의 학교폭력 사례를 검토한 후 피해사실과 접촉횟수 및 이농농선을 바딩으로 학교폭력 관련한 행동학적 특성을 학습해야 할 것이다.

영상 분석은 현재의 인공지능 기술이 가장 잘 적용되고 있는 분야인 만큼 지금이라도 바로 구현가능하다. 학교폭력 추론 기능을 구현하기 위해서는 학교폭력 관련하여 가해학생과 피해학생 간의 행동학적 정보를 수집하고 분석하는 일이 선행되어야 하므로 AI 엔지니어 외에 교육계의 실무자, 교육학자, 심리프로파일러, 범죄분석가 등의 조력이 필요하다.

이제 교육과 관련한 딥러닝 활용 예를 들어 보자. 문·이과가 형식적으로 통합되기는 하였으나, 실질적으로는 구분되어 있으며 대학을 가려면 문과별, 이과별로 과목의 선택이나 공부방법을 달리해야 한다. 그런데 한국은 많은 수의 학생들이 대학교 1·2학년 때 자신이 선택한 전공의 적합성에 관하여 심각한 고민을 하게 되고, 대부분의 졸업생은 자신이 선택한 전공과 무관하게 직업을 가지면서 생활을 영위하고 있다.

시험 성적에서 상대적으로 국어나 영어를 잘하면 문과를 택하고, 수학이나 과학을 잘하면 이과를 택하는 직관적인 방식은 대대손손 아직까지도

이어지고 있지만, 자신의 전공에 대하여 불만인 대학생들이 많은 것은 나름대로 이유가 있을 것이다. 개인의 문·이과에 관한 성향을 특정 과목에 대한 상대적 우월성과 같은 단순한 기준으로는 표현해 낼 수가 없는 것이기 때문이다.

사람들의 고등학교 국어, 영어, 수학 성적과 대학교 졸업 후의 실제 활동하고 있는 진로를 짝지어 충분히 많은 수의 자료를 데이터화하면 앞서 설명한 입력층의 뉴런이 3개인 딥러닝 네트워크를 학습시킬 수 있다. 학습된 딥러닝 네트워크를 고등학생 진로 상담 시 활용한다면, 실제 사례에 근거한 의미 있는 상담이 될 뿐만 아니라 졸업 후 진로를 오차 범위 내에서 정확하게 예측함으로써 학교교육에 대한 신뢰도를 높일 수 있을 것이다.

우리는 초등학생 때부터 대학교 입학 전까지 학교교육을 통해 성장하고 그 결과를 각종 시험을 통하여 평가받는다.

평가에 있어서 중요한 점은 무엇일까? 평가의 생명은 객관성이다. 평가를 위해 같은 문제를 풀게 하고 채점하여 점수를 산출한 후 등급을 매긴다. 이 과정에서 특별히 부정행위가 개입되지 않는다면 나름대로 객관적인 평가방법이라고 생각한다.

그런데, 위와 같은 평가방법이 학생을 평가하는 가장 좋은 방법 중 하나인지에 관해서는 의문이다. 같은 문제에 대해 맞춘 문제의 개수에 따라 0점부터 100점까지 하한과 상한을 두게 되면, 200점 학생도 100점이고 −100점 학생도 0점이다. 그 결과 본래 200점이었던 학생은 딱 100점 학생이 되고, −100점 학생의 성적과 같은 성적을 받은 0점 학생은 공부해야겠다는 원동력을 상실하게 된다. 어쩌면 이런 점이 한국의 영재교육이 실패하고 우등생과 열등생의 격차가 심화되어 가는 원인이 될 수 있다.

열심히 하는 학생이 높은 성적을 받고 열심히 안 한 학생이 낮은 성적을 받게 하는 것을 넘어서서, 열심히 했다면 얼마나 열심히 했는지, 열심히 안

했다면 얼마나 열심히 안 했는지에 관하여 설명할 수 있는 평가 시스템이 필요하다. 0점 또는 100점의 한계치에서 평가점수가 왜곡되는 현상은 시정되어야 한다.

그런데 초중등교육은 정해진 교육과정에 따라 이루어진다. 따라서 아무리 학습 수준이 높은 학생이라고 해도 정규교과에 대한 시험에서 상급 학교에서 접할 수 있는 내용을 출제할 수 없는 운영상의 한계가 있다. 이를 해결하기 위해서 교육과정의 범위를 벗어나지 않는 주제 내에서 심화 문제를 마련하되, 이러한 문제는 100점을 초과하는 점수를 받는 경우에만 출제함으로써 영재성을 확인하는 등 특별한 교육목적을 위해서만 활용되게 하는 것이 바람직하다.

평가와 관련하여 인공지능 기술은 4가시 측면으로 기여할 수 있다. 첫째, 난이도에 따라 같은 수준의 문제들을 개발·관리할 수 있게 해주고, 둘째, 학생별로 각기 다른 시험문제를 풀게 할 수 있으며, 셋째, 답하는 수준에 따라 적정한 문제를 실시간으로 출제하면서 주어진 시간 내에 학생의 역량을 있는 그대로 반영하기 위해 성적의 상한과 하한을 열어둘 수 있고, 마지막으로 위와 같은 목적을 달성하기 위하여 전자시험 시스템을 구현할 수 있다.

(1) 난이도에 따른 문제의 개발과 관리

난이도별 문제를 생성하고 이를 관리하기 위하여 인공지능 기술이 적용될 수 있다. 영어 듣기, 수학 문제, 법률 퀴즈 등 문제의 난이도를 상정해 볼 수 있는 경우는 많다. 보통의 경우 상-중-하, 고급(심화)-기본-기초 등 3단계로 난이도 구성을 하지만 경우에 따라서는 5단계, 10단계가 더 적절한 난이도가 될 수 있다.

기존에 개발된 문제 풀(pool)이 주어지면, 적절한 난이도를 계산하고 계산된 난이도에 따라 문제들을 자동으로 분류한다. 난이도마다 분류된 문제의 수는 각기 다를 것인데, 어느 난이도에 너무 적은 수의 문제만 있는 경우에는 해당 난이도에 해당하는 문제를 자동으로 생성하여 충분한 수에 이르도록 해야 한다. 즉 인공지능이 자동으로 필요한 수만큼 문제를 개발하는 것이다.

또한, 자동으로 계산된 난이도를 수동으로 변경할 필요가 있을 때에는 주어진 난이도에 따라 새로이 문제를 분류하여 재구조화할 수 있어야 하며, 이는 난이도에 관한 관리의 문제이다. 분류된 결과는 사람이 하나하나 분류하는 것보다 월등히 빠르고 정확해야 한다. 앞서 설명한 바와 마찬가지로 어느 난이도에 속하는 문제의 수가 충분치 않으면 자동으로 동일한 난이도를 가지는 새로운 문제를 개발하여 넣어주어야 한다.

(2) 학생별 다른 시험문제 출제

대부분의 시험에서는 학생들이 똑같은 문제지를 받아서 풀게 된다. 이로 인한 폐단으로 불법적으로 답이 공유되거나 유출되어 부정시험에 이를 수 있다. 시험 전에 미리 출력된 문제지의 보관이나 유통과정에서 사고가 발생하기도 한다. 이를 해결하기 위해 학생마다 시험시간에 다른 문제를 풀게 하면 어떨까? 시험을 치는 이유는 학생의 학습상태를 수치화하여 평가를 하는 것인데, 같은 유형 내지 같은 난이도대로 시험을 치르게 한다면, 구체적인 문제는 달라져도 되지 않을까?

A학생과 B학생이 시험시간에 풀게 되는 문제가 다르다면, 서로의 답안을 공유하고자 하는 부정한 의도를 사전에 차단할 수 있다. 또한 문제지를 미리 출력해 두더라도 실제 시험에서는 어떤 문제지를 풀게 될지 알 수 없으므로 문제지의 보관과 유통과정에서 문제지를 불법적으로 입수하더라도 부정한 시험에 이르게 될 개연성이 극히 낮다. 미리 문제지를 인쇄하지 않

고 시험시간에 시험문제를 실시간 · 온라인으로 제시되게 한다면 아예 그런 위험이 없어진다.

주어진 난이도 비율과 구성에 따라 구체적으로 어떤 문제를 선택하여 실시간 · 온라인으로 제시할 것인지는 인공지능의 역할이다. 사람이 문제 풀(pool)에서 해당 난이도에 맞는 문제를 찾고 제시한다면 결코 실시간 · 온라인의 성능을 낼 수 없지만, 잘 학습된 인공지능은 난이도의 비율과 구성에 따라 빠르고 정확하게 구체적인 문제를 추출하고 제시함으로써 시험을 치르는 학생들이 각기 다른 문제지를 풀게 만들 수 있다.

(3) 학생의 역량을 반영한 수준별 문제의 출제

시험이 개인의 학습상태를 평가하는 것이라면, 평균 영역에 있는 학생뿐만 아니라 0점과 100점 영역에 있는 극단적인 학생의 경우에도 객관적이고 정확한 평가가 이루어지도록 노력해야 한다.

이를 위해 개인의 역량을 제한없이 반영하도록 해야 하는데, 점수를 0점부터 100점으로 고정하기보다는 점수의 상한과 하한을 열어두고 0점과 100점 부근에서 발생할 수 있는 비선형(non-linear)적인 특성을 보정해야 할 필요가 있다.

현재의 점수 체계에서는 정말 0점 수준의 학생이 0점을 받는 경우가 있고 실제로는 0점조차 되지 않는데 점수의 하한이 0점이라서 0점을 받아가는 학생이 있을 수 있다. 또한 실력이 100점이라서 100점을 받는 학생이 있는 반면, 실제 실력이 100점을 월등히 초과하는 경우에도 점수의 상한이 100점이라서 100점을 받는 학생도 존재한다. 결국 0점과 100점 부근에서는 점수가 비선형적으로 압축되어 있으므로 이를 선형적으로 보정할 필요가 있는 것이다. 특히 학생의 영재성을 조기에 발견하기 위하여 100점을 넘는 점수를 획득할 수 있도록 점수체계에 변화를 주어야 한다.

예를 들어, 학생이 100점 수준의 문제를 해결하는 경우 인공지능은 교과과정의 범위를 넘어서지 않는 범위 내에서 보다 심화된 문제를 제시하고 그 답안에 따라 얼마든지 100점을 초과하는 점수가 부여될 수 있도록 해준다. 어떤 문제를 심화 문제로 제시할 것인지, 제시된 심화문제의 정답여부에 따라 어디까지 심화문제를 제시할 것인지 등은 인간의 개입 없이 모두 정책에 따라 학습된 인공지능이 결정하게 될 것이다.

(4) 전자시험 시스템의 구축

전자시험의 전형적인 예는 토플의 iBT(internet-based testing)를 들 수 있다. 토플 iBT는 말 그대로 인터넷을 통해 보는 실시간·온라인 영어 시험이다. 기존의 CBT(computer-based testing)와 마찬가지로 컴퓨터를 이용하여 시행되지만, 인터넷으로 토플시험을 주관하는 ETS의 네트워크에 연결되어 시험 본 내용이 바로 미국의 서버에 전달되고 채점된다.

변호사시험을 예로 들어 보자. 현재의 변호사시험은 5가지 선지에서 정답을 고르는 선택형, 주어진 사실관계를 읽고 질문에 답을 하는 사례형, 사건 기록을 검토하여 소장, 변론요지서 등 법률문서를 작성하는 기록형으로 그 유형이 3가지로 나누어져 있다. 사례형과 기록형의 답안은 주어진 문제지에 본인의 자필로 지워지지 않는 볼펜 등을 이용하여 직접 작성해야 한다. 또한 선택형을 제외하고는 법전을 제공하여 수험생이 그때그때 조문을 찾아보고 답안에 인용할 수 있도록 하고 있다.

미래의 변호사시험은 어떤 모습이 되어야 할까? 최근 손으로 쓰는 답안을 컴퓨터를 통해 작성할 수 있도록 하자는 의견이 강력하게 주장되고 있다. 전자소송이 주류를 이루는 실무에서 변호사가 손으로 법률 문서를 작성하는 일은 거의 없기 때문이다. 또 다른 이유로 수험생이 손으로 쓴 답안지를 사람이 일일이 읽어보고 채점하는 것보다 워드프로세서로 정확하게 입력된 텍스트를 기계가 모범답안과 비교하면서 채점하는 것이 보다 객관적이고 정확할 수 있다는 점을 들고 있다. 이를 구현하기 위해서는 자연언어처리(natural language processing) 기술을 적용해야 하는데, 딥러닝을 필두로 한 인공지능 기술을 이용하여 한국어에 대한 자연언어처리의 성능이 점점 개선되고 있다.

또 다른 의견으로 실제 변호사가 사람 의뢰인을 만나서 상담하고 자문하는 것처럼, 가상의 인물을 컴퓨터 화면에 보여주고 대화를 주고받으면서 그 자문결과를 적어 내게 하는 새로운 유형의 문제를 출제함으로써 변호사로서의 역량을 보다 실무적인 관점에서 측정하고자 하는 요구가 있을 수 있다. 이를 구현하기 위해서 컴퓨터 그래픽스 기술과 더불어 음성인식·합성 기술 등을 적용해야 하는데, 이러한 분야에서도 처리속도와 결과의 품질을 높이기 위해서 인공지능 기술이 활발하게 도입되고 있다.

2. 블록체인

블록체인에 관해서는 한 번씩 들어보았을 것이다. 비트코인이라는 단어도 많이 들어봤을 것으로 생각한다. 그러나 정작 블록체인은 무엇이고, 비트코인은 블록체인과 어떤 관계에 있는지 아시는 분은 드물 것이라 생각한다. 먼저 블록체인에 대한 이야기를 해보자. 일단 영어로 Block chain으로 표현되는 것을 보아서는 뭔가 블록이 체인을 형성하고 있다는 점을 알 수 있다.

그렇다면 블록체인은 왜 필요한 것이고, 왜 4차산업시대에 떠오른 것일까? 블록체인의 요소기술로 암호화, 해시함수, 분산장부(거래를 기록해 둔 책), 전자지갑(장부를 이용해서 특정 지갑의 잔고를 확인하려면 모든 거래 내역을 살펴야 하고 시스템 사용자는 각자의 지갑이 있다) 등이 언급된다.

이중지급 문제(double spending problem)와 장부의 조작 가능성을 거론하면서, 만약 장부를 한사람이 보관한다면(centralized place) 위험하니까 장부를 분산시킬 필요성(decentralized)이 있다고 설명한다. 시스템의 이해관계자 모두 장부의 사본을 가지고 있고 자기들만의 거래를 적은 다음, 특정 시각에 각 장부의 사본들을 동기화(sync)하면 해결책이 될 수도 있다. 그러나 새로운 사용자가 시스템에 들어올 때 어떻게 신뢰를 부여할 수 있을지의 문제는 여전히 남는다.

토지와 건물과 같은 부동산을 매수해 본 경험이 있는 사람은 알 것이다. 가장 먼저 할 일은 사고자 하는 부동산의 등기사항전부증명서(일명 부동산등기부)를 떼어 소유자나 근저당권자 등 이해관계인을 확인하는 일이다. 타인 소유인 부동산을 취득하려면 매매 계약뿐만 아니라 소유권을 이전한다는 등기를 해야 하기 때문이다. 등기부에 분명히 A라는 사람이 소유자로 되어 있고, A로부터 돈을 주고 부동산을 매수하여 드디어 소유권이전등기까지 되었다면 부동산의 소유권을 온전하게 취득했다고 생각한다. 그렇게 기대하는 데에 무슨 잘못이 있거나 그러한 기대가 정당하지 않은 것도 아니다. 더 확실하게 소유권을 취득할 수 있는 방법도 없다.

그런데 등기부를 신뢰하여 등기부에 적힌 소유자와 거래 했음에도 불구하고 소유권 취득이 무산되는 경우가 왕왕 있다. 이건 무슨 뜻일까? 부동산이라는 물건의 소유권을 취득하여 타인에게 팔거나 하려면 반드시 국가가 관리하는 등기부라는 장부에 그 이름이 올라가야만 하지만, 등기부를 믿고 등기부에 소유자라고 기재되어 있는 사람과 거래를 한 사람이 소유권이전 등기까지 경료했음에도 불구하고 소유권을 취득하지 못하는 경우에는 국가에서 보호해 주지 않는다는 말이다. 법 하는 사람들 사이에서 우리나라는 공시의 원칙은 인정되고 있으나 공신의 원칙은 인정되지 않는다고 회자되는 부분이다. 등기부를 믿고 거래를 했음에도 불구하고 돈은 돈대로 쓰고 소유권은 취득하지 못하게 되는 경우에 관하여 생각해 보면 의외로 간단하다. 등기부에 적혀 있는 내용이 실제 존재하는 소유권 등 권리관계와 불일치할 때, 즉 누군가 권리가 없으면서 등기신청 서류를 위조·변조하여 등기부에 이름만 올리는 경우 또는 가능성은 많지 않지만 등기부 자체를 조작하는 경우이다. 이런 일이 실제로 일어나냐고 물으신다면, 현실 세계에서 굉장히 많이 발생한다고 답할 수 있다. 만약 등기부와 관련된 사고가 드물게 일어난다면 등기부를 관할하고 있는 법원이나 정부에서 굳이 피해보상을 해주지 못할 이유도 없는데도 너무 사고가 많이 일어나기 때문에 피해자 모두를 구제해 주는 일은 엄두가 나지 않는 것이다.

그렇다면 왜 이런 일이 발생할까? 구조적으로 어떻게 이런 일이 가능하게 될까? 생각해 보면 한 사람 내지 하나의 기관이 부동산 권리에 관한 모든 사항을 독점적으로 관리하고 있기 때문이다. 사람들이 등기부에 관한 정보를 위조하거나 변조하겠다고 엄두를 낼 수 있는 까닭은 법원 등기소라는 단 하나의 기관을 속여 넘기면 된다는 계산이 깔려 있기 때문이다. 국가기관이든 사설기관이든 한 곳에서 정보를 수집하고 관리하고 가공하고 있는 데에 근본적인 결함을 찾을 수 있다. 만약 등기부라는 공적인 장부를 여러 사람(또는 기관)에게 배포하고 여러 사람이 관리·감독하면서 상호 검증을 통해 내용적으로 정확한 정보를 유지할 수 있다면 이야기는 달라진다. 나쁜 마음을 먹고 소유자가 아님에도 불구하고 소유자라며 등기부를 조작한 후에 다른 사람에게 부동산을 팔아넘기려고 하여도 하나가 아닌 다수의 등기부를 일괄적으로 조작해야 하기 때문에 이론적으로는 가능할 수 있어도 현실적으로는 거의 불가능하게 된다. 문제는 누가 등기부를 보관·관리하고, 부동산의 해당 등기부에 권리관계의 변동을 기입하려면 어떤 방법으로 하여야 하는지, 등기부에 적힌 내용이 사실임은 어떻게 보장할 수 있는지 등에 관하여 정하는 일이다. 다행스럽게도 이 질문은 블록체인을 배우면 대답할 수 있다. 블록체인은 비트코인이 아닌가 하는 분에게 '아니다'라고 미리 말씀 드린다. 블록체인은 참여자들 간의 거래로 이루어진 탈중앙화 시스템에 신뢰를 부여하는 요소기술이다. 블록체인의 목적은 참여자 사이의 거래를 확인하고 검증하며(검증된 것만 실행) 각 참여자의 동의하에 이러한 행위의 흔적들을 모두 기록에 남긴다. 탈중앙화 시스템은 중앙기관이나 중개자가 없다. 따라서 참여자 모두에게 장부가 배포되며 별도의 통제기관이 없더라도 운영, 검사, 준수 등에 대한 규칙을 구현함으로써 자동으로 처리하는 인프라가 필요하다. 시스템에 참여하는 참여자는 고유한 식별자를 가지고 있어야 하는데, 이를 계좌(account)라 한다.

거래(transaction)의 집합이 블록이고 블록의 집합이 블록체인이다. 시스템에 돌아다니는 거래는 '검증'을 거쳐 풀(pool)로 모인다. 노드(node)는 블록을 만들기 위해 풀에서 거래를 골라 세트를 만든다. 거래를 고르는 기준은 일반적으로 각 거래에 책정된 수수료가 비싼 거래부터 선택받는다. 참여자들은 '합의' 알고리즘을 사용해 기존 체인에 추가될 거래들을 포함하는 하나의 블록에 대해 집합적으로 동의, 즉 합의를 한다. 체인의 현재 리드 블록을 나타내는 값, 즉 해시를 새롭게 추가될 블록에 더해서 체인 링크를 만든다(블록 n의 해시는 블록 n+1의 헤드에 기록되어 체인 링크를 만든다. 이때 블록 n을 수정하면 블록 n의 해시값 또한 변하는데, 이것이 바로 변조 불가능성을 보장하는 것이다). 블록 n을 나타내는 서명값(signature)이 블록 n+1에 저장되어 있다. 연속하는 블록에서 링크되어 있는 서명값이 다르다면 그 부분에서 데이터 위·변조가 발생한 것이다.

확인(verification)과 검증(validation)에서 확인은 일반적인 규칙과 관련하여 확인하는 것이고 검증은 특정 응용분야에 관한 규칙에 관한 것이다. 확인과 검증이 끝난 거래는 합의를 통해 블록에 기록이 된다. 합의과정에서 선택한 똑같은 블록 사본은 모든 참여자에게 분산되어 저장된다. 블록들의 체인은 변조가 불가능한데 그 이유는 이해관계자 각 노드가 동일한 복사본을 가지고 있기 때문이다. 하나의 노드가 내용을 수정하면 다른 노드가 가진 장부의 내용과 불일치함으로써 싱크가 깨진다. 거래의 확인(confirm) 주기와 관련하여 신용카드는 거래확인이 1초 안에 이루어지는 반면, 비트코인의 거래확인 시간은 약 10분이다.

블록체인의 핵심은 모든 자료에 대하여 모든 사람에 의한 정확성 검증에 있다. 인공지능을 지탱하는 것이 순정 데이터고, 블록체인 기술을 이용하면 데이터의 순정성은 참여하는 모든 사람들에 의하여 검증될 수 있다. 단, 바둑 기부는 따로 검증할 필요가 없다. 대국이 끝나고 승자와 패자가 결정되면 그 자체가 하나의 순정 데이터이기 때문이다.

법률지식 내지 법리는 검증되어야 한다. 철 지난 판례나 변경된 규정을 토대로 잘못된 법리를 마치 맞는 것인 양 데이터로 제공한다면 인공지능의 성능을 높이거나 유지하는 데 전혀 도움이 안 되기 때문이다. 누군가 올바른 정보인지 검증하고 위변조가 불가능하다는 것을 보장함으로써 데이터의 순정성을 담보할 수 있다. 보상은 뭐가 되어야 할까? 뭐든 되어야 한다. 공짜는 없으니까 말이다.

2.1. 작업증명과 채굴

작업증명을 이해하려면 먼저 해시함수에 관하여 알아야 한다. 해시함수는 어떤 종류의 데이터든 입력 데이터의 길이와 상관없이 즉시 고정된 길이의 숫자로 변환하는 함수로서,

1) 동일하게 입력했을 때 동일하게 출력되고,

2) 입력 데이터가 조금만 변해도 해시값이 예측 불가하게 변하며,

3) 해시값만 보고 입력 데이터를 알 수 있는 방법이 없으며,

4) 둘 이상의 데이터가 동일한 해시값을 가지는 것이 지극히 어렵다.

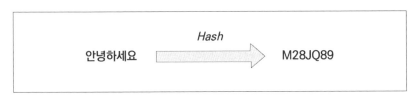

그림 1-5 **어떤 길이의 문자열이 주어지든 7자리의 해시값을 출력하는 해시함수**

작업증명이란 문제를 풀려면 매우 오랜 시간이 걸리지만, 주어진 답이 해당 문제의 정답이 맞는지 확인하는 것은 순식간에 할 수 있는 것을 말한다. 해시함수의 중요한 특성은 결과값만 봐서는 절대로 바로 입력값을 유추해 낼 수 없다.

예를 들어 위 〈그림 1-5〉와 같이 해시값은 7자리를 가지는데, 해시값의 첫 번째부터 세 번째까지 모두 0이 되는 입력 문자가 무엇인지 알아보는 문제가 주어졌다고 하자. 어떤 입력 문자를 넣어야 앞의 세 자리가 모두 0이 되는 해시값이 되는지 알 수 없기 때문에 생각할 수 있는 모든 문자열을 하나씩 대입해 볼 수밖에 없다. 시간이 오래 걸릴 수밖에 없는 이유가 여기에 있는 것이다.

반대로 누군가 "안녕하세요"라는 문자열을 입력하면 처음 세 번째까지 0으로 채워진 '0002FA9'라는 해시값이 나온다고 주장한다면, 그것이 정답인지 확인하는 것은 일도 아니다. 주장하는 위 문자열을 해시함수에 넣

어서 문제에서 요구한 조건에 맞는지 확인해 보면 되기 때문이다. 검증하는 것은 시간이 하나도 걸리지 않는 것이다.

이렇게 문제를 풀기에는 오랜 시간이 걸리지만, 제시된 답이 정답인지 검증하는 것은 금방 할 수 있는 것을 작업증명이라고 하고, 원칙적으로 작업증명을 한 사람만이 새로운 블록을 생성하여 이미 존재하는 블록체인에 연결할 수 있는 권한을 가지게 된다.

그러나 블록체인의 블록은 아무나 생성할 수 없다. 블록은 데이터를 보관하고 있는 상자 같은 것인데 아무에게나 블록을 생성하여 기존의 체인에 연결할 수 있게 한다면 블록 속 데이터가 진짜 맞는 데이터인지 알 수 없게 되기 때문이다.

법정에서 변론은 변호사라는 자격을 가진 사람만이 할 수 있게 하듯이 블록체인에 블록을 생성하여 연결하기 위해서는 일종의 자격을 얻어야 한다.

자격을 얻으려면 앞서 설명한 자격증명을 거쳐야 한다. 즉 각자의 로컬 컴퓨터 내에 담겨 있는 블록을 현존하는 블록체인에 연결하려면 일종의 퀴즈를 가장 먼저 풀어서 자신이 블록체인의 시스템이 잘 작동하도록 매우 관심이 많고 비용과 시간을 투자할 여력이 된다는 것을 증명해야 하는 것이다.

물론 공짜로 하라고 하면 아무도 하지 않을 것이다. 작업증명을 거쳐서 블록체인에 자신의 블록을 연결하면 블록체인 시스템은 그 사람에게 일종의 보상을 주게 된다. 비트코인 같은 경우는 약간의 비트코인을 줄 수도 있고, 다른 블록체인 시스템이라면 다른 종류의 보상이 이루어져야만 하는 것이다.

이렇게 작업증명을 거쳐서 새로운 블록을 추가하는 대가로 보상받고 자신의 수익으로 환원하는 것을 채굴(mining)이라 한다. 거대한 블록체인 시스템에서 고성능 컴퓨터와 시간을 투자하여 블록을 연결할 때마다 수익이 발생시킬 수 있기 때문에 광산에서 석탄을 캐듯이 채굴한다고 하는 것이다.

2.2. 비대칭 암호키

블록체인에서 담고 있는 데이터는 다양한 종류가 될 수 있지만, 원칙적으로 2명의 당사자 간의 거래 내역을 담고 있게 된다. 당사자들이 거래를 할 때 당사자 사이에서만 자신들이 그러한 거래를 한다고 알 수 있고 나머지는 관심도 없지만, 대개는 알아서도 안 되는 경우가 많다. 블록체인의 철학이 익명성을 향하고 있기 때문이다.

그렇다면 당사자들이 거래를 할 때 상대방이 정말 그러한 행위를 했다고 어떻게 담보할 수 있을지 궁금해진다. A가 B에게 100원을 주기로 했다면, B는 A가 정말 자신에게 100원을 입금했는지, 혹시 90원만 입금하지는 않았는지 불안해진다. 약간 다른 문제이기는 하지만 A가 B에게 100원을 보내야 하는데 실수로 C에게 100원을 보냈을 때 이러한 오류도 정정될 수 있어야 한다.

오늘날 은행에 다른 사람 이름으로 돈을 잘못 보내면, 돈을 잘못 받은 사람이 순순히 내어주지 않는 한 잘못 보낸 돈을 다시 찾아오기란 여간 어려운 일이 아니다. 물론 원인 없이 타인이 실수로 보낸 돈이라는 것을 알고도 통장에서 출금하여 소비하였다면 횡령죄로 처벌되는 부담을 안고는 있지만 그게 무슨 대수냐고 하는 사람도 있기 마련이다.

블록체인은 위와 같은 거래의 익명성과 안정성을 담보하기 위해서 기발한 아이디어를 사용한다. 이름하여 비대칭 암호키를 활용하는 것인데, 블록체인에 관계되는 모든 사람들은 각자의 공개키(public key)와 비밀키(private key)를 가지고 있다. 공개키는 말 그대로 다른 사람들이 모두 볼 수 있는 자신의 키이며, 공개키에 대응하는 비밀키는 자신만이 소중하게 보관하고 있을 뿐 공개되어 있지 않은 키이다.

공개키와 비밀키는 쌍으로 대응하며, 둘 다 주어진 데이터를 암호화하거나 암호화된 데이터를 복원할 수 있다. 이러한 이유로 공개키와 비밀키를 상호보완적인 키라고 하는데, 아래 〈그림 1-6〉에서 보듯이 "안녕하세요"라는 문구를 공개키(투명키)로 암호화한 것은 비밀키(황금키)로 복원할 수 있고, 반대로 위 문구를 비밀키(황금키)로 암호화한 것을 공개키(투명키)로 복원할 수 있다.

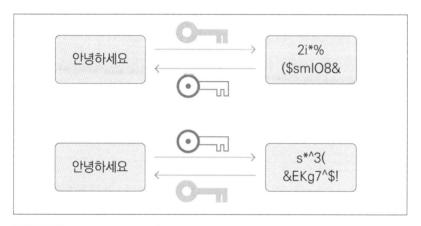

그림 1-6   비대칭 암호키 (2개의 상호보완적인 키)

이제 암호화와 관련하여 블록체인에서 일어나는 일을 좀 더 알아보자. A라는 사람이 B에게 원하는 만큼 돈을 보내기로 했고, 실제로 B가 얼마의 돈을 받게 된다는 거래가 발생했다고 하자. 이때 B는 정말 A가 보낸 돈인지 어떻게 알 수 있을까? A가 아닌 다른 사람이 장난삼아 또는 악의적으로 A와는 상관없이 거래를 발생시키는 일이 있을 수 있다.

이를 해결하기 위하여 블록체인의 모든 거래는 자신의 디지털 서명(signature)을 함께 붙여서 보내게 된다. 위 시나리오에서 A는 B에게 100원을 보낸다는 거래 내용을 해시화하고 그 해시값을 A의 비밀키로 암호화하여 위 거래 내용과 함께 B에게 보낸다. B는 A의 암호화된 서명을 공개되어 있는 A의 공개키로 복원하여 거래 내역에 대한 암호화되기 전의 해시값을 얻어낸다. 그 해시값이 거래 내역의 해시값과 동일하면 진정으로 A가 거래를 한 것이라고 신뢰할 수 있다. A가 아닌 C가 거래 내역을 C의 비밀키로 서명했다면 보냈다면 A의 공개키로 거래내역의 올바른 해시값을 얻을 수 없기 때문에 B는 전송된 거래를 신뢰할 수 없어 폐기하게 된다.

블록체인을 이해하는 데 있어 매우 중요한 부분이므로 다음 〈그림 1-7〉을 통해 다시 한번 정리해 보자. A는 B에게 "A가 B에게 100원 송금"이라는 메시지를 보내고 싶어 한다. A는 먼저 "A가 B에게 100원 송금"을 해시함수에 넣어 해당 해시값을 얻는다(〈그림 1-7〉에서 R38GK829). 다음으로 그 해시값을 자신의 비밀키(A의 비밀키)로 암호화한다. 이를 A의 디지털 서명이라고 한다. 그리고 A는 B에게 원래 보내고자 했던 원문 메시지와 위 디지털 서명을 묶어서 보낸다.

이제 B는 A로부터 받은 데이터를 검증해야 한다. "A가 B에게 100원 송금"이라는 메시지는 특별히 암호화되어 있지 않지만, 이 메시지를 정말로 A가 보낸 것이 맞는지는 검증해야 되는 것이다. B는 먼저 넘겨받은 원문 메시지를 해시함수에 입력하여 메시지의 해시값을 얻는다. 다음으로 A의 디지털 서명을 공개된 A의 공개키로 복원한다. 그렇게 복원된 값이 위에서 얻은 메시지의 해시값과 동일하면 B는 해당 메시지가 A가 보낸 것이라고 신뢰할 수 있다.

만약 A가 보낸 메시지가 "A가 B에게 100원 송금"이 아니거나 누군가 중간에 데이터를 가로채어 메시지 내용을 수정했다면, 그 해시값은 B가 A의 공개키로 A가 보낸 디지털 서명을 복원한 값과 비교했을 때 절대로 같을 수가 없게 된다. A가 아닌 C가 C의 비밀키로 디지털 서명하고 B에게 마치 A가 메시지를 보낸 것이라고 작출했더라도 B는 금방 알아차릴 수 있게 되는 것이다.

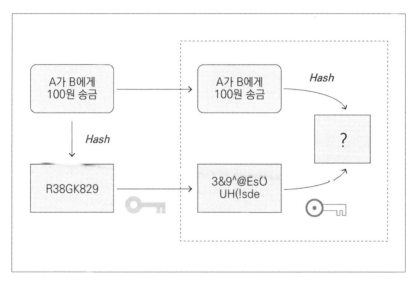

그림 1-7　디지털 서명 생성과 디저털 서명을 이용한 메시지 검증

2.3. 비트코인

은행이 이끌어 오던 중앙화된 세계 금융시장 시스템에 대한 신뢰가 깨지던 시점에 탈중앙화 디지털 화폐 시스템(중앙화된 권력과 행정기관이 필요 없는) 모델이 비트코인이라는 이름으로 공개되었다. 비트코인은 블록체인에 기반하고 있으며 송금 내역의 확인·검증과 무결성을 보장한다.

사람들이 비트코인에 열광하는 이유는 은행과 같은 중개자 없이 전 세계 누구에게나 전자화폐를 직접 전송할 수 있기 때문이다. 눈여겨볼 점은 비트코인이라는 것이 블록체인 그 자체가 아니라는 점이다. 비트코인은 블록체인을 기반으로 하는 하나의 응용분야에 불과하다. 당사자 간에 이루어지는 거래를 비트코인이라는 암호화폐를 주고받는 것으로 상정하고 블록체인 프로토콜을 사용하여 사용자 고유의 계정 내지 전자지갑을 통해서 중앙은행이 없어도 거래를 할 수 있도록 하는 것이다.

누가 누구한테 얼마의 비트코인을 보내는가 하는 내역을 발생시키면 블록체인 프로토콜에 의하여 비트코인을 받는 사람은 보낸 사람의 디지털 서명이 진짜인지 검증한 후, 서명이 진정한 것이면 모든 사람들에게 그러한 거래 내역을 발송하게 되고, 모든 사람들은 자신의 컴퓨터에 동일한 내역을 들어오는 순서대로 차곡차곡 쌓아둔다. 일정 용량의 거래가 쌓이면 블록을 생성하여 기존에 존재하는 블록체인에 연결시키고자 하는데, 그렇게 하면 비트코인 시스템에서 보상으로 비트코인을 주기 때문이다. 그런데 아무나 블록을 생성하여 연결시킬 수 없고 쌓여 있는 거래를 블록으로 만들기 위한 작업증명, 즉 시간이 꽤 걸리는 퀴즈를 풀어야 한다. 예를 들면 블록으로 만들려는 내역에 임의의 수를 더하여 해시값을 출력하는데, 처음 5번째까지 0으로 채워지는 해시값을 가지게 하도록 임의의 수를 정해보라는 식이다. 경쟁적으로 이러한 유형의 퀴즈를 가장 먼저 푸는 사람이 자신이 가지고 있는 내역을 블록화해서 체인에 새로이 연결할 수 있다. 물론 보상으로 정해진 양의 비트코인은 받기 때문에 컴퓨팅 파워와 비용이 많이 드는 위와 같은 작업증명을 기꺼이 하는 것이고 이를 채굴이라고 불렀다.

한 가지 의문은, 비트코인으로 살 수 있는 것이 무엇인가 하는 것이다. 2022년 현재 비트코인으로 테슬라 자동차를 살 수 있고 금도 살 수 있으며 독일에 존재하는 식품회사에서 식품 정도를 살 수 있다. 우리 집 옆에 있는 편의점에서 맥주를 살 수 없다면, 내가 거래하는 은행에서 현금으로 환가할 수 없다면 비트코인이 무슨 재화로서의 가치가 있냐고 생각할지도 모른다.

그러나 비트코인은 현재 엄연한 디지털 자산(asset)으로 기능하고 있으며, 심지어는 비트코인을 가진 사람과 가지지 못한 사람과의 신분차이가 날 것이라는 예상도 있다. 워낙 비싸다 보니 현실에서는 빵 하나 사 먹지 못하는 것일지라도 가지고 있다는 것만으로 그들만의 세상에서는 엄청난 재력을 뽐낼 수 있는 것이다.

보통 사람들은 투기의 목적으로 비트코인을 사고팔고 하는 것 같다. 주식과 다른 점은 전통적인 시장경제 원리가 전혀 작동하지 않는다는 데 있다. 비트코인의 가격이 오늘 엄청 올랐다가 다음날 엄청 내렸다는 이야기는 한 번쯤 들어 본 적이 있을 것이다. 비트코인을 정식 화폐로 인정하지는 못하지만, 선진국을 중심으로 비트코인이라는 니지딜 자신을 공식적으로 인정하고 그 거래를 온전하게 할 수 있도록 거래 인프라를 구축하고 있다. 비트코인 동작 원리를 이해한 다음 여윳돈이 있다면 한 번쯤 투자해 보는 것도 경험 삼아 해 볼 만하다고 생각한다.

3. 빅데이터

사람은 과거의 경험을 통하여 학습하고 해당 분야에서 실전 경험치가 높은 사람을 우리는 전문가라고 부른다. 인공지능도 사람이 하는 것과 동일한 일을 해내어야 하므로 과거 경험에 관한 자료가 필요한 것은 물론, 전문가인 사람보다 훨씬 탁월한 성능을 자랑하여야 하므로 제대로 된 학습자료가 필수적이라고 생각된다.

무엇을 학습하게 할 것인가. 결국 인공지능의 성공은 정제된 데이터의 존재와 관리가 뒷받침되어야 한다. 양이 많고 적음을 떠나서 학습의 대상이 되는 데이터가 순정이어야 한다.

참 많은 사람들이 법에 관하여 이야기한다. 법이라는 것이 코에 걸면 코걸이, 귀에 걸면 귀걸이라고 말하는 사람도 있고, 원래 법이라는 것이 가진 자들을 보호하기 위한 도구에 지나지 않는다고 말하는 사람도 있다. 이렇게 원색적인 비난 발언이 나오는 이유가 무엇일까?

국방의 의무가 있고 납세의 의무가 있다 등 국가의 존립을 위한 의무는 초등학교 때부터 교육받아 온 반면에, 우리나라는 법치국가라고 강조하면서 초 · 중 · 고등학교를 거쳐도 매매를 어떻게 하는지, 원룸은 어떻게 임차해야 하는지, 돈 빌릴 때 무엇을 받아두어야 하는지 등 개인이 사회생활과 경제생활 속에서 반드시 알아야 할 필수적인 법률지식을 습득할 기회는 많지 않다. 대학을 졸업하더라도 전공이 법학이 아니거나 교양과목에서 법과 관련된 과목을 수강하지 않으면 법에 대해서는 사실상 아무것도 모른다고 할 수 있다.

뭔가를 알아야 지킬 수도 있고 주장할 수도 있다. 어떤 권리가 있고 어떤 의무가 있는지를 알려주고 난 후 법을 준수하라고 요구하는 것이 마땅하다. 법의 기초를 접해보지 못한, 법을 고사하고 의사표시의 중요성을 느껴보진 못한 일반 국민들에게 법은 그저 멀게만 느껴지는 두려운 대상일 뿐이다. 세종대왕이 한글이라는 문자를 보급하여 백성의 삶을 바꾼 것처럼, 21세기 대한민국도 법학이라는 도구를 국민에게 돌려주고 누구나 자유롭게 자신의 권리에 관하여 이야기할 수 있는 사회가 되면 좋겠다.

법학을 이해하고 학습하려면 법학을 구성하고 있는 규정과 판례에 관한 정확한 데이터가 필요하다. 법(法)이란 한자에서 보는 바와 같이 물의 흐름과 같은 자연스러움 그리고 물은 위에 아래로 흐른다는 만고불변의 진리를 담고 있다. 서민들의 삶을 지탱하고 있는 민법, 상법은 어떤 조문이 있고, 그 조문의 내용은 어떻게 해석되고 적용되어야 하는지에 관한 정제된 자료가 있어야 한다. 누구나 법에 관하여 이야기하는 분위기가 장려되어야 하지만, 법률데이터의 엄밀성과 정확성을 가려내는 것은 아무나 할 수 있는 일은 아니다.

정보의 홍수 시대에서 다양한 종류의 수많은 법률 콘텐츠가 선보이고 있고, 이를 데이터화한다면 그 양은 엄청날 것이다. 빅데이터란 많은 양의 데이터를 말한다. 이때 양이란 데이터 하나의 크기도 될 수 있고 데이터의 개수도 될 수 있을 것이다. 얼마나 많은 양이 빅데이터가 될 수 있느냐의 질문은 마치 얼마나 돈이 많아야 부자라고 할 수 있느냐의 질문과 비슷하다. 데이터를 활용하는 분야에 따라 빅데이터의 자격을 부여받을 수 있는 데이터의 수가 다를 수 있다. 십 만개의 데이터를 학습하는 것으로 충분하다면 십 만개도 빅데이터가 될 수 있는 것이고, 2천만 개의 데이터는 학습해야지만 어느 정도 성능이 나온다면 해당 문제의 빅데이터는 2천만 개 수준은 되어야 하는 것이다. 어쨌든 인공지능이란 개념 사체가 사람이 쉽게 할 수 없는 일을 사람보다 잘해야 하는 것이기 때문에, 인공지능은 그렇게 되기 위한 충분한 양의 데이터를 학습해야 하고, 충분한 양이라고 받아들일 수 있다면 그것을 그 분야의 빅데이터라고 불러줘도 된다는 생각이다.

다만, 빅데이터를 이루는 데이터 하나하나는 데이터다운 데이터이어야 한다. 이 점은 절대 양보할 수가 없다. 알파고 이야기를 다시 해보자. 바둑에는 승자와 패자가 있고 하나의 대국을 기록한 하나의 기보는 승자에게는 좋은 예(good example), 패자에게는 나쁜 예(bad example)가 되는 것일 뿐, 기계 입장에서 하나의 대국은 누가 승리했는지와 상관없이 바둑을 학습하기 위한 하나의 충분히 의미 있는 예제가 된다. 즉 바둑의 경우 매 대국이 학습의 대상이 되는 예제가 되는 것이다.

그런데 분야가 달라지면 상황이 달라질 수 있다. 데이터가 데이터답지 못할 경우가 있는 것이다. 예를 들어 보자. 인공지능 변호사라는 전문가 시스템을 구현하기 위하여 대법원의 판례를 학습하고자 한다. 판례라는 것은 동일한 사실관계에 대해서도 사회적 흐름에 따라 그 결론이 달라질 수 있다. 오늘까지 인정받을 수 있는 권리가 대법원 전원합의체 판결에 의하여 내일부터는 인정받을 수 없는 경우가 허다하다. 컴퓨터에게 지금까지 판례를 무작정 던져주고 학습시킨다면, 어떤 일이 벌어질까? 같은 사안이라도 하나의 판례는 권리를 인정하는 반면, 다른 판례는 권리를 부정하게 된다면 기계는 무엇을 학습해야 하는 것일까?

판례의 변경에 따라 최신판례를 제외한 나머지는 아예 학습의 대상에서 제외시켜야 할 것이다. 즉 과거의 판례는 데이터로서의 자격조차 없는 것이고, 기계가 학습하는 데 있어서 오히려 혼란을 가져오거나 종국적으로 어떠한 결론도 내릴 수 없게, 아무것도 배울 수 없는 상황을 만든다. 체스나 바둑은 승패가 명확하고, 그 승패라는 것이 어느 쪽에서 보느냐에 따라 상대적일 뿐만 아니라, 게임에서 이기면 이기는 대로, 지면 지는 대로 학습할만한 데이터로서의 자격이 충분하다. 다만, 법이라는 것은 어제까지는 맞는데 오늘은 틀릴 수도 있는 것이어서(이러한 정도가 지나치면 법적 안정성에 문제가 발생한다), 바뀐 규정이나 판례에 의하여 더 이상 법적 의미를 가지지 못하는 법리는 학습의 대상이 되어서는 아니 됨은 물론 더 이상 하나의 데이터라고 볼 수도 없다. 즉, 사람이 사람다워야 사람인 것처럼, 데이터도 데이터다워야 데이터인 것이다.

문제가 명확하게 정의되어 있고 충분한 데이터가 있으면 언제나 인공지능이 인간을 능가한다고 한다. 문제가 명확하고 상대적이긴 하지만 충분한 양의 빅데이터가 있다면 인공지능이 항상 인간을 압도한다는 의미인데, 주장 자체로 흥미롭다. 여기서 눈여겨볼 지점은 인공지능의 수행 능력을 어떻게 검증할 것인지 하는 것인데, 인공지능의 학습이 제대로 이루어졌는지에 대한 판단은 그 학습의 과정을 검증하는 것이 아니라, 학습의 결과로 새로운 입력에 대한 결과값을 실제 정답과 비교하여 따져보는 수밖에 없다. 수많은 데이터 쌍을 입력하여 인공지능이 파악한 연관관계 자체를 검증하거나 논리성을 역추적하는 것은 물리적으로 불가능한 경우가 많기 때문이다. 예를 들어, 수많은 바둑 기보를 입력하여 만든 알파고가 과연 합리적인 판단을 하는 인공지능 프로그램인지는 이세돌 9단을 이김으로써 증명되는 것이지, 알고리즘의 무결성을 검증한다고 해서 인공지능이 될지 안 될지까지 결정할 수는 없다.

이렇게 보면, 인공지능의 성능은 과정이 아닌 결과로만 평가되는 셈이다. 무수한 정보의 쌍이 있고 그사이의 인과관계를 파악하는 것이 지금까지의 학문이 추구해 온 목표라면, 이제는 그 관계를 정확하게 파악하지 못해도 새로운 상황에서 충분히 정확한 해답을 얻을 수 있게 되었다. 미국의 기술문화 잡지 〈와이어드(Wired)〉의 편집장이 빅데이터 기술에 대해 설명하면서 '이론의 종말'을 언급한 적이 있는데, 그 주장은 오늘날 회자되는 인공지능에도 거의 그대로 적용될 수 있다. 사실상 인공지능은 블랙박스인 셈이다. 강인공지능은 인간을 완벽하게 모방한 인공지능이고, 약인공지능은 유용한 도구로 사용하기 위해 설계된 인공지능이라고 보다 쉽게 해석하고 있다.

구글의 알파고 또한 약인공지능으로 분류되며, 현재까지 인간이 만들어낸 인공지능은 약인공지능에 해당한다. 알파고는 바둑을 두는 인공지능일 뿐 체스와 장기를 두는 데에 있어서는 매우 제한적일 수밖에 없다. 또 바둑의 룰을 조금이라도 바꾸게 된다면 알파고는 새로운 룰에 맞추어 적응하지 못하게 된다. 이는 결국 프로그래밍 엔지니어가 설계한 것 이상으로는 뻗어나가지 못하는 한계가 있는 것이다. 그렇다고 해서 알파고가 무시될 만한 프로그램이라는 말은 절대 아니다. 알파고는 이미 인간의 능력을 한참 뛰어넘은 상황이며, 약인공지능에 대한 발전 가능성은 매우 긍정적이기 때문이다.

빅데이터는 수학적인 분석을 통해 특정 사업에 딱 들어맞는 하나의 통찰력으로 바뀔 수 있다. 아마존은 고객의 구매 이력을 분석하여 누가 어떤 제품을 언제 더 구매할까라는 질문에 나름대로 답을 하면서 매출이 급성장하였다.

물론 빅데이터가 없던 시대에도, 엔지니어를 비롯한 각종 전문가들은 설비에 대한 물리학적 지식 또는 소비자에 대한 심리학적 지식을 이용하여 의사결정을 위한 중요한 힌트를 얻을 수 있었다. 수십 년에 걸친 실무 경험으로 바탕으로 그리고 객관적으로 설명해 낼 수는 없지만 과거 그들의 경험에 바탕을 둔 주관적이고 임상적인 정보를 백분 활용하였다. 이제는 거기에 빅데이터의 분석을 거쳐 얻을 수 있는 객관적인 통찰력을 추가하여 더 나은 가치를 창출해 내고 있는 것이다.

데이터 간의 관계, 패턴, 규칙 등을 찾아내고 모형화해서 통찰력과 예지력을 도출함으로써, 문제해결을 위한 합리적인 의사결정을 가능하게 일련의 계산 기법을 데이터마이닝(data mining)이라고 한다. 최근에는 분산 데이터베이스와 GPU에 기반한 병렬처리 기술발전에 힘입어, 빅데이터를 처리하는 속도가 비약적으로 향상되었다. 그 결과 신생분야임에도 불구하고 데이터마이닝 전문가의 수요가 급상승하고 있는 추세이다.

시스템이란 하나의 공통적인 목표를 위하여 조직화된 요소들의 집합체이고, 빅데이터 시스템은 빅데이터를 처리하거나 관리하는 시스템이라고 볼 수 있다. 빅데이터 시스템의 유형은 누가 주체적으로 데이터를 처리하느냐에 따라 유형화할 수 있는데, 폴 바란(Paul Baran)은 1960년대 3가지 시스템 유형을 주장하였다.

먼저 집중형 시스템은 시스템을 제어하는 절대 권한이 있는 노드(node)가 존재하는 시스템이며 하나의 노드가 모든 작업을 전적으로 담당한다. 따라서 집중형 시스템의 모든 사용자는 단일한 서비스에 의존하는 것이다. 탈중앙형 시스템은 전체 시스템이나 다른 노드들을 관리하는 마스터 노드(master node)가 존재하지 않는 유형이다. 시스템 제어 권한이 네트워크상의 여러 노드에 분산되게 되며 어떤 노드도 다른 노드의 데이터 연산에 직접적으로 관여할 수 없다. 분산형 시스템은 네트워크상의 여러 노드에 걸쳐 데이터 저장과 계산 수행이 이루어지는 것을 특징으로 한다. 그럼에도 불구하고 분산형 시스

템에서는 전체 시스템을 관리하는 노드가 여전히 존재한다. 아래 〈그림 1-8〉
은 빅데이터 시스템에 관한 위의 설명을 도식화한 것이다.

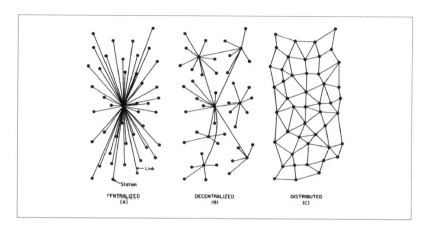

그림 1-8　빅데이터 시스템의 유형 (A: 집중형 시스템, B: 탈중앙형 시스템,
C: 분산형 시스템. Baran, P., On Distributed Communi-
cations, Memorandum RM-3420-PR, 1964)

3.1. 가명정보

최근 「개인정보보호법」이 개정(시행일 2020. 8. 5.)되었는데, 빅데이터와
관련하여 가명정보라는 중요한 개념이 도입되었다. 인공지능은 빅데이터
를 학습하게 되고 활용성 높은 데이터는 대부분 개인정보를 담고 있다. 개
인정보란 전형적으로 성명, 주민등록번호 및 영상 등을 통하여 개인을 알
아볼 수 있는 정보 및 해당 정보만으로는 특정 개인을 알아볼 수 없더라도
다른 정보와 쉽게 결합하여 알아볼 수 있는 정보를 의미한다.

그동안 개인정보라는 이유로 데이터를 수집하는 단계에서부터 어려움을 겪었는데, 이번에 가명정보라는 개념이 도입되면서 데이터 산업, 더 나아가 인공지능을 필두로 한 4차산업에 활력을 불어넣을 것으로 기대한다.

"가명처리"란 개인정보 일부를 삭제하거나 일부 또는 전부를 대체하는 등의 방법으로 추가 정보가 없이는 특정 개인을 알아볼 수 없도록 처리하는 것을 말한다. 즉, 가명처리함으로써 원래의 상태로 복원하기 위한 추가 정보의 사용 · 결합 없이는 특정 개인을 알아볼 수 없는 정보를 가명정보라고 하는 것이다.

재미있는 점은 개인정보보호법에서 가명정보도 개인정보로 분류하고 있다는 점이다. 개인정보보호법 제3조에 따라 개인정보는 보호되어야 하고, 보호 원칙과 관련하여 아래와 같은 규정을 두고 있다.

① 개인정보처리자는 개인정보의 처리 목적을 명확하게 하여야 하고 그 목적에 필요한 범위에서 최소한의 개인정보만을 적법하고 정당하게 수집하여야 한다.

② 개인정보처리자는 개인정보의 처리 목적에 필요한 범위에서 적합하게 개인정보를 처리하여야 하며, 그 목적 외의 용도로 활용하여서는 아니 된다.

③ 개인정보처리자는 개인정보의 처리 목적에 필요한 범위에서 개인정보의 정확성, 완전성 및 최신성이 보장되도록 하여야 한다.

⑤ 개인정보처리자는 개인정보 처리방침 등 개인정보의 처리에 관한 사항을 공개하여야 하며, 열람청구권 등 정보주체의 권리를 보장하여야 한다.

⑥ 개인정보처리자는 정보주체의 사생활 침해를 최소화하는 방법으로 개인정보를 처리하여야 한다.

⑦ 개인정보처리자는 개인정보를 익명 또는 가명으로 처리하여도 개인정보 수집목적을 달성할 수 있는 경우 익명처리가 가능한 경우에는 익명에 의하여, 익명처리로 목적을 달성할 수 없는 경우에는 가명에 의하여 처리될 수 있도록 하여야 한다.

⑧ 개인정보처리자는 이 법 및 관계 법령에서 규정하고 있는 책임과 의무를 준수하고 실천함으로써 정보주체의 신뢰를 얻기 위하여 노력하여야 한다.

가명정보는 '가명정보의 처리 등'이라는 표제로 개인정보보호법 제28조의2에 새로이 도입되었다. 제1항에 개인정보처리자는 통계작성, 과학적 연구, 공익적 기록보존 등을 위하여 정보주체의 동의 없이 가명정보를 처리할 수 있다고 규정되어 있다. 즉 가명정보를 처리할 수 있는 목적을 예시적으로 열거하고 있는데, 통계작성, 과학적 연구, 공익적 기록보존에 한하는 것은 아니고 이에 준하는 목적으로도 가명정보를 활용할 수 있는 것으로 해석된다.

　제2항은 개인정보처리자가 통계작성, 과학적 연구, 공익적 기록보존 등을 위한 목적이 있어서 가명정보를 처리하는 것이 허용되더라도 가명정보를 제3자에게 제공해야 하는 경우에는 특정 개인을 알아보기 위하여 사용될 수 있는 정보를 포함해서는 안 된다고 규정하고 있다. 또한 개인정보보호법 제28조의3 제1항에 의하여 가명정보를 2개 이상의 개인정보처리자가 결합할 경우에는 반드시 보호위원회 또는 관계 중앙행정기관의 장이 지정하는 전문기관이 수행해야 한다.

　가명정보에 해당하면 기존의 개인정보에 대해서 엄격하게 적용되던 각종 규제나 제한을 완화하거나 아예 회피할 수 있는 이점이 있다. 따라서 어떤 정보가 가명정보이고 가명정보이더라도 처리와 사용에 있어서 어떤 한계가 있는지 파악하는 일은 매우 중요하다.

　대법원은 2003년부터 중요 판결들을 선별해 사건관계인의 이름과 주소 등 개인정보를 지우는 비실명화 작업을 거쳐 판결문을 공개하고 있다. 그러나 2019년 기준 전체 대법원 판결의 3.2%, 각급 법원 판결의 0.003%가량만 공개되어 오고 있어 비판이 있었다. 선진국에서는 거의 모든 판결문을 공개하고 있는데, 유독 우리나라는 판결문 공개를 꺼리고 있다. 소위 리걸테크라는 산업은 법률데이터, 특히 민사 · 형사 · 행정 · 가사에 관하여 축적된 판례를 수집하여 학습하고자 하는데, 개인정보라는 이유로 판결문 자체가 거의 공개되어 있지 않아 어려움이 있다. 대법원은 2019

년부터 판결서 인터넷 열람제도를 점진적으로 도입하여 누구든지 확정된 민 · 형사상 사건의 비실명 처리된 판결서를 인터넷을 통해 열람할 수 있도록 하고 있다. 제도가 잘 정착되어 앞으로는 대부분의 판결문이 공개되어 법조계에서 여러 가지 종류의 빅데이터가 생겨나기를 기대해 본다.

3.2. 사물인터넷

사물인터넷(Internet of Things)이라는 용어는 1999년 케빈 애시턴(Kevin Ashton)이 처음 사용하였다고 알려져 있다. 당시 컴퓨터에 주어지는 대부분의 데이터를 인간이 직접 만들어냈지만, 케빈은 인간의 개입 없이 컴퓨터가 직접 데이터를 수집하는 것이 보다 나은 방식이라고 주장했다. 인터넷에 연결된 네트워크상에서 센서를 통해 원하는 데이터를 실시간, 자동으로 수집하여 컴퓨터에 직접 전송되도록 하는 방안들을 제안했다.

유엔 산하 기구인 국제통신기구(International Telecommunication Unit: ITU)는 사물인터넷을 "진화하는 상호운용가능 정보/통신 기술을 기반으로 (물리 공간 및 가상 공간상의) 사물들을 서로 연결해 고급 서비스를 하는 정보사회를 위한 세계적 기반 시설"이라고 정의하고 있다. 이와 더불어 만물인터넷 또는 안개 망(fog network)이라고도 불리는 사물인터넷은 비단 센서뿐만 아니라 인터넷상에서 상호 통신이 가능한 모든 사물로 그 적용 영역을 확대하고 있는 추세이다. 데이터 수집에 활용되는 사물은 사람이 직접 착용할 수 있는 웨어러블(wearable) 기기나 항상 들고 다니는 스마트폰, RFID 태그를 단 동물, 냉장고 · 세탁기 · TV처럼 일상생활에서 쓰는 백색가전일 수도 있다.

사물인터넷의 사물은 손을 보고 만질 수 있는 물질, 현실세계에 실존하면서 정보를 감지하고 작동시킬 수 있는 물건을 의미하는 동시에, 순수한 데이터적인 관점에서 실재하지 않지만 가상적으로 존재하는 사물을 의미하기로 한다. 사물은 반드시 인터넷상에서 상호 통신할 수 있어야 하는데, 목적에 따라 해당 정보를 실시간 감지하고 전송할 수 있어야 한다. 경우에 따라서는 감지와 전송을 넘어서 데이터를 저장하고 직접 처리해야 할 필요성도 있다.

상상해 보라. 여러분 주위의 모든 사물에 인터넷이 연결되어 있고, 그 모든 사물로부터 원하는 정보를 수집할 수 있다면, 이보다 더 의미 있는 빅데이터가 있을까. 아무리 좋은 시뮬레이터가 있어도 실제 발생하고 있는 살아있는 데이터를 수집하여 처리한 것보다 나을 수는 없다. 그렇기 때문에 사물인터넷 분야는 빅데이터를 수집하고 처리하는 데 있어 필수적인 기빈기술로 자리매김할 것이다.

AI 전문가 중 한 명인 앤드류 응 교수는 "AI is the new electricity(인공지능은 새로운 전기다)"라고 하였다. 데이터 과학자들은 위 문장의 의미를 "If AI is the new electricity, data is the new coal, and IOT the new coal-mine(인공지능이 새로운 전기라면 데이터는 새로운 석탄이고 사물인터넷은 새로운 탄광이다)"이라고 해석한다.

3.3. 적용사례

2020년 4월 29일 이천의 물류센터 창고에 화재가 발생하여 38명이 사망하고 10명이 부상당했다. 2019년 5월 21일 부산대학교 미술관 건물 외벽에 붙어있던 외장 벽돌 수백 개가 무너져 건물 아래에서 일하던 환경미화원이 숨졌다. 2018년 6월 3일 서울 용산구의 4층 상가건물이 갑작스럽게 무너졌다. 1995년 6월 29일 삼풍백화점이 붕괴되었다. 그 밖에도 성수대교가 붕괴되고 체육관 지붕이 폭설에 무너지는 등 한국에서 건물의 붕괴, 폭발은 현실로 일어나는 일이고 현재 진행형이다.

학교는 비교적 안전하다고 여길 수 있는 근거가 있을까? 공장 설비 등 비교적 무거운 물건이 없고 학생들과 교직원을 제외하고는 한정된 인원만이 사용한다는 점 외에는 딱히 없다. 일부 학교건물은 여전히 노후되었고 기후 변화에 따라 홍수, 한파, 폭염 등이 잦아져 건물의 내구성은 점점 떨어지고 있다. 학생들이 안전한 학교에서 교육받을 권리가 직접적으로 침해되고 있거나 침해될 가능성이 있다.

「학교안전사고 예방 및 보상에 관한 법률(약칭: 학교안전법)」은 학교안전사고를 예방하고, 학생·교직원 및 교육활동참여자가 학교안전사고로 인하여 입은 피해를 신속·적정하게 보상하기 위한 학교안전사고보상공제사업의 실시에 관하여 필요한 사항을 규정함을 목적으로 한다.

학교안전법상의 '학교안전사고'라 함은 교육활동 중에 발생한 사고로서 학생·교직원 또는 교육활동참여자의 생명 또는 신체에 피해를 주는 모든 사고 및 학교급식 등 학교장의 관리·감독에 속하는 업무가 직접 원인이 되어 학생·교직원 또는 교육활동참여자에게 발생하는 질병으로서 대통령령이 정하는 것을 말한다. "대통령령이 정하는 것"에는 가스 등에 의한 중독을 포함한다.

민방위에서는 건물이 붕괴될 징후로 아래를 예로 들고 있다.
- 건물 바닥이 갈라지거나 함몰되는 현상이 발생할 때
- 창이나 문이 뒤틀리고 열고 닫기가 어려울 때
- 바닥의 기둥 부위가 솟을 때
- 기둥 주변에 거미줄형 균열이나 바닥 면의 급격한 처짐이 발생할 때
- 가스, 연기, 메케한 냄새가 나며 건물 내에서 갑자기 바람이 불어올 때
- 폭발하는 소리, 철근 끊어지는 소리가 연속적으로 들릴 때

또한 벽이나 바닥의 균열소리가 얼음 깨지듯이 나거나 개를 비롯한 동물이 갑자기 크게 짖거나 평소와 달리 불안할 때도 건물붕괴의 징후가 있다고 볼 수 있다.

삼풍백화점 붕괴사고에서도 징후는 있었다. 백화점 내부 공사 후 삼풍문고라는 이름의 서점으로 1994년 1월 5일부터 영업을 시작했는데 어마어마한 서적들 때문에 균열이 1년 동안 셀 수도 없이 늘었고, 중앙홀과 B관(스포츠센터) 건물의 뼈대 구부러짐 현상이 일어나자 백화점 건물 전체가 서서히 기울어지기 시작했으며, 붕괴일인 6월 29일경에 최고정점에 이르렀다. 1995년 4월에는 5층 북관 식당가 천장에 균열이 생기기 시작했고, 5월부터는 이 균열에서 모래가 떨어지기 시작하고, 5층 바닥은 서서히 내려앉기 시작했다.

부산대학교 미술관 외벽붕괴 사고의 경우, 사고 직전에 이루어진 안전검사에서 문제의 건물은 다소 안전하다는 B등급을 받았다. 지금까지의 안전검사가 얼마나 피상적으로 대충 이루어졌는지 알 수 있다. 이를 해결하기 위해 건물의 외형은 물론, 바닥이나 벽면이 받고 있는 하중과 압력, 외부의 풍력, 풍속, 습도, 온도를 포함하여 건물의 위치가 움직이지 않았는지, 기울어지지 않았는지에 대한 위치정보, 건물 내 연기나 가스가 존재하는지 여부 등에 대하여 실시간으로 자료를 수집하고 분석해야 한다.

사물인터넷(Internet Of Things: IOT) 기술을 활용하여 건물의 안전에 영향을 줄 수 있는 내외부적 변수를 실시간으로 모니터링하고 건물의 붕괴, 침하, 폭발 등 학교건물의 안전에 관하여 이미 학습된 인공지능 시스템을 이용해 이상 징후가 발견되는 즉시 대피명령을 내리고 정밀 검사 및 보강공사를 실시할 수 있는 구조가 되어야 한다.

4. 전문가 시스템

알파고는 빅데이터를 학습하여 스스로 바둑을 둘 수 있지만, 학습의 내용을 실질적으로 이해하거나 학습한 내용을 물리적으로 설명할 수는 없다. 마치 마법의 상자처럼 일을 정말 잘하기는 하지만 어떻게 그렇게도 일을 잘 수행해 내는지는 도무지 알 수가 없다.

바둑 외 다른 분야에서도 알파고가 사용한 딥러닝 기술이 놀라운 성과를 내고 있다. 동시에 딥러닝 기술이 만들어낸 결과물에 대하여 사람이 이해 가능한 설명 내지 해설이 있어야 한다는 필요성이 대두되고 있다. 어떻게 보면 지극히 당연한 필요성 때문에 설명이 가능한 인공지능(eXplainable Artificial Intelligence: XAI)에 대한 연구가 활발히 이루어지고 있다.

인공지능이라는 기계가 만들어낸 결과를 인간에게 설명하는 것은 인공지능이 어떻게 해서 그런 결과를 내놓게 되었는지 설명한다는 것이다. 전통적으로 기호적 인공지능(symbolic A. I.) 분야에서는 수학적 기호로 정립된 논리전개 등을 통해 결과가 나온 과정을 복기해 볼 수 있는 연구가 많이 이루어졌다.

설명 가능한 인공지능은 특히 전문가 시스템에서 요구되는 기술이다. 전문가의 지식을 모사하여 주어진 문제를 해결하는 전문가 시스템은 비단 옳은 결과에 이르렀다는 점만으로는 부족하고, 왜 그러한 결론에 이르렀는지에 관하여 인간 전문가가 납득할 수 있는 수준의 설명이 있어야만 한다. 전문가가 이해할 수 없는 방식으로 문제를 해결된다면 전문가의 지식을 모사한 것이라고 볼 수 없기 때문이다.

전문가 시스템은 인간의 전문성을 구현하는 기술 분야로서 최초의 진정한 인공지능 소프트웨어라고 평가받는다. 전산학을 중심으로 한 인공지능 연구자들은 지난 50년간 기존의 방식으로는 해결하기 어려운 복잡한 문제를 실시간으로 해결하기 위한 전문가 시스템을 개발하는데 괄목할 만한 성공을 거두었다.

전문가 시스템을 설계하기 위해 인간 전문가가 의사 결정을 내리는 방법을 연구하고 지식의 바탕이 되는 규칙을 컴퓨터가 이해할 수 있는 용어로 변환하는 과정이 필요하다. 특히 규칙 형태로 데이터베이스에 저장된 전문지식을 활용하여 주어진 문제를 해결하므로 지식기반 시스템 또는 규칙기반 시스템이라고도 부른다. 쉽게 말해서 전문가 시스템은 전문가가 가지고 있는 지식을 마치 컴퓨터가 가지고 있는 것처럼 전문가를 흉내내는 프로그램이다. 주로 인간 전문가, 지식엔지니어, 지식기반, 추론엔진, 사용자인터페이스, 일반사용자로 구성된다.

위와 같이 전문가 시스템의 가장 일반적인 형태는 규칙기반 시스템이다. 이러한 유형의 시스템은 IF-THEN 규칙의 형태로 작성된 지식을 사용한다. 규칙의 IF(조건) 부분이 사실과 일치하면 THEN(조치) 부분이 실행되는데, 이를 연속적으로 반복하면 논리 구성에 관한 일련의 체인(chain)이 생성되고 생성된 체인을 역순에 따라 검토하면 결론에 도달하게 된 과정을 알아볼 수 있다.

규칙기반 시스템의 핵심은 추론엔진(inference engine)이라고 할 수 있다. 추론엔진은 신규 또는 기존 사실에 대하여 대응하는 규칙을 적용하는 과정을 수행한다. 지식 정보를 구성하는 규칙 중에서 가장 높은 우위를 가진 규칙을 정하고 문제해결을 위해 실행되어야 할 규칙 간의 우선순위를 지정하는 일 또한 추론엔진의 책임이다.

정리하면, 전문가 시스템은 다음 〈그림 1-9〉와 같이 사용자로부터 사실관계와 질문을 입력받고 규칙 형태로 표현된 지식정보를 활용하여 추론한 결과를 바탕으로 질문에 답을 하는 소프트웨어라고 볼 수 있다.

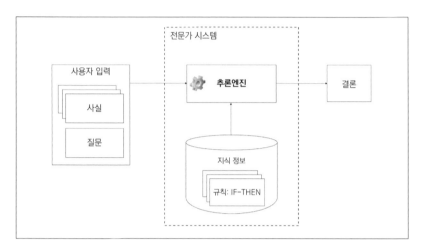

그림 1-9 **전문가 시스템의 구조**

스탠퍼드 대학은 전산법학(computational law)을 연구하는 센터를 운영하고 있다. 전산은 컴퓨터가 하는 계산 내지 연산이고 법학은 법에 관한 학문을 의미하므로 전산법학은 컴퓨터의 계산에 기반한 법적 연구 정도라고 생각할 수 있겠다. 스탠퍼드 대학은 전산법학이 법적 추론(legal reasoning)의 자동화(automation)와 관련된 법률 정보학의 한 분류라고 정의하고 있는데, 사람이 아닌 기계가 하는 법적 추론이라고 하니 어떻게 작동하는 것인지, 그 성능은 얼마나 뛰어날지 벌써부터 기대가 된다.

4.1. 퍼지논리

퍼지논리(fuzzy logic)는 모호한 대상을 다루는 논리이다. 중·고등학교에서 배웠던 부울논리(bool logic)의 확장개념으로서 퍼지함수는 0과 1 사이의

값을 출력하는 함수로 정의된다.[2]

영어단어 'fuzzy'는 애매모호함을 뜻하는데, 퍼지논리는 '정량'과 '정성'이 충돌하는 사회과학 분야에서 '애매함'을 정량적 방법으로 논할 수 있는 도구로 평가받고 있다.

어떤 사안에 관하여 반드시 '맞다', '틀리다'로 단정할 수 있는 경우는 드물다. 퍼지논리를 도입해야 할 필요성은 '진실'은 흑백논리를 따르지 않는다는 점에 있다. 아래의 유명한 역설 하나를 살펴보자.[3]

> – 2개 또는 3개의 돌더미는 작은 돌더미이다.
> – 작은 돌더미에 돌 하나를 추가하면 여전히 작은 돌더미이다.
>   따라서 모든 돌더미는 작다.

2개나 3개의 돌더미는 분명 작은 돌더미이다. 작은 돌더미에 1개의 돌을 추가한다고 하여 큰 돌더미가 될 수 없고 여전히 작은 돌더미일 뿐이다. 기존에 존재하는 돌더미에 계속하여 1개의 돌을 추가해 나가더라도 항상 작은 돌더미일 수밖에 없고, 위 역설에 따르면 "모든 돌더미는 작다"라는 이상한 결론에 이르게 된다. 어디가 잘못된 것일까? 분명 2개 내지 3개의 돌더미는 작다. 그렇다면 두 번째 전제에 오류가 있음을 직감할 수 있다. 돌더미에 돌이 추가될수록 처음의 작은 돌더미라는 진실이, 더 이상 진실이 아니게 된다는 점을 깨우쳐야 역설에서 벗어날 수 있다.

0과 1이라는 흑백논리에서 벗어나 진실은 절대진실(100%)과 절대거짓(0%) 사이의 어딘가에 위치한다는 점을 받아들여야 한다. 이를 고려해서 생

---

2) Hung T. Nguyen et al., 『A First Course In Fuzzy Logic』, CRC Press, 2018, p.3.

3) Andrew Edmonds, 『DARL-AI online: Build a Fuzzy Logic Expert System』, Dr Andt's IP Ltd, 2015, p.15.

각해 보면, 중 · 고등학교 때 배운 부울논리 내지 흑백논리는 참과 거짓의 경계가 뚜렷한 반면, 퍼지논리는 그 경계가 부드럽게 전이되는 점을 알 수 있다.

　무조건 승소한다고 단언하는 변호사도 없을 뿐만 아니라, 무조건 패소한다고 자문하는 변호사도 찾아보기 힘들다. 실제 문제에서 법률요건을 이루고 있는 각 법률사실에 대하여 '맞다-틀리다' 또는 '사실-거짓'의 이분법적인 정보가 항상 주어진다고 전제할 수 없다. 사용자가 알려 준 사실관계에 검토가 필요한 정보가 없다면 일단 '모름(알 수 없음)'으로 값을 정하고 법률효과의 발생에 관하여 논리를 전개해 나갈 수 있어야 한다.

　법률요건을 이루는 N개의 법률사실 중 참으로 인정된 것의 집합을 T, 거짓으로 인정된 것의 집합을 F라고 하면, 법률요건에 따른 법률효과를 규정하는 퍼지함수(퍼지논리에서는 이를 멤버십함수라고 부르기도 한다; membership function)는 다음과 같다.

$$M.F. = \begin{cases} \dfrac{2^{|T|}}{2^N} & \text{if}\,|F| \neq 0 \\[2mm] 0 & \text{if}\,|F| = 0 \end{cases}$$

　$|T|$는 집합 T의 원소의 개수, $|F|$는 집합 F의 원소의 개수를 의미한다.

　예를 들어, 3개의 법률사실로 이루어진 법률요건이 있을 경우, 각 법률사실에 대한 정보는 '사실', '거짓', '모름' 중의 하나로 정해지고 이에 따른 법률요건의 상태(state)는 그 경우의 수가 27개(= 3^3)이다.

　3개 중 1개라도 '거짓'이 있는 경우, 법률요건은 확정적으로 법률효과를 발생시킬 수 없는 상태가 되어 법률효과의 발생 가능성은 0이 된다.

3개 중 1개만 '사실'이고 나머지 2개는 '모름'일 때, |T| = 1, N = 3이므로 위 퍼지 함숫값은 23분의 21이고 법률효과의 발생 가능성은 1/4이다.

3개 중 2개만 '사실'이고 나머지 1개는 '모름'일 때, |T| = 2, N = 3이므로 위 퍼지 함숫값은 23분의 22이고 법률효과의 발생 가능성은 1/2이다.

3개 중 3개 모두 '사실'인 경우, |T| = 3, N = 3이므로 위 퍼지 함숫값은 23분의 23이고 법률효과의 발생 가능성은 1이 된다.

위 설명을 도식화로 나타내면 다음과 같은 이산 그래프를 얻을 수 있다. 사실은 'O', 거짓은 'X', 모름은 '-'로 표기하였으며, 각 입력값에 대한 함숫값이 0에서 1 사이에 존재하므로 퍼지함수의 정의에 부합한다.

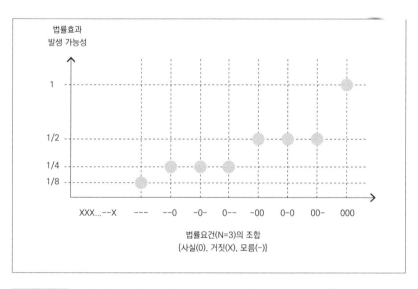

그림 1-10   세 가지 법률사실로 이루어진 법률요건의 퍼지함수

4.2. 술어논리

법학은 논리의 학문이다. 변호사가 법원을 설득시키기 위해서는 법리를 대전제로 하고 구체적 사실을 소전제 하여 결론에 이르는 삼단논법이 필요한 것처럼, 추론(inference)[4] 또는 논증(argument)[5]을 연구하고 평가하는 논리학의 이해는 법학 연구에도 큰 도움이 된다.

논증 A가 타당하려면(valid),[6] A의 전제들이 모두 참이면 A의 결론은 반드시 참이어야 한다. 논증 A가 건전하려면(sound), A는 타당하고 또한 A의 전제들이 모두 참이어야 한다. 법리를 검증하거나 개발할 경우 주어진 사실관계에 관하여 최소한 타당하게 논증이 이루어지는지 여부를 확인할 필요가 있다. 또한, 자신의 법적 견해나 가치가 지나치게 한쪽으로 경도되어 있지 않았는지도 성찰해 볼 수 있다.

인공지능[7] 변호사를 주어진 사실관계와 질문에 대하여 답하는 전문가 시스템이라고 본다면, 법을 다루는 인공지능 변호사야말로 기존의 법리를 명확하게 표현하면서 타당한 논증을 거쳐 정확한 답을 추론해 낼 수 있는

---

4) 추론은 이미 알려진 정보로부터 어떤 주장을 이끌어 내는 과정이다. 다시 말하면, 주어진 전제들로부터 결론을 이끌어 내는 과정인 것이다.

5) 추론을 말로 표현하면 '논증'이라 한다. 논증은 전제와 결론으로 구성되며, ① 전제들이 결론을 옹호해야 하고, ② 전제들이 참이어야 한다. 설명은 이미 알려진 어떤 사실이 왜 발생했는지를 밝히려는 시도이고, 논증은 기존의 지식에 의거하여 어떤 것이 참임을 확립하려 한다는 점에서 그 차이가 있다.

6) 참이냐 거짓이냐는 진술(statement)의 특성이고, 타당성(validity)은 진술로 이루어진 논증의 특성이다.

7) '인공지능'이라는 단어가 마법의 단어로 여겨져서는 안 된다. 컴퓨터가 주어진 사실관계에 가장 부합하는 논리를 제시해 줄 수는 있지만, 아예 없는 법리를 만들어 내거나, 사람이 수긍할 수 없는 논리를 제시할 수는 없는 노릇이기 때문이다.

도구가 필요하다.

특히 인공지능 변호사는 사람 변호사에 준하는 자문을 수행하므로 자문 결과가 기존의 법리에 따른 결과와 얼마나 일치하는지와 그 결과의 도출에 이루는 논리적 일관성이 얼마나 유지되는지가 생명이다. 법리가 모호함 없이 명확하게 표현될 수 있어야 함은 물론, 주어진 사실관계에 법리를 적용한 결과에 관하여 정확한 논증이 이루어질 수 있도록 추론과정이 투명해야 한다. 이를 위해 형식논리(formal logic)를 도입하면 추론의 바탕이 되는 하나하나의 법적 지식을 객관적으로 표현할 수 있고, 추론의 결과를 이끌어 내는 데 있어서 그 논증이 타당하다는 것을 수학적으로 담보할 수 있다는 사실도 큰 장점이다.

형식논리의 기본적인 형태는 명제논리(propositional logic)지만,[8] 복수의 명제들에 내재된 공통점을 추출해 낼 수 없어서 기본적인 삼단논법에 따른 추론[9]조차 어렵다는 치명적인 약점이 있다. 명제논리의 이러한 약점은 술어논리(predicate logic)를 통해 극복할 수 있는데, 술어논리는 명제논리를 확장한 언어이며 명제를 쪼개서 대상(subject)과 술어(predicate) 사이의 관계까지도 기호화하는 체계이다.

술어는 인자(variable)를 받을 수 있는데 '사람(철수)'처럼 하나의 인자를 받는 일항술어(one-place predicate)는 '철수는 사람이다'의 의미이고, 두 개의 인자를 받는 이항술어(two-place predicate)인 '형제(철수, 수철)'는 철수와 수철은 형제라는 대상 간 관계(relation)를 표현하고 있다.

---

8) 명제란 참 또는 거짓으로 판명될 수 있으나, 동시에 참과 거짓이 될 수 없는 문장을 의미한다.

9) 삼단논법의 예로, "(대전제) 모든 사람은 죽는다. (소전제) 홍길동은 사람이다. (결론) 따라서 홍길동은 죽는다."를 들 수 있다.

술어논리에서는 보통의 논증에서 쓰이는 기본적인 개념[10] 외에도 그로부터 도출되는 두 가지 중요한 규칙인 조건 규칙[11]과 대우 규칙[12]이 널리 활용되고 있다. 또한 보통의 형식논리에 더해[13] 보편 양화사(universal quantifier) ∀로 '모든'을 표현하고 존재 양화사(existential quantifier) ∃로 '존재한다'를 표현하고 있는 것이 술어논리의 중요한 특징 중의 하나이다.

술어논리를 통하여 법리와 같이 일반적이고 추상적인 규칙을 객관적으로 표현할 수 있음은 물론, 그렇게 표현된 법리를 주어진 사실관계에 적용시킨 결과가 논리적으로 타당하다는 점을 보장할 수 있다. 이에 착안하여 술어논리 문장으로 법리를 표현하고 법적 질문에 대한 답을 추론해내는 틀

---

10)

	용법	개념
함축(implication)	X가 Y를 함축한다	'X이면 Y이다'가 성립한다
일관(consistency)	X는 일관적이다	X를 구성하는 진술들이 동시에 모두 참일 수 있다
동치(equivalence)	X와 Y는 동치이다	모든 상황에서 X와 Y는 같은 진릿값을 갖는다
반대(contraries)	X와 Y는 반대관계이다	X와 Y는 동시에 참일 수 없다
모순(contradictories)	X와 Y는 모순관계이다	X와 Y는 동시에 참이거나 거짓일 수 없다
충분(sufficient)	X는 Y의 충분조건이다	X가 참이면 Y는 항상 참이다
필요(necessary)	X는 Y의 필요조건이다	X가 참이 아니면 Y도 항상 참이 아니다
필요충분(biconditional)	X는 Y의 필요충분조건이다	$(X \rightarrow Y) \& (Y \rightarrow X)$

11) 조건 규칙(the rule of the conditional) "X → Y는 ~(X & ~Y)와 논리적 동치이다"

12) 대우 규칙(the rule of contraposition) "X → Y는 ~Y → ~X와 논리적 동치이다"

13) 보통의 형식논리에서 '∧'이 논리곱(conjunction), '∨'은 논리합(disjunction), '~'은 부정(negation), '→'는 함의(implication)로 사용된다.

(platform)에 관한 연구가 수행된 바 있다.[14] 역사적으로 보면 술어논리는 프레게, 러셀에 의해서 19세기 말 이후에 비로소 정립된 논리체계이며 그 전에는 고전 논리학, 특히 아리스토텔레스의 삼단논법(syllogism)이 주로 사용되었다. 그러나 술어논리가 확립된 오늘날, 정언진술[15]에 의존하는 삼단논법에만 머무를 이유가 없다.

법리를 구조화한다는 의미는 법률요건이 어떤 식으로 법률효과와 대응되는지를 체계적으로 규명하는 것이고, 이를 위해서는 먼저 법률요건을 이루고 있는 법률사실의 종류와 모습을 파악하여야 한다.

주지한 바와 같이 법률관계의 변동(=권리·의무의 발생·변경·소멸)을 위해 갖추어야 할 전제조건을 법률요건이라고 하는데, 법률요건을 이루는 개개의 사실을 법률사실이라고 한다.

법률사실은 용태,[16] 사건,[17] 외부적 용태,[18] 내부적 용태,[19] 관념적 용

---

14) 박봉철, "인공지능 변호사를 위한 술어논리 기반 추론엔진", 제4차 산업혁명시대 기술변화에 따른 법적 이슈(발표논문집), 동아대학교 법학연구소 인문사회연구소 지원사업·충북대학교 법학연구소 공동학술대회, 2020, 41-54쪽; 박봉철, "인공지능 변호사를 위한 법리의 구조화와 그 표현", 국제교류와 융합교육, 제1권 제1호, 한국국제교육교류학회, 2021, 61-80쪽.
15) 정언진술은 주어(대상)에 의해 지시되는 집합의 전부 또는 일부가 술어에 따라서 지시되는 집합에 포함 또는 배제되어 있음을 주장하는 진술이다.
16) 사람의 정신작용에 기하는 것이다.
17) 사람의 정신작용에 기하지 않는 것이다(예: 사람의 생사, 물건의 멸실, 부합, 부당이득, 시간의 경과).
18) 인간의 의사가 외부로 표현되는 것으로 행위라고 부르며, 작위와 부작위를 포함한다.
19) 내심의 의식에 지나지 않는 것이다.

태,[20] 의사적 용태,[21] 적법행위,[22] 위법행위,[23] 의사 표시,[24] 준법률행위,[25] 표현행위,[26] 사실행위,[27] 의사의 통지,[28] 관념의 통지,[29] 감정의 표시[30]로 구분된다. 이러한 법률사실을 바탕으로 권리·의무의 변동을 규율하는 것이 법리이므로 다양한 법률사실의 유형에 따라 해당 법리의 기술방식도 달라질 수밖에 없다. 그 결과 최근 저명한 민법학자에 의하여 민법 조문의 문장 구조만을 집중적으로 분석한 법률 서적이 출간되기도 하였다.[31]

위 분류된 법률사실들은 대부분 하나 내지 두 개의 미지항(free variable)을 가지도록 표현할 수 있다. 예를 들어, 관념적 용태인 '선의' 또는 '악의'는 'x는 y에 대하여 선의(악의)이다'처럼 두 개의 미지항으로 표현되며, 의사표시에 해당하는 '상대방 없는 단독행위'인 상속의 포기는 'x는 상속을 포기하

---

20) 일정한 사실에 관한 관념 또는 의식이 있는지에 관한 것이다(예: 선의, 악의).
21) 일정한 의사를 가지는지의 내심적 과정을 의미한다(예: 소유의 의사).
22) 법이 허용하는 행위이다.
23) 법이 허용할 수 없는 행위이다(예: 채무불이행, 불법행위).
24) 일정한 법률효과의 발생을 원하는 내심의 의사를 외부로 표시한다(예: 청약, 승낙, 동의).
25) 법률효과가 법률의 규정에 의하여 발생한다.
26) 일정한 의식내용을 타인에게 전달하는 것이다.
27) 법률효과를 발생시키려는 의사 없이 또한 어떤 법률효과가 발생하는지에 대한 인식과도 무관하게 오직 사실적 결과의 발생만을 목적으로 하는 행위로서 사법적으로 의미 있는 것이다(예: 유실물 습득, 무주물 선점, 가공, 주소의 설정, 매장물의 발견, 저작물의 창조, 점유의 취득과 상실, 사무관리, 부부의 동거).
28) 자기의 의사를 알리는 것이다(예: 최고, 제한능력자의 상대방의 거절).
29) 일정한 사실을 알리는 것이다(예: 채권양도의 통지승낙, 승낙연착의 통지, 사원총회 소집의 통지, 대리권을 수여하였다는 통지, 시효중단사유로서의 채무의 승인, 공탁의 통지).
30) 일정한 감정을 나타내는 것이다(예: 배우자의 부정행위에 대한 용서, 수증자의 망은행위에 대한 용서).
31) 송덕수, 『민법전의 용어와 문장구조』, 박영사, 2018.

였다'와 같이 하나의 미지항으로 표현된다.

법률사실 중에 중요한 것은 의사표시를 필수 불가결한 구성요소로 하는 '법률행위', 그중에서도 서로 대립하는 의사표시의 합치로 이루어지는 '계약'이라 할 것이다. 당사자의 출연(경제적 손실)이 있는 계약을 유상계약이라고 하는데, 대표적인 유상계약은 '매매'이다. 예를 들어, 부동산매매에 관하여 'x는 y에게 부동산을 매도하였다'라는 표현이 있는 경우 표현 자체로 x를 매도인, y를 매수인으로 보아 'x는 매매대금지급청구권을 가지고, y는 소유권이전등기청구권을 가진다'라고 논리를 전개해 나갈 수 있다.

민사 법리는 '법률사실-법률요건-법률효과'로 이어지는 수직적 계층구조와 '법률효과-항변-재항변'으로 이어지는 수평적 계층구조로 되어 있다. 법률사실은 법률요건을 이루고 종국적으로 법률효과를 발생시키는 근거가 되는데 대부분은 하나 내지 두 개의 미지항으로 표현될 수 있다(이에 대한 예외 중의 하나로 제3자를 위한 계약의 경우 '수익자 x를 위하여 낙약자 y와 요약자 z가 계약을 체결하였다'를 표현하려면 x, y, z 세 개의 미지항이 필요하다).

(1) 일항술어(one-place predicate) 법리 표현

가. 사건

법률사실로서의 사건은 사람의 정신작용에 기하지 않는 것으로서, 하나의 미지항을 갖는 일항술어로 표현될 수 있다.

Dx: x는 사망하였다.
Hx: x에 대한 상속이 개시된다.

상속은 사망으로 인하여 개시된다(민법 997조).

$(\forall x)(Dx \rightarrow Hx)$

시간의 경과는 대표적인 사건에 해당하는데, 채권은 10년간 행사하지 않으면 소멸시효가 완성된다. 소멸시효가 완성된 채권은 더 이상 청구의 기초가 될 수 없다(상대방은 소멸시효완성의 이익을 스스로 포기하고 채무를 이행할 수 있다). 10년간 행사하지 않으면 소멸시효가 완성한다는 법리를 표현하면 아래와 같다.

Bx: x는 채권이다
Nx: x를 10년간 행사하지 않았다.
Px: x는 소멸시효가 완성한다.

채권은 10년간 행사하지 아니하면 소멸시효가 완성한다(민법 162조 1항).

$(\forall x)((Bx \,\&\, Nx) \rightarrow Px)$

나. 상대방 없는 단독행위

당사자의 의사표시가 있으면 그 자체로 효력을 발생시키는 '상대방 없는 단독행위'는 일항술어로 표현될 수 있다.

Jx : x는 상속을 포기하였다.
Ox: x는 처음부터 상속인이 아니다.

상속포기를 하면 처음부터 상속인이 아니었던 것으로 된다(민법 1042조).

$(\forall x)(Jx \rightarrow Ox)$

다. 법적 지위

술어논리는 법적 지위에 대하여 기술할 수 있다. 주체가 어떤 법률상 지위나 자격을 가질 경우를 일항술어로 표현하면 예는 다음과 같다.

Bx: x는 미성년자이다.
Ax: x는 법정대리인의 동의를 얻지 않았다.
Rx: x는 권리만을 얻는다.
Tx : x는 의무만을 면한다.
Cx: x는 취소권을 가진다.

미성년자가 법정대리인의 동의없이 한 행위는 권리만을 얻거나 의무만을 면하는 경우가 아닌 한 취소할 수 있다(민법 5조).

$(\forall x)((Bx \,\&\, Ax \,\&\, \sim(Rx \vee Tx)) \rightarrow Cx)$

(2) 이항술어(two-place predicate) 법리 표현

가. 관념적 용태

관념적 용태는 일정한 사실에 관한 관념 또는 의식이 있는지 여부에 관한 것이다. 예를 들어, 관념적 용태인 '선의'냐에 '악의'냐에 따라 법률효과가 달라지는 경우가 많다.

대표적으로 비진의 의사표시를 들 수 있다. 비진의 의사표시란 표의자가 내심의 의사와 표시가 일치하지 않는다는 것을 알면서 하는 의사표시인데, 원칙적으로 의사표시로서의 효력이 있고 예외적으로 의사표시의 상대방이 표의자의 진의 아님을 알았거나 알 수 있었을 경우에는 무효이다.

비진의 의사표시가 무효인 경우에도 선의의 제3자에게는 그 무효임을 주장하지 못한다(대항하지 못한다). 비진의 의사표시임을 모르는 선의의 당사자가 아닌 자에게는 무효임을 다툴 수 없게 함으로써 거래의 안정을 도모한다는 취지가 담겨 있다.

Mxy: x는 y에 대하여 선의이다.
~Mxy: x는 y에 대하여 악의이다.
Ux: x는 제3자이다.
Ex: x는 비진의 의사표시이다.
Ox: x에게 대항한다.

비진의 의사표시는 선의의 제3자에게 대항하지 못한다(민법 107조 2항).

$(\forall x)(\forall y)((Mxy \ \& \ Ey \ \& \ Ux) \ \rightarrow \ \sim Ox)$

나. 위법행위

위법행위란 행위의 객관적인 성질이 법규범을 위반하여 위법하다고 평가할 수 있는 행위를 말한다. 법이 허용할 수 없다고 평가되기 때문에, 행위자에게 손해배상책임 등 불이익한 효과를 발생시킨다. 개념상 위법행위는 적법행위와 반대관계에 있다. 민사법에서 위법행위 역시 법률사실 중의하나이며, 위법행위의 종류로 불법행위와 채무불이행이 있다.

채무불이행은 당사자 간의 약정에 위반하거나, 주된 약정에 부수적이거나 조리상 당연히 인정되는 계약상 의무를 해태한 경우에 발생한다(민법 제390조). 채무불이행의 종류에 관하여 학계의 이견은 있지만 통상, 이행지체, 이행불능, 불완전이행으로 채무불이행의 유형을 나눈다.

이에 반하여 불법행위는 계약관계에 있지 않는 자가 또는 계약관계에 있더라도 계약 내용과 직접적으로 관련성이 없는 고의·과실있는 행위로 타인에게 위법하게 손해를 발생시킨 경우 피해자의 가해자에 대한 손해배상청구권을 발생시키는 법정채권이다(민법 제750조).

채무불이행이든 불법행위든 위법행위로 손해배상의무를 발생시키는 점은 동일하고 아래와 같이 술어논리로 표현될 수 있다.

Txy: x는 y에게 채무를 불이행하였다.
Lxy: x는 y에게 불법행위를 저질렀다.
Gxy: y에게 손해가 발생했다.
Kxy: x는 y에게 손해배상책임을 진다.

위법행위로 인하여 손해가 발생하면 위법행위를 한 자에게 손해배상의무가 발생한다(민법 390조, 750조).

$(\forall x)(\forall y)(\ ((Txy \lor Lxy)\ \&\ Gy) \rightarrow Kxy\ )$

다. 의사적 용태

의사적 용태란 일정한 의사를 가지는지의 내심적 과정을 의미한다. 예를 들어, 의사적 용태에 해당하는 '소유의 의사'가 존재하지 않는다면 자주점유를 요건으로 하는 점유취득시효완성은 애당초 성립할 여지가 없게 된다.

Rxy: x는 y를 소유의 의사로 점유(=자주점유)한다.
~Rxy: x는 y를 타주점유 한다.
Qxy: x는 y에 대하여 취득시효완성으로 소유권을 취득할 수 있다.

소유의 의사로 점유한 것이 아니라면 취득시효완성에 따른 소유권을 취득할 수 없다(민법 245조, 246조).

$\sim(\exists x)(\ (\forall y)(\sim Rxy\ \&\ Qxy)\ )$

라. 상대방 있는 단독행위

상대방에게 의사표시가 도달해야 법률효과가 발생하는 것을 상대방 있는 단독행위라 하고 여기에는 취소, 해제(해지), 추인, 상계 등이 있다.

이미 성립한 계약이 해제되는 경우 당사자는 각각 해제로 인한 원상회복의무를 부담하게 된다. 원상회복의무의 내용은 쉽게 말해 받은 것이 있으면 돌려주고, 준 것이 있다면 반환받는 것을 말한다. 합의해제가 아닌 상대방의 귀책사유로 해제한 때에는 그로 인해 손해가 발생했다면 해제로 인한 손해를 배상받을 수도 있다.

Cxy: x는 y에 대하여 해제한다.
Nxy: x는 y에 대하여 원상회복의무가 있다.

당사자 일방이 계약을 해제한 때에는 각 당사자는 그 상대방에 대하여 원상회복의 의무가 있다(민법 548조 1항 본문).

$(\forall x)(\forall y)((Cxy \lor Cyx) \rightarrow (Nxy \ \& \ Nyx))$

마. 계약

당사자 간 대립하는 의사의 합치로 계약이 성립한다. 유상계약의 대표적인 예는 매매이며, 매매 중에서도 부동산 매매가 중요하다.

물건을 파는 사람을 매도인(seller), 물건을 사는 사람을 매수인(buyer)이라고 하는데, 부동산에 관한 매매계약이 체결되면 매도인은 매수인에게 소유권이전등기를 해 줄 의무를 부담하고, 매수인은 매도인에게 매매대금을 지급해야 할 의무를 부담하게 된다.

Gxy: x는 y에게 부동산을 매도하였다.
Vx : x는 대금지급청구권을 가진다.
Ny : y는 소유권이전등기청구권을 가진다.

매도인은 매수인에 대하여 매매의 목적이 된 권리를 이전하여야 하며 매수인은 매도인에게 그 대금을 지급하여야 한다(민법 568조 1항).

$(\forall x)(\forall y)(Gxy \rightarrow (Vx \ \& \ Ny))$

바. 동시이행관계

술어논리는 관계(relation)도 표현할 수 있는데 민법에서 중요한 관계 중 하나인 동시이행관계이다. 동시이행관계에 있으면 당사자 일방이 자신의 채무를 이행하거나 이행제공하지 않는 한, 상대방 당사자가 그 의무를 이행하지 않더라도 이행지체가 발생하지 않는다.

동시이행관계는 항변으로도 이해할 수 있다. 동시이행의 항변권은 쌍방의 채무가 동일한 쌍무계약으로부터 발생하고, 변제기가 도래하였으나 상대방이 채무의 이행 또는 이행의 제공을 하지 않는 경우에 발생하는 항변권으로서, 상대방이 이행하지 않고 있는 동안 자신도 이행을 거절할 수 있는 권리이다.

부동산 매매계약에서 매도인의 매수인에 대한 소유권이전등기의무와 매수인의 매도인에 대한 매매대금지급의무는 동시이행관계에 있다. 따라서 매매계약 당사자 간 자신의 의무에 대한 이행, 이행까지는 아니더라도 최소한 이행의 제공을 하지 않으면 상대방을 이행지체에 빠뜨릴 수 없고, 그로 인한 손해배상도 청구할 수 없다는 것이 기본적인 법리이다.

Bxy: x와 y는 동시이행관계에 있다.
Px : x를 이행했거나 이행제공하였다.
Wx : x가 이행지체된다.
a: 소유권이전등기청구권
b: 매매 대금지급청구권

동시이행관계에 있는 경우 자신의 채무를 이행했거나 이행제공하지 않으면 상대방의 채무가 이행지체에 빠지지 않는다(민법 536조).
  $(\forall x)(\forall y)((Bxy \ \& \ {\sim}Px) \rightarrow {\sim}Wy)$

부동산매매에서 소유권이전등기청구권과 매매대금지급청구권은 동시이행의 관계에 있고 소유권이전등기청구에 관한 매도인의 이행이나 이행제공이 없다면 매수인이 대금지급을 하지 않더라도 이행지체라고 할 수 없다(민법 568조).
  $(Bab \ \& \ {\sim}Pa) \rightarrow {\sim}Wb$

---

(3) 요건사실과 항변

어떤 법률효과를 발생시키기 위해서는 전제조건으로서의 법률요건이 만족되어야 하고, 이를 요건사실이라고 한다. 요건사실이 충족되었더라도 항변사실이 인정되면 법률효과는 발생하지 않는다. 항변에 대한 재항변이 받아들여지면 다시 의욕한 법률효과가 발생한다.

예를 들어 금전을 빌려주고 변제기가 도래하면, 면제 · 변제 · 소멸시효 등의 항변이 없는 한 대여금을 청구할 수 있는 권리가 있다는 법리를 술어논리로 표현하면 아래와 같다.

Mx: x는 돈을 빌려주었다.
Hx : x의 대여금채권이 변제기가 도래하였다.
Cx : x는 대여금을 청구할 수 있다.
Ix : x가 대여금채무를 면제하였다.
Lx : x는 대여금을 변제받았다.
Fx : x의 대여금채권의 소멸시효가 완성되었다.

$(\forall x)\,((Mx \;\&\; Hx \;\&\; \sim(Ix \lor Lx \lor Fx)) \rightarrow Cx)$

---

(4) 술어논리 표현의 구체적인 예시

전통적인 민법의 중요 주제인 '법정지상권'을 예로 들어 관련 법리가 술어논리를 통하여 어떻게 표현될 수 있는지를 살펴본다.

가. 관습상 법정지상권

관습상 법정지상권은 토지와 그 지상의 건물이 동일인에게 속하였다가 매매 기타 원인으로 각각 그 소유자를 달리하게 된 경우에, 그 건물을 철거한다는 특약이 없으면 건물소유자로 하여금 토지를 계속 사용하게 하려는 것이 당사자의 의사라고 보아 관습법에 의하여 건물소유자에게 인정되는 지상권을 말한다.[32] 매매 기타 원인으로는 대물변제, 증여, 공유물 분할, 강제경매, 국세징수법에 의한 공매 등이 있다. 본서에서는 설명의 편의를 위하여 토지를 증여하여 동일인 소유였던 토지와 건물이 그 소유자를 달리하게 된 경우를 대표적인 예로 삼아 설명한다.

Gx: x는 대지와 그 지상건물의 소유자이다.
Hxy: x가 y에게 대지를 증여하였다.
Jxy : x와 y 사이에 건물철거의 특약이 있다.
Kx: x가 법정지상권을 취득한다.

$(\forall x)(\forall y)\,(\,(Gx\ \&\ Hxy\ \&\ {\sim}Jxy) \to Kx\,)$

나. 저당권 실행에 따른 법정지상권

민법 제366조 전문은 "저당물의 경매로 인하여 토지와 그 지상건물이 다른 소유자에 속한 경우에는 토지소유자는 건물소유자에 대하여 지상권을 설정한 것으로 본다"라고 규정하고 있다. 저당권 설정 당시 토지와 그 지상건물이 동일 소유자에게 속하고 저당권의 실행으로 토지와 그 지상건물의 소유자를 달리하게 된 경우에는 토지소유자가 건물소유자에게 지상권을 설정한 것으로 보는 법정지상권이다.

이는 다시 토지에 저당권이 설정된 경우, 건물에 저당권이 설정된 경우, 마지막으로 토지와 대지 모두 저당권이 설정된 경우로 각각 나누어 생각해 볼 수 있다. 토지에 저당권이 설정되었다가 그 저당권의 실행으로 인하여 건물과 토지의 소유자를 달리하게 된 경우를 상정하면 다음과 같다.

---

32) 지원림, 『민법강의 (제17판)』, 홍문사, 2020, 702쪽.

Gx: 저당권 설정 당시 토지와 그 지상건물은 x의 소유이다.
Hxy: 저당권의 실행으로 건물은 x 소유, 토지는 y 소유가 되었다.
Kx. x가 법성시상권을 취득한다.

$(\forall x)(\forall y)\,(\,(Gx\ \&\ Hxy) \rightarrow Kx\,)$

(5) 술어논리를 통한 증명

술어논리 체계에서 유용한 증명 전략 중의 하나는 'A → B'를 증명하기 위해 'A'를 가정한 후 연역적으로 'B'를 이끌어 내는 것이다.[33] 그 과정에서 보편 양화사 ∀를 반복해서 제거하거나 도입하는 과정을 거치게 된다.[34]

따라서 보편 양화사의 제거와 도입을 어떻게 수행하는지 살펴본 후 본격적으로 문제 해결을 위한 술어논리를 적용해 보도록 하자.

가. 보편 양화사의 제거 (∀ 제거)

모든 x에 대해 Ax가 참이라는 전제, 즉 '$(\forall x)Ax$'가 전제되면 임의의 t에 대하여 'At'와 같은 Ax의 모든 대체 예들이 참이어야 한다. 변수 x를 임의의 상수로 특정할 수 있는 순간 ∀가 제거되는 것이다. 예를 들어,

"모든 사람들은 오렌지를 좋아한다.
영희는 사람이다.
그러므로 영희는 오렌지를 좋아한다."

---

33) 또 다른 전략으로는 '~A'를 증명하기 위해 'A'를 가정하고 모순을 이끌어 내는 것이 있다.
34) 보편 양화사에 관한 설명과 예제는 "이병덕, 『코어논리학』, 성균관대학교 출판부, 2020, 206-217쪽"의 내용을 인용하거나 각색하였다.

Px를 'x는 사람이다', Lxo를 'x는 오렌지를 좋아한다', h를 '영희'라고 두면 위의 논증은 다음과 같이 술어논리로 표현할 수 있다.

전제1: $(\forall x)(Px \rightarrow Lxo)$

전제2: Ph

결 론: Lho

술어논리 체계 안에서 위 논증은 다음과 같이 연역적으로 증명될 수 있다.

① $(\forall x)(Px \rightarrow Lxo)$

② Ph ·· 증명의 대상: Lho

③ Ph $\rightarrow$ Lho ······························· ①, $\forall$ 제거

④ Lho ·· ②, ③, $\rightarrow$ 제거

나. 보편 양화사의 도입 ($\forall$ 도입)

임의의 t에 대해 'At'가 증명되면 변수 x에 대한 'Ax'의 모든 대체 예들이 성립하고 '$(\forall x)Ax$'이 증명된다고 볼 수 있다. 이때 '$(\forall x)Ax$'를 'At'의 보편 일반화(universal generalization)라고 부른다. 예를 들어,

"모든 한국인은 민주주의자이다.

그러므로 모든 비민주주의자는 한국인이 아니다."

Kx를 'x는 한국인이다', Dx를 'x는 민주주의자이다'라고 두면 위의 논증은 다음과 같이 술어논리로 표현할 수 있다.

전제: $(\forall x)(Kx \rightarrow Dx)$

결론: $(\forall x)(\sim Dx \rightarrow \sim Kx)$

술어논리 체계 안에서 위 논증은 다음과 같이 연역적으로 증명될 수 있다.

① $(\forall x)(Kx \to Dx)$ ················ 증명의 대상: $(\forall x)(\sim Dx \to \sim Kx)$

② $\sim Dt$ ································· 가정

③ $Kt \to Dt$ ························· ①, $\forall$ 제거

④ $\sim Kt$ ···························· ②, ③, 후건 부정

⑤ $\sim Dt \to \sim Kt$ ···························· ②-④, $\to$ 도입

⑥ $(\forall x)(\sim Dx \to \sim Kx)$ ···························· ②-⑤, $\forall$ 도입

4.3. 인공지능 변호사

'인공지능 변호사'라는 용어가 법조계에 처음 등장한 것은 2014년 미국에서 'ROSS'라는 시스템이 "Artificially Intelligent Lawyer"라고 소개되면서부터이며, 이를 계기로 미국을 중심으로 법학과 공학의 융합을 내용으로 하는 리걸테크(legal tech) 산업이 급성장하기 시작했다. 한국에서도 법무부의 챗봇 서비스 정책과 함께 법률정보 검색엔진, 변호사중개 앱, 문서자동완성 소프트웨어 등이 인공지능이란 이름표를 달고 서비스되고 있다. 그러나 위와 같은 시스템을 두고 인공지능이 활용된 바람직한 법률전문가 시스템으로 보기는 어렵다는 견해가 있다.[35]

또한, 냉장고·세탁기·에어컨 등 백색가전에도 인공지능이라는 수식어가 붙고 있는 사회적 분위기 속에서 뭐든지 인공지능 변호사에 해당할 수 있는 것처럼 호도되는 점은 다소 우려스럽기도 하다. 한때 3D TV를 대

---

35) 양종모, "인공지능을 이용한 법률전문가 시스템의 동향 및 구상", 법학연구, 제19권 제2호, 인하대학교 법학연구소, 2016, 234쪽.

대적으로 광고하여 판매한 적이 있다. 3D라는 그럴듯한 수식어로 포장되었으나 내막을 들여다보면 광고 속의 3D TV와는 거리가 멀다고 깨닫는 데에 그리 오랜 시간이 걸리지 않았다. 이제는 판사도 인공지능으로 대체된다며 공학자가 아닌 사람들이 인공지능이 만능인 것처럼 주장하는 것을 경계해야 한다는 목소리도 있다.[36]

인공지능의 대중화, 인공지능 전문가 양성, 인공지능을 통한 융복합 등 정부가 미래 산업의 먹거리를 인공지능 기술에서 찾고 있는 현시점에서 자칫 '법률상담 챗봇' 내지 '인공지능 변호사' 역시 그 의미가 퇴색될 위험성이 있다. 윤리,[37] 인공지능 로봇에 의한 불법행위책임[38] 등에 관한 고민과 더불어, 이제는 무엇이 인공지능 변호사인지, 그러한 인공지능 변호사를 구현하기 위한 구체적인 방안은 무엇이 될지에 관하여 사법정책직 관점에서 선제적인 연구를 시작해야 할 때라고 생각한다.

먼저 '과연 무엇이 인공지능 변호사인가?'라는 물음에 답할 수 있어야 한다. 미국의 애쉴리 박사는 '인공지능과 법률 분석'이라는 그의 저서를 통해 인공지능 기술을 바탕으로 다양한 종류의 법률 문헌 등을 분석하고 결과를 추론할 수 있는 방법론을 제시한 바 있다.[39] 또한 '인공지능과 법(Artificial Intelligence and Law)'이라는 ACM 국제 학회를 중심으로 의미 있는 연

---

36) 양종모, "인공지능에 의한 판사의 대체 가능성 고찰", 홍익법학, 제19권 제1호, 홍익대학교 법학연구소, 2018, 2쪽.
37) 김도훈, "변호사의 업무상 인공지능 사용에 관한 소고-미국변호사협회의 법조윤리모델규칙에 따른 윤리적 의무를 중심으로", 미국헌법연구, 제29권 제3호, 미국헌법학회, 2018, 241쪽.
38) 오병철, "인공지능 로봇에 의한 손해의 불법행위책임", 법학연구, 제27권 제4호, 연세대학교 법학연구원, 2017, 157쪽.
39) Kevin D. Ashley, 『Artificial Intelligence and Legal Analytics』, Cambridge University Press, 2017, p.39.

구실적들이 계속해서 나오고 있지만, 정작 인공지능 변호사에 관한 개념이나 기술적 구현에 관한 구체적인 논의는 아직까지 다루어지지 않고 있는 실정이다.

인공지능 변호사에 대한 실마리를 찾기 위해 우리는 처음으로 돌아가서 인공지능시대의 서막을 알린 알파고를 사람들이 '인공지능 바둑'이라고 부르는 것에 주저하지 않는 이유를 통찰해 볼 필요가 있다.

첫 번째로 알파고는 인간 바둑기사가 하는 일, 즉 바둑 두는 일을 똑같이 해낸다. 과거 명국의 기보를 찾아주거나 어려운 사활문제를 풀어 주는 것이 아니라, 실제 사람을 상대로 바둑을 둘 수 있기 때문에 알파고를 인공지능 바둑이라고 부른다.

두 번째로 알파고의 바둑실력이 인간의 바둑실력보다 우월함을 개관적으로 입증하였다. 과거에도 컴퓨터 바둑 프로그램이 다수 존재하였으나 어느 하나 프로기사의 수준에는 미치지 못하였다. 딥러닝(deep learning)이라는 인공지능 기술이 적용되었다는 사실 그 자체보다는 알파고가 바둑의 고수, 이세돌에게 완승하는 모습을 보여주었기 때문에 인공지능 바둑이라는 칭호를 붙이는데 아무런 이견이 없다. 다시 말해, 인공지능이란 단어는 그 자체로 사람의 역량을 넘어설 것을 기대하고 있는 것이다.

위와 같은 직관에 동의한다면, 인공지능 변호사는 최소한 두 가지 조건을 만족해야 한다. 첫째, 인간 변호사가 하는 일을 똑같이 해내야 한다. 둘째, 인간 변호사 중의 최고수를 능가해야 한다.

먼저 인간 변호사가 하는 일은 무엇일까? 변호사의 주된 업무는 소송과 자문인데, 소송 수행상의 기술적인 면을 제외하고 생각하면, 변호사 업무의 본질은 주어진 사실관계에 법리를 적용하여 질문에 답을 하고 답에 이른 논거를 제시하는 데 있다고 볼 수 있다. 인간 변호사가 의뢰인에게 관련된 판례나 법령을 검색해 주는 것에 머무르지 않듯이 인공지능 변호사라고 할 만한 시스템은 법률정보 검색제공을 넘어서서 사실관계와 질문을 입력받아 정교한 법적 논증을 거쳐 올바른 답을 줄 수 있어야 할 것이다.

그렇다면 인간 변호사 중에 최고는 누구일까? 인공지능 바둑은 이세돌을 이겼는데 인공지능 변호사도 이세돌과 같은 경쟁상대가 존재하는가? 변호사의 역량은 다양한 관점에서 가능할 수 있고 한국의 최고 변호사가 누구인가라는 질문은 개개인의 주관적인 가치판단으로 흘러갈 수 있다. 주어진 문제해결이라는 결과에 초점을 맞추는 것이 아니라, 문제해결을 위하여 사실관계를 분석하고 법리를 적용하는 과정을 중심으로 살펴본다면, 과거 사법시험과 연수원 성적에 따라 법조인으로서의 역량을 가능했다는 사실을 떠올려 볼 만하다.

현재는 사법시험 대신 변호사시험 제노가 운용되고 있으므로 변호사시험 성적을 인간 변호사의 역량을 측정하는 하나의 객관적인 기준으로 삼을 수 있다고 하겠다. 변호사시험 문제의 유형은 객관식, 사례형, 기록형의 세 가지로 나눌 수 있는데, 사실관계를 주고 질문에 답하는 형태의 문제는 그 중에서도 사례형 문제에 해당한다. 따라서 인공지능 변호사가 경쟁해야 할 상대는 현행 변호사시험의 사례형 문제를 언제나 완벽하게 풀어내는 가공의 인물로 삼을 수 있다.

위 두 가지 조건 외에 인공지능 변호사는 한 가지 조건을 더 충족시켜야 한다. 바둑은 가로, 세로 19줄의 반상 위에서 상대방과 내가 놓은 돌의 위치를 언제나 명확하게 알 수 있고, 현재 놓인 돌의 형세를 분석하여 다음 수순을 계산하는 데 있어 주어진 정보의 오류나 모호함이 없다. 비슷하게 변호사시험 문제는 답을 내기 위해 필요한 사실관계 정보가 확실히 주어지고, 법리를 제대로 적용할 경우 정답이라는 것이 항상 존재하기 마련이다.

그러나 변호사가 마주하는 실제 문제에서는 법적 판단을 위해 필요한 정보가 누락되어 있을 수도 있고, 주어진 정보에 오류가 있을 수도 있으며,

표현 자체로 사실인정이 애매모호한 경우가 자주 발생한다. 대부분은 증거재판주의에 입각하여 의뢰인에게 관련 증거를 추궁하다 보면 인정할 수 있는 사실과 그렇지 않은 사실로 구분할 수 있지만, 그조차도 증거의 비대칭성으로 증거의 존부나 효력 자체가 유동적일 경우가 많다. 이런 경우에도 일단은 '모름'의 상태로 두고 어떻게든 논리를 구성해 나갈 수 있어야 한다. 결국에는 단정적으로 답할 수 없는 경우가 더 많고 그럼에도 불구하고 인간 변호사는 나름대로 최대한의 법적 궁리를 하여 의뢰인에게 유의미한 법적 조언을 해야 하기 때문이다.

그러므로 실제로 작동할 만큼 효용가치가 있는 법률상담 챗봇 내지 인공지능 변호사가 되려면 시험문제와 같이 답이 있는 때는 물론 명확한 답이 없거나 주어진 정보가 불충분한 상황에서도 나름대로 합리적인 대답을 이끌어 낼 수 있어야 한다.

위와 같은 고민을 바탕으로 인공지능 변호사에 대한 최소한의 개념요소를 정리해 보면 다음과 같이 정의할 수 있다.

> (정의) '인공지능 변호사'
> 주어진 사실관계와 질문에 대하여,
>   첫째, 질문에 대한 답을 하고
>   둘째, 답에 이른 논거를 보여주며
>   셋째, 변호사시험 사례형 문제의 정답을 맞히는 수준의 성능을 보이면서
>   넷째, 명백한 답이 없는 경우에도 합리적인 답을 도출해 내는 시스템.

인공지능 바둑, 즉 알파고를 바라보며 이끌어 낸 위와 같은 조작적 정의가 인공지능 변호사에 대한 유일한 정의라거나 그 이론적 근거가 명확하다고 단언할 수 없다. 무엇보다 변호사를 소송대리인 등 하나의 직업인으로 보는 것이 아니라 학문으로서의 법학을 수행하는 법률전문가로 바라본다면 위와 같은 정의는 그야말로 초보적인 수준에 머물러 있기 때문이다. 그런

의미에서 향후 인공지능 변호사에 관한 보다 정치한 개념이 정립되어야 할 것이며, 본서에서 내린 정의는 그중 최소 수준의 하나임에 불과함을 고백한다.

대한민국은 법치국가이고, 법치국가는 세상사를 법률관계로 규정한다. 법률관계란 권리 · 의무관계를 의미하므로 변호사는 권리 · 의무관계를 설명해주는 사람이라고 볼 수 있다. 이러한 변호사의 본질적인 역할에 비추어 인공지능 변호사에 대한 정의가 개념적으로 굉장히 이상한 것은 아니라고 우기면서 논의를 이어간다.

이 지점에서 성문법 국가와 판례법 국가의 성격을 새삼 떠올릴 필요가 있다. 미국처럼 무수히 많은 판례 뭉치로부터 일관된 법리를 추출해야 하는 판례법 국가에서는 빅데이터(big data)를 분석하고 의미를 학습할 수 있는 기술이 주요하게 적용된다. 반면, 한국과 같이 기본 법리가 법전에 이미 명문화되어 있는 상태에서 판례가 법조문의 해석과 적용을 보완하고 있는 성문법 국가에서는 규칙기반(rule-based) 전문가 시스템(expert system)이 인공지능 시스템으로써 활용될 여지가 크다.[40]

우리나라는 3년 전만 해도 전체 대법원 판결의 약 3%, 각급 법원 판결의 0.003%만이 공개되어 있어서[41] 소송 등을 수행하는 변호사뿐만 아니라 사법의 공정성과 예측가능성을 갈망하는 국민들의 비판이 일고 있었다. 더불어 여느 선진국과 다른 한국 사법부의 폐쇄성을 언급하면서 국내 리걸테크 산업이 성장할 수 없는 주된 원인으로 지적되고 있다. 공개된 판결문의 수가 많으면 많을수록 연구할 대상도 많아지고 적용해 볼 수 있는 기술의

---

40) Edmonds, 『DARL-AI online』, p.11.

41) 법률신문, 2019.10.28., "판결문 공개 과감히 확대하라", https://m.lawtimes.co.kr/Content/Article?serial=156740.

Ⅰ. 기술(Tech) 이야기 **79**

선택폭도 넓어지므로 바람직한 것은 맞다. 그러나 판결문의 대부분이 공개되어 있지 않는 현실에서도 리걸테크 산업이 절망하거나 주저앉을 이유는 없다. 한국은 성문법 국가이므로 앞서 설명한 바와 같이 법전에 적시된 조문을 법리의 뼈대로 삼고, 소수지만 공개된 주요 판례로 살을 붙여 나간다면, 빅데이터 수준의 많은 판결문 없이도 한국형 인공지능 변호사를 구현해 낼 수 있다고 생각한다.

법률관계에 있어서 권리의 발생 · 변경 · 소멸을 법률효과라고 한다면, 법률요건은 「법률효과의 발생에 적합한 법적 상태(state)」라고 정의한다.[42] 법리의 대부분은 'If-Then' 형식을 따르고 있는데 'If'에 해당하는 부분이 법률요건이고 'Then' 부분이 법률효과라고 할 수 있다.

간단한 질문사항은 하나의 'If-Then'으로 답할 수 있고 여러 단계의 'If-Then'을 거치면 복잡한 논리 구성이 필요한 문제의 답을 이끌어 낼 수 있다. 결국 인간 변호사의 머릿속에 있는 법적 지식이라는 것도 이러한 조건에 부합하는 법적 상태가 주어지면 저러한 법률효과가 발생한다는 식의 'If-Then' 구문의 다발이며, 그러한 다발이 체계적이고 입체적으로 논리정연하게 잘 구성되어 있다면 최소한의 법적 소양(legal mind)이 생겼다고 볼 수 있다. 이를 바탕으로 생각해 보면 인공지능 변호사를 구현하기 위한 기능적 구성요소로서 다음 네 가지를 들 수 있다.

---

42) 송덕수, 『신민법강의(제12판)』, 박영사, 2019, 50쪽.

다음은 위와 같은 구성요소를 포함하고 있는 인공지능 변호사의 개념
도이다. 왼쪽의 사실관계와 질문을 입력받아서 미리 구축된 법리 DB를 활
용히여 논리 구성에 필요한 법률요건의 흐름을 조직하고, 연관성 있는 사
실관계를 가려낸 후 순차적으로 법리를 적용해 나감으로써 원하는 법률효
과가 발생하는지를 계산하고 질문에 대한 답과 그 논거를 결과로 보여주는
것을 핵심 내용으로 한다.

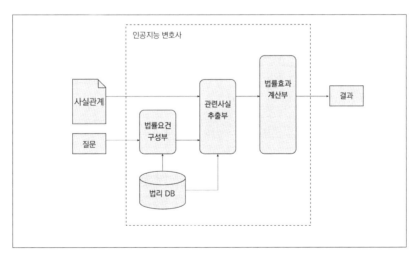

그림 1-11 인공지능 변호사의 개념도

로스쿨 제도를 도입한 지 10년이 지난 현재, 변호사의 지위와 업무 역량에 관한 우려와 기대가 교차하고 있는 것이 사실이다. 의사가 수술을 위해 로봇을 이용하듯이 변호사도 소송수행과 자문의 품질을 높이기 위해 보조도구가 필요하다고 생각한다. 주어진 사실관계에서 자기 논리의 허점은 없는지, 생각하지 못한 쟁점은 없는지, 도출된 결론은 타당한지 등에 관하여 하나의 기준을 삼을 수 있는 잣대가 있다면 마다할 이유가 없다. 인공지능 변호사의 존재이유는 여느 사람들의 기우처럼 사람 변호사를 대체하는 것이 아니라, 사람 변호사를 돕는 하나의 소프트웨어로서 국민이 보다 수준 높은 법률서비스를 누릴 수 있게 함과 동시에 법치국가 대한민국의 위상을 제고하는 데 있다.

'알파고'가 바둑을 두니까 인공지능 바둑이라고 불리는 것처럼, 변호사는 법을 다루므로 인공지능 변호사 역시 법을 다룰 수 있어야 한다. 법을 다룬다는 의미는 법리를 이해하여 주어진 사실에 적용하고 궁금한 사항에 대하여 답을 할 수 있어야 함을 뜻한다. 질문의 형태는 구체적인 권리나 의무의 존부가 될 것이고 답의 종류는 '네', '아니오', '모름'의 세 가지가 있다. 어떤 답을 내리든지 그 답에 이르게 된 논거를 따져볼 수 있어야 한다.

인공지능 변호사의 '인공지능'이라는 단어가 마법의 단어로 여겨져서는 안 된다. 사람이 구성해 낼 수 없는 논리를 컴퓨터가 갑자기 '짠'하고 나타낼 수 없는 것이 당연한데도, 인공지능 기술을 도입하면 마치 모든 것이 저절로 되는 것으로 호도하는 사람들이 있다. 빠진 쟁점을 찾아주거나 주어진 사실관계에 가장 잘 부합하는 논리를 제시해 줄 수는 있지만, 없는 법리를 만들어 내거나, 사람 변호사가 수긍할 수 없는 논리를 제안할 수는 없는 노릇이다.

더 중요한 점은 인공지능 분야를 대표하는 기술이 딥러닝(deep learning)이라고 하더라도 딥러닝 기술만이 인공지능 기술은 아니라는 점이다. 법리는 기본적으로 조건명제로 이루어진 법지식의 다발로 생각할 수 있고,[43] 전문가의 지식을 모사(simulation)하고자 하는 전문가 시스템 역시 인공지능의 대표적인 활용임에 틀림없다.[44]

전문가 시스템에서는 흔히 규칙기반(rule-based) 형태로 지식이 표현되고 있는데,[45] 이러한 지식을 기계가 학습하는 방식이 반드시 딥러닝이어야만 한다는 주장은 설득력이 약하다. 일본을 통해 독일법을 계수한 한국은 성문법 국가로서, 판례에 의해 법리가 형성되는 판례법 국가와 달리 반드시 다량의 판결문에 의존하여 법리를 추출해야 할 이유가 없기 때문이다. 한국은 공개된 판례가 극히 미미하다는 사실상의 어려움도 있지만, 한국의 법리는 법규정과 판례요지로 이미 주어지고 있기 때문에, 접근 방식을 달리할 수 있다.

달리 표현하면, 한국형 인공지능 변호사는 빅데이터 수준의 '묻지마' 판결문을 학습할 것이 아니라, 법률전문가에 의해 정제된 법규정 또는 판결요지를 재료로 삼아 규칙기반 형태로 표현된 지식을 학습의 대상으로 삼아야 한다. 이러한 점 때문에 한국에서 인공지능 변호사를 구현해 내기 위해서는 컴퓨터 과학자분만 아니라 변호사나 로스쿨 교수가 참여해야 한다.

---

43) 지원림, 『민법판례』, 박영사, 2021, 38쪽.

44) I. Gupta and G. Nagpal, 『Artificial Intelligence and Expert Systems』, Mercury Learning and Information, 2020.

45) K. Satoh et al., "Interactive system for arranging issues based on PROLEG in civil litigation", In the Proc. of the 18th International Conference on Artificial Intelligence and Law, ACM, 2021; R. Hamdani et al., "A combined rule-based and machine learning approach for automated GDPR compliance checking", In the Proc. of the 18th International Conference on Artificial Intelligence and Law, ACM, 2021.

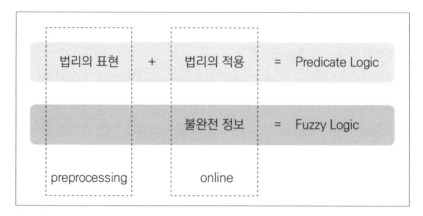

그림 1-12　인공지능 변호사의 법적 논증의 체계

　이제 인공지능 변호사를 위한 법적 논증의 실제 모습을 그려보자.[46] 먼저 연대채무에서 채권자는 채무자 누구에게라도 급부 전체를 구할 수 있고, 채무자 1인이 채무를 이행하면 다른 채무자의 채무도 소멸한다. 연대채무는 당사자 사이의 계약은 물론 공동임차인의 차임에 대한 연대채무,[47] 상행위에 의한 연대채무[48] 등과 같이 법률의 규정에 의해 성립하는 경우도 많은 중요한 법률관계이다.

　그런데 연대채무관계에 적용되는 법리는 일반인들이 이해하기에 다소 어렵고 복잡하다. 그 이유 중의 하나로 연대채무자 1인에 대한 행위에 대하여 절대적 효력과 상대적 효력을 구분하고 있다는 점을 들 수 있다. 예

---

46) 아래의 내용은 필자의 최근 연구결과에 따른 것임을 밝혀둔다(박봉철, "인공지능 변호사를 위한 법적 논증의 실제 - 연대채무에서 어음채권행사에 따른 소멸시효중단의 절대효", 법학논문집, 제45권 제3호, 중앙대학교 법학연구원, 2021, 5-29쪽).
47) 민법 제616조(공동차주의 연대의무), 제654조(준용규정).
48) 상법 제57조(다수채무자간 또는 채무자와 보증인의 연대).

를 들어 하나의 계약으로 수인이 연대채무를 부담하는 경우에,[49] 연대채무자 1인에 대하여 법률행위의 무효 또는 취소의 원인이 존재하더라도 다른 연대채무자에 대한 채무의 효력에는 영향을 미치지 않는다. 또한 각 채무자의 채무는 조건, 이행기 등을 달리할 수 있으며, 일부 채무자를 위한 보증채무도 성립할 수 있다. 같은 맥락에서 연대채무자 1인이 자기 채무만의 이행을 담보하기 위하여 채권자에게 어음을 발행해 줄 수도 있다. 반면, 연대채무자 1인에 대한 사유가 다른 연대채무자에게도 영향을 미치는 경우가 있는데, 민법은 연대채무관계에서 다른 채무자에게도 영향이 미치는 사유를 한정적으로 열거하고 있다.[50] 예를 들어, 채권자가 연대채무자 1인에게 이행청구하면 다른 채무자에게도 그 효력이 미쳐서(민법 제416조), 소멸시효의 중단, 이행지체 등의 효과가 발생한다. 또 어느 연대채무자 1인의 채무에 대하여 소멸시효가 완성되면, 그 부담부분에 한하여 다른 채무자의 채무도 소멸된다(동법 제421조).

앞서 설명한 바와 같이, 어느 연대채무자는 자신의 채무를 담보하기 위해 어음을 별도 발행할 수 있는데, 그러한 어음채권의 행사는 그 연대채무자의 채무를 소멸시효 중단시킨다.[51] 그렇다면 이를 확장하여, 채권자가 어느 연대채무자에 대한 어음 채권을 행사할 때 다른 연대채무자에게도 소멸

---

49) 연대채무에서 각 채무자가 연대채무를 각자 부담하여 채무자 수만큼 채무가 존재하는 것인지, 채무자가 복수일 뿐 연대채무라는 한 개의 채무인지에 관하여 다툼이 있었으나 연대채무관계는 채무자의 수만큼 별개의 채무를 발생시키는 것으로 정리되었다(지원림, 『민법강의(제18판)』, 홍문사, 2021, 1228쪽).

50) 연대채무자들의 채무를 독립한 채무로 보면서도 채무자 1인에게 생긴 사유로 인해 다른 채무자에게 효력을 미치게 하는 이유는 채무자 간에 일종의 공동관계 의식이 있기 때문이다(지원림, 『민법강의(제18판)』, 1228쪽).

51) 대법원 1999. 6. 11. 선고 99다16378 판결.

시효중단의 효과가 발생한다고 볼 수 있는지 궁금해진다.

즉 어느 연대채무자가 발행한 어음채권을 채권자가 행사하는 경우 다른 연대채무자의 채무에 대해서 소멸시효중단의 효과가 발생하는지 여부가 해결하고자 하는 문제이다.

이에 관해 어음채권의 행사가 원인채권의 소멸시효를 중단한다는 점에서 어음채권의 행사를 원인채권에 대한 청구로 볼 수 있고, 민법 제416조에 의거 다른 연대채무자에게도 소멸시효중단의 효력이 있다는 주장이 있을 수 있다. 또 한편으로는 어음채권과 원인채권은 엄연히 별개의 채권으로서 어음채권을 두고 원인채권을 청구한 행위와 동일시할 수는 없기 때문에 위 조항에 따라 이행청구의 절대적 효력을 인정할 수 없다는 주장도 가능해 보인다.

만약 인공지능 변호사에게 어느 연대채무자가 발행한 어음채권을 행사하면 다른 연대채무자에게도 소멸시효중단의 효과가 있는지를 물어본다면 답을 얻을 수 있을까? 있다면, 어떤 논리로 답에 이를 수 있을까? 그 답이 기존 법리와 잘 부합할 만큼 타당한 수준이라면 최소한 법률가의 역할을 보조할 수 있는 도구로 기능한다는 점에서 인공지능 변호사의 등장을 마다할 이유가 없는 것이다.

법리는 기본적으로 조건명제로 이루어진 법지식의 다발이고,[52] 법리를 모사(simulation)하는 「전문가 시스템」은 인공지능 분야의 중요한 결과물이다.[53] 전문가 시스템에서는 흔히 규칙기반(rule-based) 형태로 지식이 표현되고 있는데,[54] 법규정과 판례의 입장을 컴퓨터가 이행할 수 있는 데이터

---

52) 지원림, 『민법판례』, 12쪽.
53) Gupta and Nagpal, 『Artificial Intelligence and Expert Systems』.
54) Satoh et al., op. cit.; Hamdani et al., op. cit.

로 표현하고 학습시킴으로써 인공지능 변호사를 활용할 수 있게 되는 날이 머지 않았다고 믿는다. 실제로 학계에서 인공지능에 관한 관심이 이어지고 있고, 인공지능을 이용한 법률전문가,[55] 인공지능 로봇과 손해배상,[56] 인공지능에 의한 판사,[57] 인공지능 챗봇,[58] 법률요건의 퍼지화[59] 등이 연구되어 오고 있다.

소멸시효중단, 어음채권, 연대채무와 관련된 일련의 법리를 기계가 이해하고 분석할 수 있는 술어논리 문장으로 표현한 다음, 연대채무자 1인에 대한 어음채권의 행사를 통해 다른 연대채무자의 채무까지 소멸시효를 중단시키는 절대적 효력을 인정하는 것이 타당한지를 논증해 본다. 이를 통해 어느 한쪽의 입장을 택하여 소멸시효중단의 효력 여부를 어떻게든 결정해야 하는 상황이라면, 특별한 사정이 없는 한 기존 법리와의 정합성에 보다 부합하는 쪽을 택함으로써 법적 안정성에 기여할 수 있을 것으로 기대한다. 앞서 제기된 질문에 대한 답을 얻는 것에 그치는 것이 아니라, 주어진 법적 질문에 대하여 관련 법리에 최대한 부합하도록, 객관적으로 그 결론을 이끌어 낼 수 있는 수학적 도구를 소개할 수 있다는 점에서 의미가 있다.

이제 해결하고자 하는 문제와 관련하여 관련된 기본 법리를 술어논리 문장으로 표현해 본다. 이를 위해 관련 법률용어에 해당하는 영어단어의

---

55) 양종모, 앞의 논문(2016), 213-242쪽.
56) 오병철, 앞의 논문, 157-231쪽.
57) 양종모, 앞의 논문(2018), 1-29쪽.
58) 양종모, "인공지능 챗봇 알고리즘에 대한 몇 가지 법적 고찰", 홍익법학, 제21권 제1호, 홍익대학교 법학연구소, 2020, 449-482쪽.
59) 박봉철, "법률상담 챗봇 정책을 위한 법률요건의 퍼지화-토지임차인의 건물매수청구권을 중심으로", 일감부동산법학, 제21호, 건국대학교 법학연구소, 2020, 231-262쪽.

첫 글자를 따서[60) 각각의 법리를 다음과 같이 대응되는 술어논리 문장으로 기술해 본다.

Dx: x를 '이행청구'한다.
Sx: x를 '압류 · 가압류 · 가처분'한다.
Ax: x를 '승인'한다.
Jx: x는 '연대채무'이다.
Bx: x는 '어음채권'이다.
Cxy: x는 y의 '원인채권'이다.
Ix: x의 '소멸시효가 중단'된다.

A이면 B라는 A → B 조건문에 관하여, A 위치의 문장을 전건(antecedent)이라 부르고 B 위치에 오는 문장을 후건(consequent)이라고 부른다. 전건과 후건의 형식에 따라 관련 법리를 아래와 같이 술어논리로 표현할 수 있는데, 표현된 술어논리가 대부분 2개의 보편 양화사 ∀를 포함하고 있는 다중 양화 문장(sentences containing multiple quantification)인 점이 특징이다.

1) 어음채권을 이행청구하면 원인채권의 소멸시효가 중단된다.[61)

전건: 어음채권 y를 이행청구하고 y의 원인채권이 x이다.

후건: x의 소멸시효가 중단된다.

---

60)

관련 법률용어	영어 단어	대표 기호
청구	demand	D
압류 · 가압류 · 가처분	seizure · provisional seizure · provisional disposition	S
승인	acknowledgment	A
연대채무	joint and several obligation	J
어음채권	bills and notes claim	B
원인채권	cause claim	C
소멸시효중단	interruption of extinctive prescription	I

61) 대법원 1999. 6. 11. 선고 99다16378 판결.

술어논리: $(\forall x)(\forall y)((By \mathbin{\&} Dy \mathbin{\&} Cxy) \rightarrow Ix)$

2) 소멸시효중단사유는 청구, 압류 · 가압류 · 가처분, 승인이다.[62]

전건: x의 소멸시효가 중단된다.

후건: x를 청구하거나 압류 · 가압류 · 가처분하거나 승인한다.

술어논리: $(\forall x)(Ix \rightarrow (Dx \vee Sx \vee Ax))$

3) 어음채권의 청구 자체는 원인채권에 대한 압류 · 가압류 · 가처분 또는 승인이 아니다.[63]

전건: 어음채권 y를 이행청구하고 y의 원인채권이 x이다.

후건: x를 압류 · 가압류 · 가처분하거나 승인하는 것이 아니다.

술어논리: $(\forall x)(\forall y)((By \mathbin{\&} Dy \mathbin{\&} Cxy) \rightarrow \sim(Sx \vee Ax))$

4) 어느 연대채무자에 대하여 이행청구한다면 나머지 연대채무자에게도 이행청구한 것과 같다.[64]

전건: 연대채무 x를 이행청구한다.

후건: x와 다른 연대채무 y를 이행청구한다.

술어논리: $(\forall x)(\forall y)((Jx \mathbin{\&} Dx) \rightarrow (Jy \mathbin{\&} Dy \mathbin{\&} x \neq y))$

---

62) 민법 제168조(소멸시효의 중단사유).

63) 어음채권과 원인채권은 별개의 채권일 뿐만 아니라, 민법 제168조에서 소멸시효중단 사유를 구분하여 열거하고 있는 청구, 압류 · 가압류 · 가처분, 승인은 서로 다른 행위로서 동일시할 수 없기 때문에, 어음채권의 청구는 당연히 원인채권의 압류 · 가압류 · 가처분 또는 승인이 될 수 없다.

64) 어느 연대채무자에 대한 이행청구는 다른 연대채무자에 대해서도 효력이 있다는 민법 제416조의 해석상 어느 연대채무자에 대한 이행청구가 있으면 다른 연대채무자도 이행청구 받은 것과 같다는 의미와 동일하다.

5) 연대채무를 이행청구하면 그 채무의 소멸시효가 중단된다.[65]

전건: 연대채무 x를 이행청구한다.

후건: x의 소멸시효가 중단된다.

술어논리: $(\forall x)((Jx\ \&\ Dx) \rightarrow Ix)$

위에서 제시한 문제는 수인의 연대채무자가 있는 상황에서 어느 연대채무자가 발행한 어음채권을 채권자가 행사하는 경우에, 나머지 다른 연대채무자의 채무에 대해서도 소멸시효중단의 효력을 부여할 수 있는지 여부이다.

따라서 어음채권 행사와 연대채무의 소멸시효중단에 관한 아래 상자의 진술이 참인지 또는 거짓인지를 증명할 수 있다면, 위 문제에 대한 답을 얻게 된다. 더불어 인공지능 변호사와 같은 기계가 위 증명을 해낼 수 있도록 술어논리를 도입하게 된 것이다. 앞서 술어논리로 표현된 관련 법리와 그러한 법리를 바탕으로 하는 연역적 추론을 통하여 마치 기계가 하듯이 하나씩 논증해 보도록 한다.

어느 연대채무자에 대하여 어음채권을 행사하면 다른 연대채무자의 채무도 소멸시효가 중단된다.

$(\forall x)(\forall y)(\forall z)((Bx\ \&\ Jy\ \&\ Cyx\ \&\ Dx) \rightarrow (Jz\ \&\ Iz\ \&\ y\neq z))$

---

① $(\forall x)(\forall y)((By\ \&\ Dy\ \&\ Cxy) \rightarrow Ix)$

② $(\forall x)(Ix \rightarrow (Dx \lor Sx \lor Ax))$

③ $(\forall x)(\forall y)((By\ \&\ Dy\ \&\ Cxy) \rightarrow \sim(Sx \lor Ax))$

---

65) 민법 제168조 제1호.

④ $(\forall x)(\forall y)((Jx \,\&\, Dx) \rightarrow (Jy \,\&\, Dy \,\&\, x{\neq}y))$

⑤ $(\forall x)((Jx \,\&\, Dx) \rightarrow Ix)$

⑥ $Ba \,\&\, Jb \,\&\, Cba \,\&\, Da$ ································· 가정

⑦ $((Ba \,\&\, Da \,\&\, Cba) \rightarrow Ib)$ ··············· ①, $\forall$ 제거

⑧ $Db \lor Sb \lor Ab$ ···························· ②, $\forall$ 제거

⑨ $\sim(Sb \lor Ab)$ ····························· ③, $\forall$ 제거

⑩ Db ·· ⑧, ⑨

⑪ $(Jb \,\&\, Db) \rightarrow (Jc \,\&\, Dc \,\&\, b{\neq}c)$ ················ ④, $\forall$ 제거

⑫ Ic ··· ⑤, $\forall$ 제거

⑬ $(Ba \,\&\, Jb \,\&\, Cba \,\&\, Da) \rightarrow (Jc \,\&\, Ic \,\&\, b{\neq}c)$ ·············· $\rightarrow$ 도입

⑭ $(\forall z)(Ba \,\&\, Jb \,\&\, Cba \,\&\, Da) \rightarrow (Jz \,\&\, Iz \,\&\, b{\neq}z)$ ········ $\forall$ 도입

⑮ $(\forall y)(\forall z)(Ba \,\&\, Jy \,\&\, Cya \,\&\, Da) \rightarrow (Jz \,\&\, Iz \,\&\, y{\neq}z)$ ····· $\forall$ 도입

⑯ $(\forall x)(\forall y)(\forall z)(Bx \,\&\, Jy \,\&\, Cyx \,\&\, Dx) \rightarrow (Jz \,\&\, Iz \,\&\, y{\neq}z)$ ········· $\forall$ 도입
증명 끝.

위 증명의 각 단계를 살펴본다. 증명은 앞서 술어논리로 표현한 관련 법리를 하나씩 나열하는 것으로 시작한다(①~⑤). 먼저 증명하고자 하는 진술의 전건이 참이라고 가정한다(x를 a, y를 b로 대체하여 보편 양화사 $\forall$를 제거; ⑥).

①에서 y를 a, x를 b로 대체하여 보편 양화사 $\forall$를 제거하면 b의 소멸시효가 중단된다는 Ib가 참임에 이른다(⑦).

②에서 Ix의 x를 b로 대체하여 보편 양화사 ∀를 제거하면 'Db ∨ Sb ∨ Ab'가 참임에 이른다(⑧).

③에서 x를 b, y를 a로 대체하게 되면 Ba, Da, Cba 모두 참이므로 'Sb ∨ Ab'이 거짓임을 나타내는 '∼(Sb ∨ Ab)'에 이르게 된다(⑨).

'Db ∨ Sb ∨ Ab'이 참인데 'Sb ∨ Ab'이 거짓이므로 Db가 참이 되어야 함을 알 수 있다(⑩).

④에서 x를 b, y를 c로 대체하면 Jb와 Db가 참이므로 'Jc & Dc & b≠ c'가 참에 이른다(⑪).

⑤에서 x를 c로 대체하면 Jc와 Dc가 모두 참이게 되고 c의 소멸시효가 중단된다는 Ic가 참임을 알 수 있다(⑫). 이는 b와 같지 않은 c에 대하여 Jc, Ic 모두 참임을 뜻하고, 이로써 참으로 가정된 전건으로부터(⑥) 각 변수에 대한 임의의 대체 예에 따라 표현된 후건 'Jc & Ic & b≠c'이 참인 것을 보인 것이다(⑬).

임의의 c에 대하여 후건이 성립되므로 변수 z에 대한 보편 양화사 ∀를 도입한다(⑭). 임의의 b에 대하여도 후건이 증명되었으므로 변수 y에 대한 보편 양화사 ∀를 도입한다(⑮). 마지막으로 임의의 a에 대하여 후건이 참이므로 변수 x에 대한 보편 양화사 ∀를 도입하면 증명의 대상이 된 진술과 동일한 진술을 연역적으로 얻어 낼 수 있다(⑯).

위와 같이 연대채무, 어음채권, 소멸시효중단에 관한 법리를 술어논리로 표현해 보고, 연대채무자 1인에 대한 어음채권의 행사에 따른 다른 연대채무자에 대한 소멸시효중단에 관하여 논증해 보았다.

'어음채권을 이행청구하면 원인채권의 소멸시효가 중단된다' 등 총 5가지 법리를 술어논리 문장으로 표현하고 다중 양화 문장에 대한 연역적 추론을 거친 결과, 어느 연대채무자에 대한 어음채권을 행사하면 다른 연대채무자에 대한 채무도 소멸시효가 중단된다고 보는 것이 타당하다는 점을 증명할 수 있었다. 그 과정에서 보편 양화사 ∀를 제거하거나 도입하면서 어떻게 그러한 결론에 이르게 되었는지, 전체 추론에 관한 복기가 가능하도록 단계별 논증의 모습을 구체적으로 보였다.

그렇다면 마지막으로 위의 논증을 좋은 논증이라고 볼 수 있는지에 대하여 답할 수 있어야 한다. 논증이 좋은 논증임을 평가하는 작업은 다음 두 가지를 따져보는 일이라고 할 수 있다.[66]

첫째, 논증은 타당한가?

둘째, 논증의 전제는 모두 참인가?

논증이 타당한지는 결론이 전제로부터 따라 나오는지를 살펴보아야 하고, 전제가 모두 참인지를 살펴보려면 전제가 받아들일 만한 것인지를 따져보아야 한다. 첫 번째, 술어논리에 따른 연역적 추론과정은 위 논증의 결론이 전제로부터 도출되고 있음을 객관적으로 담보하고 있다. 두 번째, 사용된 전제를 살펴보면 이미 법적으로 잘 알려져 우리가 받아들일 수밖에 없는 관련 법리를 담고 있을 뿐 그 밖의 사실을 임의로 전제하고 있지 않기 때문에 위 논증에서 제시된 모든 전제들이 참임은 자명하다. 따라서 위에서 보인 논증은 좋은(건전한; sound) 논증이다.

위와 같이 술어논리라는 수학적 도구를 이용하여 어느 연대채무자에 대하여 어음채권을 행사하면 다른 연대채무자의 채무도 소멸시효가 중단된다는 사실을 연역적으로 도출하였다. 이는 기존의 법리에 부합하면서도 최대한 객관적인 답을 찾은 것이다. 자연어로 기술된 법리를 술어논리로 표현·논증함으로써 인공지능 변호사와 같은 기계가 법을 해석하고 자문할 수 있는 토대를 마련했다는 점에서 의미가 있다.

---

66) 최원배, 『논리적 사고의 기초』, 서광사, 2019, 29쪽.

Ⅱ

사회적 변화와 대응 이야기

앞장에서 이 시대의 기술들을 대표할 만한 인공지능과 블록체인 및 빅데이터 등에 대한 본질을 논의해 보았다. 이 장에서는 그러한 기술들이 적용된 곳에서 일어나는 사회적 변화와 그에 대한 대응 방안에 관하여 서술하였다. 이 시대의 가장 큰 사회적 변화가 무엇인가라는 질문에 매우 간략하게 답한다면 그것은 "인터넷과 인공지능이 작동하는 시스템(로봇, 초연결의 네트워크)이 초래하는 일상생활의 변화"라고 말할 수 있을 것이다. 따라서 본 장에서는 그러한 내용의 변화들을 몇 가지로 크게 분류하여 논의하고 각각에 대한 대응 방안들을 서술한다.

1. 신기술(Tech)의 사회적 적용
(스마트 홈, 스마트 팩토리, 스마트 시티, 스마트 정부)

오늘날 우리 생활에 가장 큰 변화를 가져온 기술을 한마디로 표현한다면 본서는 사물인터넷이라고 말할 수 있다. 왜냐하면, 사물인터넷은 종래에 사람들이 서로 소통하며 수행하던 일들을 사물들이 하는 것이기 때문에 우리의 일상생활과 모든 사회 시스템의 운영이 엄청나게 변화한 것이 아닐 수 없다. 우리의 일상생활에서 사물인터넷은 인공지능과 초고속 인터넷을 포함한 거의 모든 첨단 기술들이 적용된 각종 사물들(주로 휴대폰, 비상벨, 자동 열쇠, 자동 차단기 등 전자 기기들이 그 대부분의 구성요소를 이루지만 자동차나 건물 또는 공장도 하나의 사물로 볼 수 있다)이 서로 연결되어서 정보를 교환하고 사람이 하던 작업을 서로 지시하고 수행하면서 우리 삶의 중요한 부분이 되었다. 물론 사물인터넷이라는 시스템의 원천에는 인간이 그 필요에 따라 행하는 최초의 명령이나 요구가 있다. 그런데 일단 그러한 원천적인 인간의 지시나 요구가 어떤 사물에 (예컨대 주택의 경비 시스템에 관한 앱이 설치된 휴대폰) 입력되면 그 앱이 가지고 있는 프로그램에 의한 명령에 따라서 그 휴대폰과 무선으로 연결된 각종의 사물들이 그들끼리 통신을 주고받으며 주택 경비에 관한 사항들의 명령을 수행하는 것이므로 단 한 번의 인간의 지시 이후에는 마치 사물들이 사람의 생활에 필요한 모든 일들을 일사불란하게 수행하는 사물들의 세상이 된 것 같은 생각이 들게 된다.

본서는 앞장에서 사물인터넷의 정의와 그 작동원리에 관하여 자세히 서술한 바 있다. 사물인터넷을 다시 한번 요약하면 "진화하는 상호운용가능 정보/통신 기술을 기반으로 물리 공간 및 가상 공간의 사물들을 서로 연결해 다양한 서비스를 제공하는 정보사회를 위한 세계적 기반 시설"이다. 그런데 이 개념 정의는 다소 추상적으로 보이므로 좀 더 구체적으로 그것을 우리의 일상생활에서 찾아보면 우리가 가장 가까이에서 경험하고 있는 사물인터넷이 바로 스마트 홈 시스템이다. 스마트 홈 시스템에서 더 나아가 사물인터넷이 산업 현장에 적용되면 스마트 공장 시스템(스마트 팩토리)을 만들어 내며, 이러한 스마트 홈과 스마트 공장 시스템이 도시기능의 스마트 시스템으로 통합되면 스마트 시티로 발전하게 되고 스마트 시티를 확장하게 되면 스마트 정부 시스템 또는 스마트 국가로 확대 발전하게 된다.

사물인터넷의 발전은 위와 같이 각종의 스마트 시스템에 적용되어 그 분야별 또는 단계별로 발전되는 면도 있지만 실제로 우리 삶에 있어서 모든 시스템은 거의 동시에 발전하고 있다. 오늘날 우리는 사물인터넷의 여러 가지 특징들이 적용된 스마트 홈 시스템이란 환경에서 생활하고 있으며, 스마트 공장 시스템 도입은 산업 현장에서 이미 일반적인 현상이 되었다. 각 지방자치단체와 중앙정부는 스마트 시티에 관한 법령을 만들고 정책수립과 예산을 집행하면서 전국적으로 여러 곳의 스마트 도시 들의 개발을 진행하고 있는 한편, 중앙정부는 디지털 정부를 기치로 내세우며 입법·사법·행정의 여러 부분에서 스마트 정부 시스템의 도입을 이미 시작하고 있다. 아래에서는 사물인터넷이 적용된 스마트 홈과 스마트 팩토리 그리고 스마트 시티에 대하여 순서대로 그 기본 개념, 내용 및 문제점과 해결 방안을 중심으로 서술하였다.

2. 스마트 홈

2.1. 개념

    사물인터넷이 개인들의 집에 적용되어 그 집이 스마트 홈이 되게 하는 것은 여러 가지 상업광고나 다양한 홍보물을 통하여 널리 알려져 있다. 대표적인 구성요소로는 집주인의 구두 명령을 알아듣고 집안에 설치된 여러 가지 기구들을 작동하도록 하는 인공지능 스피커, 스마트폰이나 원격 기동 장치로 작동되는 주택의 여러 가지 가전제품, 출입문과 주차장 문, 경비회사와 연결된 자동 경보시스템 등이 있으며, 이처럼 다양한 장치들이 마치 하나의 컴퓨터나 로봇처럼 작동되도록 서로 연결되어 하나의 시스템화 되어 있으므로 이것을 스마트 홈 시스템이라고 부를 수 있다. 이미 대부분의 미디어에서 이러한 용어를 일반적으로 사용하고 있어서 별도로 정의하지 않더라도 그 내용을 이해함에 있어서 문제가 없다고 본다. 이 스마트 홈을 가능하게 하는 근본적인 기술도 결국은 인공지능과 초고속 무선 인터넷이라고 볼 수 있겠다.

2.2. 문제점

    스마트 홈은 여러 가지 편리한 점이 많아서 우리의 생활을 더욱 윤택하게 할 수도 있다. 그러나 그 스마트 홈 시스템에 속하는 기기나 그 시스템을 운용하는 인공지능이 오작동하거나 악의의 해커에게 이용당하여 사고나 손실을 당하는 문제점들이 빈번히 발생하고 있어서 이에 대한 대응 방안이 절실히 요구되고 있다. 우리의 일상생활에서 많은 사람들이 이용하고 있는 인공지능 스피커나 스마트폰과 연결하여 원격조정으로 작동하는 다양한 가전제품 등 스마트 홈을 구성하는 여러 가지 기구들은 그 집의 가족들에 관한 민감하고 수많은 개인정보를 수집하고 전송하며 심지어 분석하는 기능을 가지고 있기 때문이다. 그러한 기기들이 주어진 기능을 수행하는 과정에서 이용자의 개인정보들이 수집된 후 유출되거나 악용당할 수 있는 사례도 빈번히 발생하고 있다. 다음의 사례들이 그 대표적인 경우에 해당한다.

미국 Atlanta K 뉴스[1]에 의하면, 미국의 가정용 인공지능 스피커인 Alex는 각 가정의 이용자들에 관한 모든 정보를 Alex의 제조 공급사인 아마존에 전송하도록 되어 있고 그렇게 수집된 정보들은 그 회사의 빅데이터로 사용되고 있다는 문제를 제기하였다. 그런데 어떤 가정의 Alex는 해킹을 당하여 Alex가 부부 사이의 대화를 녹음해서 제3자에게 전송한 사실이 밝혀진 적도 있다고 한다. 2018년 6월 23일 뉴욕타임즈는 스마트 홈 시스템으로 작동되는 비상연락 기구가 작동하지 않아서 곤란을 당한 경우, 에어컨이 스스로 작동을 멈춘 경우, 디지털 잠금장치로 된 문이 매일 스스로 비번을 바꾸어서 혼란을 겪는 경우, 비상벨이 계속 울리는 경우 등의 사례들과 스마트 홈을 구성하는 요소들인 스피커, 온도계, 전등, 카메라, 각종의 문의 잠금장치 등의 오작동이나 남용이 괴롭힘이나 감시, 보복, 통제 등에 악용되는 사례들을 보도하였다. 유아 모니터 기구에 해킹을 한 외부인이 밤에 그 유아와 대화를 한 사례가 언론을 통해서 보도된 사례도 있고, 스마트 도시의 구성 요소가 될 교통관제용 카메라의 불량이 교통 통제 시스템을

1) Atlanta K, 2019.10.22., "'알렉사' 해킹되면 사생활 다 털린다", https://atlantak.com/%EC%95%8C%EB%A0%89%EC%82%AC-%ED%95%B4%ED%82%B9%EB%90%98%EB%A9%B4-%EC%82%AC%EC%83%9D%ED%99%9C-%EB%8B%A4-%ED%84%B8%EB%A6%B0%EB%8B%A4/.

혼란에 빠뜨려 큰 위험을 초래한 사례 등도 있다. 2020년 1월 10일 USA Today는 아마존의 직원들이 현관문에 설치된 카메라 비디오 기록으로 그 집의 사생활을 훔쳐본 혐의로 해고되었다고 보도하였다. 위와 같은 문제는 본서 '**6.1.(2) 인공지능과 관련된 법적 문제**' 부분에서 좀 더 구체적으로 그 대응 방안에 대하여 기술한다.

2.3 예상되는 문제와 대응 방안

(1) 예상되는 문제

스마트 홈을 구성하는 여러 기기는 그 내부에 장착되어 있는 여러 가지 통신기능(극소형 무선 통신 장비인 RFID 칩이 대표적인 것이나 요즘 기기들은 대부분 이에서 훨씬 진화된 쌍방 통신기능을 장착한 것들이다)을 통하여 그 기기들의 위치와 작동상태 및 그 기기와 관련된 수많은 정보들을 감지하고 심지어 분석한 데이터까지 송수신하고 있다. 우리가 일상적으로 사용하고 있는 가전제품(예컨대 TV나 냉장고)에도 이러한 통신기능이 장착되어 그 사용자가 스마트 홈 시스템으로 원격조정을 할 수 있는 편리함이 있다. 한편 이러한 제품들은 그 자체의 통신 시스템으로 그 제품들이 사용되는 위치, 사용되는 내용 등이 실시간으로 그 제조업체나 판매업체에 제공되어 업체들은 그 데이터를 유용한 마케팅 정보로 사용할 수도 있고 제품의 성능향상이나 안전성 향상을 위한 유익한 생산 정보로 사용할 수도 있다. 하지만 그러한 데이터들은 그 사용자나 사용자의 가정에 관련된 매우 민감한 개인정보들인데 그것들이 유출되어 악용되거나 사용자의 사생활이 노출되는 위험이 발생할 수도 있다. 최근 국내의 한 타이어 제조업체가 그 제품에 RFID 칩을 장착시켜서 그 제품의 입출고 관리에 활용할 뿐만 아니라 그 제품이 어디서 누구에게 어떻게 얼마나 오랫 동안 사용되고 있는가에 대한 정보를 수집하여 판

매 전략과 생산 전략에 이용할 수 있도록 했다고 한다. 그런데 그러한 정보
는 당연히 그 제품 사용자의 이동 동선에 대한 사생활 정보를 얻을 수 있는
상태가 되므로 그러한 정보에 대한 제조업체의 책임 있는 관리가 요구된다
고 본다.

(2) 대응 방안

현재의 우리나라 개인정보보호에 관한 법률들은 주로 개인의 이름, 생
년월일, 주민등록번호 등 인식정보를 보호하는 것을 위주로 하고 있어 위
와 같은 사물들에 의해서 노출되는 개인의 다양한 생활 정보와 사생활 정
보의 악용을 방지하기 위한 보완 대책이 필요하다고 본다. 그런데 그러한
문제들은 근본적으로 이러한 스마트 홈을 구성하는 사물들의 작동에 기본
이 되는 인공지능과 빅데이터 및 초연결 통신망과 같은 신기술로 인하여
발생되는 것이다. 그래서 그러한 문제들은 기기(사물)들의 생산과 개별 운용
에서 뿐만 아니라 총체적 사회 시스템의 운영 속에서 그러한 기기가 한 부
분으로의 사용됨에 있어서도 동일한 문제가 발생할 수 있다. 그러므로 그
문제들을 해결하는 대책에 관해서는 이 장의 '3. 스마트 팩토리'부터 '7. 노
동시장(고용과 근로 환경)의 변화와 플랫폼산업'에 이르기까지 각각의 부분에
서 해당 부분에 관하여 좀 더 자세히 서술하였으므로 참고하기 바란다.

3. 스마트 팩토리

3.1. 생산 활동과 스마트 팩토리

생산(production)의 경제적 개념은 투입물을 산출물로 변환하는 과정 또

는 행위이다. 사회가 지속가능하기 위해서는 그 속의 인간들의 삶을 지탱하는 경제부문에서 산출물의 가치가 투입물의 가치보다 커야 한다. 산출물의 가치에서 투입물의 가치를 제한 값을 부가가치라고 한다. 거시경제학의 국민총생산이란 국가경제의 생산주체인 기업들이 창출한 부가가치의 합계를 의미한다. 이러한 부가가치는 소비되고 남아서 저축되고 이것은 곧 다음번 생산 활동을 위해 재투자된다. 팩토리란 제조를 수행하는 시설이나 장소를 말한다. 제조업의 발달 초기에는 제품의 생산 자체에 주로 초점이 맞추어졌으나, 산업이 발전하고 제조 기업 간의 경쟁이 심화되면서, 이제는 생산 자체보다 제조 시스템의 경쟁력을 일정 수준 이상으로 유지하는 것에 초점이 맞추어지고 있다.[2] 다양한 구성요소들이 복잡하게 얽혀진 제조 시스템 내부에는 그 경쟁력을 일정 수준 이상으로 유지하는 것을 방해하는 다양한 유·무형의 낭비 및 비효율 요인이 존재한다.[3] 따라서 효과적인 제조 활동을 위해서는 제품의 생산 이외에도 여러 가지 조사 분석 및 계획과 통제 그리고 피드백을 위한 부가적인 활동들이 필요하고 이들을 총칭하여 생산 운영 관리(production operations management)라 한다.[4]

제조 기업의 생산 활동 수행에는 여러 부서의 다양한 업무들이 유기적으로 연계된다. 일반적으로 제조 기업은 사무 부서와 생산 현장으로 구성된다. 팩토리는 생산 현장을 의미한다. 그곳에는 대표적인 생산 투입물인 노동(작업자), 기계 설비 및 장치, 그리고 자재 및 생산 중의 재공품이 있고,

---

2) 김준우, "스마트팩토리 교육의 현재와 발전 방안", 한국콘텐츠학회지, 제15권 제2호, 한국콘텐츠학회, 2017, 25-29쪽.

3) R. B. Ruben, S. Vinodh, and P. Asokan, "Lean Six Sigma with Environmental Focus", International Journal of Advanced Manufacturing Technology, vol.94, no.9-12, 2018, pp.4023-4037.

4) 문일경 외, 『생산 및 운영관리』, 생능출판사, 2016.

이들을 이용하여 최종 산출물인 제품이 생산된다. 대부분의 제품은 판매되기까지 생산 현장이나 창고에 재고로 저장되어 관리된다. 중요한 것은 이러한 생산 현장이 제조 기업의 전부는 아니며, 기업의 다양한 사무 부서들의 관여가 있어야 생산 활동이 이루어질 수 있다는 것이다.

기업에서는 다양한 업무 분야 근로자들의 근로활동이 모든 생산과정과 기업의 경영과정에 복합적으로 상호 작용하면서 생산 활동이 이루어진다. 이러한 업무과정은 다양한 문제점들을 야기한다. 첫째, 기업이 필요로 하는 데이터의 체계적인 관리나 공유가 쉽지 않다는 문제이다. 예를 들면, 영업 부서에서 고객의 주문을 받는 과정에서 예상 납기일에 대한 추정이 요구될 수 있고, 이를 위해서는 원·부자재 재고, 생산일정계획 및 현재 생산 현장의 상황에 대한 정보가 필요하다. 그러나 현실적으로 각 부서에서 수작업으로 작성되어 기록하거나 또는 일반 파일 형태로 기록한 데이터는 실시간으로 입수하기 어렵고, 입수한다고 해도 해당 데이터들을 체계적으로 활용하는 것이 매우 어렵다. 둘째, 수집되어 활용될 데이터의 신뢰성이 떨어진다는 문제이다. 예를 들면, 창고에 실제로 보유하고 있는 자재나 완제품의 수량이 기록된 수량과 맞지 않는다거나, 제조 프로세스 실행 중 산출된 불량품의 수량이 고의 또는 실수로 축소되는 일이 자주 발생한다. 셋째, 기업경영에는 돌발 상황이나 긴급히 상황 변경을 해야 하는 경우가 자주 발생하는데, 이에 대응하는 것이 까다롭다는 문제이다. 예를 들어, 제조 기업에서는 수주받은 주문의 취소나 변경, 납기 단축과 같은 거부할 수 없는 요구가 빈번하게 접수되고, 현장의 기계나 설비가 고장을 일으키는 돌발 상황도 자주 발생한다. 이 같은 일들이 있을 때마다 생산 현장 내 재공품(work in process: WIP)들에 대한 적절한 통제 및 생산일정계획의 재수립이 필요하고, 결과적으로 업무 부하가 늘게 된다. 넷째, 기업의 다양한 업무를 진행하는 데는 증빙과 사후 책임 문제 그리고 법적으로 요구되는 여러 가지 사항들로 인하여 인쇄된 문서가 필요한 경우가 많다는 문제이다. 예를 들어, 생산 관리 부서에서는 전통적으로 인쇄된 문서 형태로 생산지시 내용을 정리하여 이를 생산 현장에 전달하여 프로세스가 실행되도록 한다. 이 과정에서 문서의 관리 및 수발과 관련된 업무 로드를 발생시킨다. 다섯째, 업무에 관여하는 근로자들은 인간이기 때문에 이로 인해 다양한 인간적 요인들이 생산에 영향을 미친다는 문제이다. 각 근로자의 육체적 · 정서적 상태와 동작, 근무 방식, 휴식 방식, 생리적 요구 등은 생산 현장에서 계획된 방식과 과정에 잘 맞지 않아서 근로자가 과도한 스트레스를 받거나 사고를 유발하는 경우가 발생한다.

인공지능과 같은 새로운 기술이 위와 같은 문제들을 해결하고 생산과정의 경쟁력을 높이는 목적을 달성하기 위한 수단으로 사용되면서 본격적으로 그것을 적용한 스마트 팩토리가 등장하였다. 스마트 팩토리란 전통적인 제조 현장에 존재하는 근로자, 기계, 자재와 같은 자원들과 다양한 첨단 정보통신기술들을 융합시켜 생산성과 경쟁력을 크게 강화한 팩토리를 말한다.[5] 물론 스마트 팩토리에서도 인간인 근로자는 생산 현장에 투입되는 가장 중요한 자원 중 하나이다. 그러나 인간이 수행하는 업무에서는 관행이나 개인적 주관, 방심 및 실수 등으로 인한 문제가 발생할 수 있고 그러한 단점을 보완함에 있어서 스마트 팩토리가 매우 유익한 수단이 될 수 있다. 하지만 스마트 팩토리를 구현함에 있어서도 인간을 단순한 하나의 생산의 요소로만 보아서는 아니 되며, 인간은 존엄한 생명의 인격체라는 점과 인

---

5) K. D. Thoben, S. Wiesner, and T. Wuest, "Industrie 4.0 and Smart Manufacturing - A Review of Research Issues and Application Examples", International Journal of Automation Technology, vol.11, no.1, 2017, pp.4-16.

간의 일할 권리의 면에서도 근로자의 노동은 비용으로만 계산할 수는 없다는 것을 반드시 고려해야 한다.

3.2. 스마트 팩토리의 특징

스마트 팩토리를 구현하는 데는 인공지능, 사물인터넷, 정보시스템, 빅데이터, 클라우드, 가상물리시스템, 무선통신 등과 같은 첨단 기술들이 필요하다.[6] 우리나라에는 2015년 정부 관계부처들이 합동으로 발표한 「제조업 혁신 3.0 전략」 실행대책이 있다. 이 대책은 그러한 첨단 기술들을 기초로 한 여러 요소기술들을 제조업 혁신을 위한 실행 방안으로 삼고 아래표와 같은 8가지 스마트 팩토리 요소기술들을 제시했다. 아래의 요소기술들은 각각 그 이름을 달리하지만 원천적으로 고도의 전자공학 기술이 바탕이 된 인공지능(artificial intelligence)과 초고속 통신기술 바탕이 된 초연결(hyper-link)이라는 두 개의 가장 근본적인 요소가 그 밑받침이 된다.

8대 스마트 제조 기술(「제조업 혁신 3.0 전략」 실행대책)

연번	기술
1	가상물리시스템
2	에너지 절감

---

6) M. M. Mabkhot et al., "Requirements of the Smart Factory System: A Survey and Perspective", Machines, vol.6, no.2, 2018, e6020023; P. Osterrieder, L. Budde, and T. Friedli, "The Smart Factory as a Key Construct of Industry 4.0: A Systematic Literature Review", International Journal of Production Economics, vol.221, 2020, e107476.

3	스마트 센서
4	3D 프린팅
5	사물인터넷
6	클라우드
7	빅데이터
8	홀로그램

그런데 위의 기술들을 적용하여 스마트 팩토리의 개념이 생산 현장에서 제대로 작동되기 위해서는 그 시스템 안에서 감지, 판단, 수행의 3가지 핵심 기술의 순환이 반드시 이루어져야 한다. 이 세 가지에 대한 개념과 내용은 다음과 같다.

감지란, 생산 현장에서 여러 가지 데이터를 수집하고, 이들을 이용하여 생산 현장의 상태나 문제점을 인지하는 것이다. 자재나 작업물의 위치 및 수량, 기계나 설비의 상태, 에너지 사용량, 근로자의 작업 방식이나 동작 등과 관련된 다양한 데이터들이 수집 대상이다. 스마트 팩토리에서 이러한 데이터는 주로 디지털화되어 있다. 센서(감지기)나 사물인터넷 등의 기술들은 이 같은 디지털 데이터를 생성 및 감지하는 데 사용된다. 수집된 데이터들은 유 · 무선 통신 네트워크를 통해 데이터 저장소에 저장된다. 수집된 데이터의 분량이 많은 경우에는 빅데이터나 클라우드 같은 데이터관리 시스템이 사용될 수 있다. 최근에는 이러한 빅데이터나 클라우드를 이용하는 데이터관리 시스템은 그 기업 자체가 보유한 시스템보다는 제3의 전문 서비스 공급자가 운영하는 경우가 많은데, 이는 그러한 시스템을 보유하고 유지 및 관리하는데 소요되는 투자와 비용을 절감하게 한다.

판단이란, 위와 같이 저장된 데이터를 체계적으로 분석하여 효과적인 생산 현장 운영관리를 위한 의사결정을 수행하는 것이다. 생산 현장의 기계나 설비의 고장이 임박한 상태는 아닌지, 현재 불량률이 높아지고 있는지 등의 판단을 신속하게 내려서 제조 프로세스의 운영이 보다 원활해지도록 하는 것이다. 기업경영에 필요한 효과적인 의사결정을 내리기 위해서는 생산 현장에서 수집된 데이터에 포함된 유용한 정보들을 추출할 수 있는 인공지능이나 데이터 마이닝과 같은 기법들이 유용하게 사용된다.

수행은, 판단 결과 도출된 사항이 생산 현장에 적용되게 하는 것이다. 구체적으로 그것은 기계나 설비, 장치 또는 근로자를 제어하고 통제하는 과정에 해당하는데, 여기에 산업용 로봇이나 자동화 또는 여러 가지 제어 기술들을 사용하게 된다.

스마트 팩토리의 목표는 단순한 자동화 또는 무인화 및 인력 감축만이 아니다.[7] 전술한 바와 같이, 스마트 팩토리의 주된 내용은 생산 현장에서 디지털 데이터를 실시간으로 감지하고, 이를 분석하여 적절한 판단을 내린 후, 필요한 (가장 적절한) 조치를 수행해 나가는 것이다. 그런 면에서 특정한 생산과정에서 기계로 인간의 동작을 대체하는 것을 주된 내용으로 하는 단순한 자동화와 스마트 팩토리는 서로 구별된다. 스마트 팩토리에서 수집되고 분석된 정보들은 기업 전체의 판매 전략과 기술개발 전략에서도 기업의 핵심적 정보로 활용될 수 있다. 물론 스마트 팩토리 관련 기술이 빠르게 발전하고 있지만, 인간이 하던 모든 업무를 로봇이나 자동화 설비로 대체하는 것은 아직 가능하지 않다. 관리나 통제 및 로봇이 수행하기 힘든 업무는 여전히 인간의 몫으로 남아 있다. 결국 스마트 팩토리에서도 인간 근로자

---

7) 정보통신산업진흥원, "IoT 오픈 플랫폼 기반 스마트 팩토리 서비스 분야 도입 사례집", NIPA 발간자료, 2019.06.

는 앞으로 상당히 오랫 동안 여전히 생산 현장의 주된 구성요소 로 남을 것이다. 그러므로 스마트 팩토리의 본질도 인간의 유연성 및 창의성과 기계의 정확성 및 신속성 간의 조화를 통해 생산 현장의 혁신을 추구하는 것이라고 볼 수 있다.[8]

3.3. 스마트 팩토리의 문제점

본서에서 이미 수차례 반복되는 이야기이지만 지금의 4차산업혁명은 인공지능 기술에 의한 초지능화, 사물인터넷 및 모바일 네트워크 등에 의한 초연결(hyperlink), 다양한 기술의 융복합(collaboration)이 강조된다.[9] 그 점에서 첨단 정보통신기술과 제조 현장의 결합을 의미하는 스마트 팩토리는 4차산업혁명시대의 가장 핵심적인 과제 중의 하나이다. 그런데 4차산업혁명의 이러한 특성은 다양한 윤리적 문제[10]와 법적 문제를 야기하고 있다. 윤리적 법적 쟁점에 대한 연구 중에서도 현재 가장 연구가 활발한 분야는 인공지능과 관련된 법적 쟁점이다. 인공지능은 기계나 컴퓨터가 인간의 추론 능력을 모방한다. 이때 인공지능은 그 기능을 실현함에 있어서 방대한 데이터와 그로부터 일반화된 패턴을 찾아내는 연산 알고리즘을 필요로 한다.[11] 이러한 알고리즘을 설계하는데 적용되는 기준이 어떠한 것인가

8) Thoben, Wiesner, and Wuest, op. cit., pp.4-16.

9) 이상복, "4차산업혁명시대의 한국품질경영 제안", 한국품질경영학회지, 제45권 제4호, 한국품질경영학회, 2017, 739-760쪽.

10) 김용의, "인공지능 윤리에 관한 하나의 제안", 법학논총, 제37집 제2호, 한양대학교 법학연구소, 2020, 29-49쪽.

11) H. Salehi and R. Burgueno, "Emerging Artificial Intelligence Methods in Structural Engineering", Engineering Structures, vol.171, 2018, pp.170-189.

에 따라서 인간의 생명과 인격에 대한 침해, 편견 및 불평 발생 등 개인의 권리에 관한 문제가 발생한다. 인공지능의 수준이 매우 고도화되어 인간과 대등하거나 상당한 부분에서 인간을 초월할 정도의 지적 능력을 갖게 되는 강한 인공지능은 인간으로부터 독립된 사고체계에 따라서 작동한다. 따라서 그 결과에 대한 책임 주체의 결정에 심각한 문제가 생긴다.

최근 모바일 네트워크나 빅데이터 기술의 발달로 방대한 데이터 수집과 이용이 일상화되었다. 하지만 그것은 개인의 사생활을 침해하게 될 가능성을 점점 커지게 한다. 앞에서 소개된 스마트 홈 시스템에서 제기한 문제들이 그 전형적인 사례들에 해당한다. 그런데 이러한 인공지능과 관련된 법제도에 대한 국내 연구는 주로 인공지능 또는 인공지능이 탑재된 소프트웨어나 하드웨어에 어떤 법적 지위와 책임을 부여하여야 하는지에 관한 문제에 집중되어 있다. 법적 문제에 앞서 인공지능이 윤리적인 판단을 내리도록 어떻게 통제해야 하는지의 주제들도 연구되고 있다.[12]

다양한 기술과 산업의 융복합은 4차산업혁명시대의 주요 특징이다. 이에 따라 법률서비스,[13] 의료,[14] 스포츠[15] 등과 같은 산업 분야에서도 4차산

12) 송영현, "인공지능 담론과 법의 사회적 현재성", 법학연구, 제18권 제4호, 한국법학회, 2018, 429-461쪽; 이해원, "테크노 크레아투라(Techno Creatura) 시대의 저작권법: 인공지능 창작물의 저작권 문제를 중심으로", 저스티스, 제158호, 2017, 132-159쪽.
13) 이상용, "인공지능과 계약법: 인공 에이전트에 의한 계약과 사적자치의 원칙", 비교사법, 제23권 제4호, 2016, 1639-1700쪽; 조한상 · 이주희, "인공지능과 법, 그리고 논증", 법과 정책연구, 제16권 제2호, 2016, 295-320쪽.
14) 설민수, "머신러닝 인공지능과 인간전문직의 협업의 의미와 법적 쟁점", 저스티스, 제163호, 2017, 255-284쪽.
15) 최정호 · 이제욱, "스포츠 4차 산업혁명 기술의 효과적 융합을 위한 법 제도적

업혁명 시대에 대비하기 위한 법제도 연구가 활발하게 진행되고 있다. 하지만 우리나라에서 중점 정책으로 추진하고 있는 스마트 팩토리에 초점을 맞춘 법제도 연구는 아직 미흡한 실정이다. 본서는 그러한 스마트 팩토리의 기본적인 특성과 함께 4차산업혁명시대에 발생할 수 있는 스마트 팩토리와 관련된 법적 쟁점으로 어떤 것들이 발생할 수 있는지, 이들에 대비하기 위해 법제도 측면에서는 어떤 준비가 필요한지 등에 대해 살펴보았다. 초연결사회의 도래와 함께 디지털 데이터의 생성 및 공유가 사회 전체적으로 그리고 전 세계적으로 발생하는 경우가 빈번해졌다. 실제로 구글이나 애플 등 세계적 기업들은 그동안 그들이 제공하는 다양한 서비스의 고객정보를 수집해 온 결과 이제는 주요 국가들의 국민 대부분에 대하여 상당한 수준의 개인정보를 가지고 있는 것으로 알려져 있다. 심지어 구글은 국내 어떤 기업보다도 대한민국 국민의 개인정보를 많이 보유하고 있을 것이라는 추측 기사들도 있다. 그래서 이제는 개인정보보호 및 사생활 침해는 국가적으로뿐만 아니라 세계적으로 매우 중요한 법적 쟁점으로 떠오르고 있다. 스마트 팩토리에 있어서도 다양한 개인정보가 활용된다. 스마트 팩토리 시스템에서 운영되는 한 공장의 생산 정보는 그 공장에서 일하는 사람들의 개인정보뿐만 아니라 그 공장의 제품을 구매하고 사용하는 사람들의 개인정보도 수집 활용하게 되며, 이는 광범위 사물인터넷으로 다른 공장의 정보들과 연결될 수 있고 더 나아가 한 국가의 산업 전체에 연결되고 전 세계적으로 연결될 수 있다. 그러한 점에서 개인정보의 보호 문제는 한 공장만의 문제가 아니라 국가적인 문제 더 나아가 세계적인 문제가 되고 있다. 본서는 충분하지는 않지만 스마트 팩토리와 관련해서도 이러한 개인정보보호와 사생활 침해 문제의 대응 방안에 대해서도 서술하였다.

개선방안", 국사회체육학회지, 제75호, 2019, 61-77쪽.

3.4. 스마트 팩토리 관련 법제도적 문제

(1) 스마트 팩토리에 관한 정부의 정책 방향과 추진 현황

2015년 우리 정부는 「제조업 혁신 3.0 전략」이라는 정책을 발표하고 스마트 팩토리에 기초한 제조업 경쟁력 강화 정책을 발표하였다. 이 정책으로 우리 정부는 주로 중소·중견기업들에 대하여 스마트 팩토리 보급 및 확산 사업의 기획, 운영을 실시해 왔다. 2019년에는 민관합동 스마트 팩토리 추진단과 중소기업기술정보진흥원의 조직을 통합한 '스마트제조혁신 추진단'이 중소벤처기업부 산하에 설립되어 국내 제조 기업들의 혁신을 지원하고 있다.

대기업들은 스마트 팩토리에 필요한 기반 기술과 정보 시스템을 자체적으로 보유하여 스스로 생산성 향상을 위한 고도의 기술력을 가지고 있고 자신들의 데이터를 공유하지 않고 자신들만을 위한 방대한 데이터베이스 (database)를 확보하고 있다. 그래서 스마트 팩토리에 관한 정부의 정책방향이 중소기업 위주로 설정된 것은 당연하다고 본다. 2020년 기준으로 국내 중소·중견기업 1만 2천여 개에 대하여 정부가 스마트 팩토리 시스템의 보급 및 확산을 위한 지원을 하였다. 지원을 받은 해당 기업들에서 불량률 감소, 제조원가 절감 및 납기 단축 등의 성과가 어느 정도 얻어진 것으로 알려지고 있다. 하지만 스마트 팩토리를 구축하였다 하더라도 그 이후의 유지보수 및 전문 인력 활용은 유·무형의 비용들이 발생하게 하고, 이로 인해 위에서 언급한 정량적인 성과들이 실제로 제조 기업의 수익성 증대에 기여하는 바는 제한적이라는 지적도 있다.[16] 스마트 팩토리가 고도화

---

16) 박양신·지민웅, "국내 중소·중견기업의 스마트제조 구축 실태와 성과: 정부의 스마트공장사업 참여기업을 중심으로", I-KIET 산업경제이슈, 제81호, 산업연구원, 2020.04.13.

단계로 이행할수록 인공지능의 역할이 점점 커질 것이다.[17] 초기에는 인공지능 기반 스마트 팩토리의 개념이 생소하였기에 정부의 주된 목표는 아직까지 수작업이나 수기에 의한 데이터 의존도가 높은 중소기업이 기초 또는 중간 단계로 진입하도록 지원하는 것이었다. 하지만 이제는 인공지능에 바탕을 둔 고도화된 스마트 팩토리 구축의 필요성이 높아지는 상황이 되었다.

지금까지 세계적으로 스마트 팩토리에 대한 높은 기대가 있었지만 실제로는 아디다스사의 '스피드팩토리'가 기대했던 성과의 미비로 인해 폐쇄된 것과 같이 고도화된 스마트 팩토리를 적용한 사업이 좋지 않은 결과를 낳은 사례도 있었다. 이 사건이 스마트 팩토리의 장래에 부정적인 시각을 가지게도 했다. 우리나라에서도 중소 제조 기업들의 인공지능 기술 활용 역량이 취약하다는 지적이 있고, 아직까지 지능형 스마트 팩토리가 보편화되기까지는 시간이 좀 더 필요할 것이라는 지적이 있다.[18] 그뿐만 아니라 공장의 관리자들과 근로자들이 자신들의 세부 동작 하나하나까지 감지와 통제가 가능하게 되는 시스템에서 자신들의 프라이버시(privacy)와 너무 자세한 개인정보의 노출에 거부감을 표시하는 경우도 많다고 한다.

현재에도 인공지능 관련 기술이 상당히 발전했고, 자율주행자동차와 같이 인공지능에 기초한 혁신적인 제품이 실용화되고 있음에도, 4차산업혁명의 핵심인 스마트 팩토리 분야에서(특히 제조 기업들의 경우) 인공지능 응용이 만족스럽지 않다. 그러한 상황에는 다음의 몇 가지 이유들이 있다고 본다. 첫째, 중소 제조 기업들의 경우 제품의 생산에 관한 기술이나 노하우를

---

17) 전수남, "스마트공장의 끝판왕, "AI공장" 중소기업이 어떻게?", 정보통신산업진흥원, 이슈리포트 2019-26호, 2019.

18) 최석원, "인공지능산업 생태계 현황과 발전전략 – 가속성장 인프라 중심 – ", 정보통신산업진흥원, 이슈리포트 2019-32호, 2019.

중시하는 경향이 있고, 정보통신기술과 같은 분야의 역량이 미흡한 경우가 많다. 이로 인해, 일반적으로 인공지능 기술 자체에 대한 이해도나 활용 능력이 충분하지 않다. 둘째, 다품종 소량의 주문생산 체제인 경우가 많다. 그런데 동일한 품목 생산이나 동일한 작업의 반복이 많지 않으면, 인공지능 알고리즘의 학습에 이용할 데이터가 충분히 축적되지 않고 작업 방법이 정형화되어 있지 않으며 자동화하기도 쉽지 않다. 셋째, 스마트 팩토리 구축에 필요한 소프트웨어나 하드웨어들을 대부분 외부 전문 기업으로부터 공급받는데, 외부 기업들은 개별 제조 기업의 특성에 대한 이해가 충분하지 않아, 추진 결과가 만족스럽지 않을 수 있다. 넷째, 초기 구축 및 유지보수에 소요되는 비용을 감당할 투자 여력이 상대적으로 부족한 데다, 투자 대비 효과를 확신하기가 어렵다. 따라서 정부도 이러한 문제를 해결하기 위한 예산 편성 및 여건 마련에 힘쓰고 있는 것으로 알려져 있다.[19] 이러한 노력이 소기의 성과를 거두려면 궁극적으로 그 목적 달성에 필요한 법제도적 여건이 조성되어야 한다고 본다.

(2) 스마트 팩토리의 운영과 예상되는 법적 문제

스마트 팩토리에서는 센서나 사물인터넷 등의 기술을 이용하여 근로자나 기계, 자재에 관한 여러 가지 데이터를 감지하고 수집하게 된다. 이렇게 수집된 데이터들은 생산 현장에 대한 상태 파악, 성능 평가 및 문제점 진단 등 다양한 목적을 위해 유용하게 사용될 수 있다. 하지만 기계나 자재와 달리, 인간 근로자들에 대한 감지는 많은 경우 근로자에 대한 개인정보와 사생활 침해 등 법적 분쟁을 야기할 가능성이 있다. 이와 관련하여 다음과 같은 사례들을 유의해야 할 필요가 있다.

---

19) 전수남, 앞의 보고서.

2019년 온라인 매체 'The Verge'는 세계적 유통기업으로 유명한 아마존사와 관련된 보고서를 게재한 적이 있다.[20] 이 보고서에 의하면 거대 유통기업인 아마존사는 미국 내 곳곳에 초대형 물류센터를 설치하여 운영하고 있다고 한다. 이러한 물류센터들은 아마존사가 유통하는 다양한 물품들을 저장해두었다가 고객 또는 소매상의 요청이 있을 때 필요한 물건을 필요한 만큼 배송하는 역할을 수행한다. 물류센터 내에는 수천 개의 저장 공간(슬롯)들이 존재하고 각 슬롯에는 서로 다른 물품이 보관된다. 특정 물품들에 대한 배송 주문이 접수되는 경우, 근로자가 적절한 저장 공간들을 찾아다니면서 필요한 물품들을 꺼내어 출하 장소로 가지고 와야 한다. 초대형 물류센터들의 경우, 어느 정도의 자동화 설비들이 갖추어져 있으며, 아마존사의 물류센터 근로자들 역시 창고 내 물품 운반용 전동 차량을 이용하여 상기 업무를 수행한다. 그런데 회사가 근로자의 업무 수행 내역에 관한 데이터를 자동으로 집계하고, 인공지능을 이용하여 각 근로자의 생산성을 평가하며, 저성과자에게 경고뿐만 아니라 해고 절차까지 자동으로 실행하는 시스템이 구축 및 적용되었다. 그런데 이 시스템의 운영 결과에 따라 볼티모어에 위치한 물류센터 1곳에서만 1년에 300명가량의 해고자가 발생했다고 한다. 해당 시스템이 수집하는 근로자들의 업무 행태와 관련된 데이터 중에는 한 가지 물품을 꺼낸 후, 다음번 물품을 꺼내는 시점까지의 시간 간격이 포함되어 있고, 이 값이 길거나, 자주 관찰되는 근로자의 생산성은 낮게 평가되었다. 이러한 미세한 근로자들의 동작에 대한 관찰과 평가는 근로자에게 해고에 대한 두려움으로 인해 화장실 사용조차 삼가게 하

20) C. Lecher, "How Amazon automatically tracks and fires warehouse workers for 'productivity'", The Verge, Apr 25, 2019, available at https://www.theverge.com/2019/4/25/18516004/amazon-warehouse-fulfillment-centers-productivity-firing-terminations.

는 부담을 주게 되었다고 한다.

조직 내 구성원들의 성과를 평가하고, 이를 기초로 인사고과를 실시하는 것은 보편화된 제도이고 조직의 경쟁력을 유지하기 위해 필요한 일이기도 하다. 업종에 따라서는 업무를 수행하는 동안 녹취나 촬영을 실시하고 이를 관리 목적으로 활용하는 경우도 있다. 그러나 업무 시간 동안 자신의 일거수일투족을 관찰 및 추적하고, 그 결과를 인사고과에도 활용할 수 있는 지능형 시스템의 감독 체제 아래에서 근무하는 것은 대부분의 사람들에게 낯선 일이고 달갑지 않은 일이다. 한편 업무 수행과 관련된 데이터를 실시간으로 감지하고 적절한 방법을 사용하여 이를 분석하면, 인간의 주관적 판단이 배제되어 보다 공정하고 철저한 성과평가가 신속하게 이루어질 수도 있다는 반론도 제기할 수 있다. 하지만 아마존 물류센터 사례에서 보듯이, 첨단 시스템이 해고자를 늘리고 근로 조건을 악화시키는 부작용을 야기하는 실제 사례를 고려해야 하는 측면도 있다.[21]

수년 전 공과대학의 교수들로 구성된 스마트 팩토리 관련 연구 프로젝트에 본서의 저자가 법적 자문을 위하여 참여한 적이 있었다. 베트남에 있는 한국투자 기업들이 운영하는 공장들에 대해서 스마트 팩토리 시스템 도입을 검토하는 프로젝트였다. 당시 그 기업들은 신발 섬유 제품 등 한국에서 제조공장을 운영하는 것이 더 이상 채산성이 없어서 베트남에 현지 법인을 설립하고 그 제조 기반을 그곳으로 옮긴 상황이었다. 베트남 현지 공장에는 수만 명의 근로자들이 생산 현장에 투입되어 있었고, 수십 내지 수백 명의 한국인 관리자들이 그 공장에서 함께 근무하고 있었다. 엄청난 수량의 제품생산과 그것을 가능하게 할 대규모 생산 시설 및 많은 근로자 수,

21) 이상윤, "소위 '4차 산업 혁명'을 추동하는 기술 변화가 노동자 건강에 미치는 영향", 의료와사회, 제6호, 2017, 61-69쪽.

매일 일어나는 큰 규모의 물류 등의 요소들은 스마트 팩토리 도입을 대단히 매력적으로 만들 수 있는 요인을 제공했었다. 하지만 연구 프로젝트팀들이 제안하는 스마트 팩토리에 대해서 현지의 공장장부터 말단 관리자에 이르기까지 거의 모든 관리자들은 그 스마트 팩토리 도입에 대해서 달갑지 않게 생각하였다. 그 가장 근본적인 이유는 생산 현장에서의 그들의 모든 개인행동과 원자재 구입에서부터 완성품 출하에 이르는 모든 거래 활동이 한국에 있는 본사에 실시간으로 낱낱이 알려져서 현지 관리자들이 감시당하고 통제당하는 상황에 대한 거부감이 크다는 것이었다. 그래서 근로자들의 개인정보보호와 사생활 보호 및 인간으로서의 존엄 보장 등이 스마트 팩토리에서 반드시 고려되어야 할 요건임을 실감나게 경험한 바 있다.

스마트 팩토리의 여러 가지 문제들에 대하여 우리나라보다 고용의 유연성이 높은 미국의 사례와 우리나라의 경우를 직접적으로 비교하기는 어려울 수 있다. 하지만 우리나라에서도 향후 산업 현장에 유사한 시스템이 도입되면, 이것이 노사 간의 분쟁을 촉발하는 요인으로 작용할 가능성이 있다. 따라서 관련 법제도를 검토하여 기업이 근무 시간 중 임직원들을 어느 정도까지 추적하고 데이터를 감지할 수 있는지, 이 데이터를 어떤 목적으로 활용할 수 있는지, 나아가 인사나 고용과 같은 민감한 의사결정을 인간의 판단이 아닌 자동화된 알고리즘에 의해 수행해도 문제의 소지가 없겠는지 등에 대한 지침을 미리 마련해야 할 것이다. 그리고 만약 인간 근로자에 대한 데이터 감지로 인해 분쟁이 발생했을 때, 외부에서 이를 중재할 수 있는 여건을 조성하는 것이 필요할 것이다. 이러한 지침의 마련은 그러한 문제 해결에 관한 사회적 합의과정과 입법과정을 거쳐서 강제성을 가진 규범으로 마련되지 아니하면 그 실효성의 문제로 인하여 지속적인 불만과 분쟁이 야기될 수 있고 결과적으로 스마트 팩토리가 전 산업에 걸쳐서 확산되고 국가 경제가 그것을 통한 이익을 얻는 것은 어려운 일이 될 것이다.

3.5. 스마트 팩토리 관련 법제도의 방향

(1) 스마트 팩토리 육성에 관한 여러 나라의 정책과 관련 법제도

우리나라에서는 위 '3.4. (1)'에서 언급한 바와 같이 중소기업 위주의 스마트 팩토리 보급 및 확산 정책에 따라 스마트 팩토리 및 스마트 제조 혁신과 관련된 제도의 법제화가 꾸준히 논의되었고, 현재 중소벤처기업부에서는 '스마트 제조 혁신 촉진에 관한 법률(가칭)'의 제정을 추진하고 있다. 미국도 최근 제조업의 중요성에 다시 주목하고, 'Making in America' 정책을 추진하여 스마트 제조 혁신을 통한 제조업 경쟁력 강화를 강조해 왔다. 미국 의회는 2019년 '스마트 제조 리더십 법안(smart manufacturing leadership act)'을 심의 중인데 이 법안은 우리에게 좋은 참고 자료가 될 것으로 본다. 한편 미국의 스마트 제조 리더십 법안이 에너지부(Department of Energy) 소관인데, 한국은 중소벤처기업부에서 법제화를 추진하고 있다는 점에서 차이는 있다. 미국은 기업의 생산성 및 에너지 효율성 향상에 초점을 두고 있는 반면, 한국은 지능형 정보통신기술을 이용한 생산성 향상 및 불량률 감소, 유연성 증대 등을 스마트 제조에 초점을 두고 있다. 그런데 양국의 스마트 팩토리에 관한 정책은 주로 제조업 경쟁력과 기업경영 역량 강화에만 집중하고 있고, 인공지능의 활용에 따른 근로자의 복지, 고용안정, 안전, 로봇과 인간의 협업 하는 환경 등 변화에 대응하는 법적 내용은 아직 그 정책에 포함되지 않고 있다. 스마트 팩토리와 관련된 각종 학술 논문에서도 그러한 법적인 문제는 거의 논의되지 않고 있다. 필자의 판단으로는 아직은 그러한 법적 문제들까지 포함하는 융합적인 연구가 시작되지 않은 것으로 판단된다.

스마트 제조 리더십 법안에는 스마트 제조 기술개발 및 보급을 위한 국가 계획의 수립, 국립 연구소들이 슈퍼컴퓨팅 시설들을 중소기업에게 개방하여 공유, 공정 시뮬레이션이나 스마트 제조 등의 개념을 시연하기 위한 기반시설 확보 등의 내용이 포함되어 있는데, 우리나라에서도 스마트 팩토리 기술개발 로드맵이나 중소기업 기술 로드맵, 제조 데이터 센터 및 플랫폼 구축, 데모 팩토리 구축 등 유사한 사항들을 추진해 왔거나 추진 중에 있다. 이는 한국과 미국 모두 스마트 팩토리를 4차산업혁명시대의 중요한 정책적 과제로 인식하고 있고, 스마트 팩토리의 보급 및 확산을 위해 정부 차원에서 노력 중이며, 관련 제도의 법제화를 통해 향후 중소기업의 혁신을 보다 체계적으로 지원할 것이라는 점을 보여준다. 그러나 이러한 정책들이 중소기업을 지원하는 것에 주목적으로 두는 것이라면, 중소기업에 종사하는 근로자들이 감당해야 하는 새로운 변화에 대한 적응, 즉 직무교육과 일자리 안정화를 위한 대책이나 개인정보와 사생활 침해에 대한 보호를 목적으로 하는 정책의 부재가 아쉽다. 그러한 세밀한 정책에 따라서 그 정책 목표를 달성하기 위한 법률의 제정과 기존 관련 법률의 개정에 대한 검토 내용이 미흡하다고 판단된다.

(2) 관련 법령의 입법과 기존 법령 개정의 방향

스마트 팩토리를 통한 국가 제조업 경쟁력 강화는 많은 나라에서 중요한 정책적 추진 과제가 되고 있다. 그리고 인공지능 등 특정 기술이나 개별 산업 관점에서의 새로운 법제도 관련 연구도 다양한 기관들에 의하여 수행되고 있다. 하지만 스마트 팩토리에 대한 법제도 측면의 연구는 상대적으로 미흡하게 보인다. 따라서 본서는 스마트 팩토리와 관련된 법제도에 대해 다음과 같은 문제의 인식하에 바람직한 기본 방향을 제안해 본다.

근로자 안전보호

우리나라에서 스마트 팩토리의 도입에 따른 노동관계 법령이나 근로자의 사생활 보호 등에 관한 법적 검토가 아직은 부족하다고 보인다. 그래서 그 입법의 방향도 아직 제시되지 아니한 것으로 보인다. 스마트 팩토리와 관련해서 근로자의 입장에서 그들의 근로 현장의 안전과 개인정보보호 및 고용의 안정성은 매우 중요한 문제이다. 노동관계 법규와 산업안전 법규 및 개인정보보호와 관련된 법규정들의 보완이 중요하다. 한 가지 사례를 통하여 위의 문제를 구체적으로 검토해 보자.

우리나라에서는 산업 현장에서의 산업재해 및 직업병 예방과 관련된 사항들을 1981년 제정된 「산업안전보건법」에 명시하고 있다. 산업안전보건법의 하위 법령으로는 산업안전보건법 시행령, 산업안전보건법 시행규칙 및 산업안전보건기준에 관한 규칙 등이 있다. 산업안전보건법 제80조(유해하거나 위험한 기계·기구에 대한 방호조치)는 특별히 산업새해 관련 위험이 높은 설비들에 대해 방호조치를 취할 것을 명시하고 있는데, 이에 해당하는 설비는 산업안전보건법 시행령에서 예초기, 원심기, 공기압축기, 금속절단기, 지게차, 포장기계로 한정되어, 4차산업혁명시대에 그 사용이 크게 확대될 산업용 로봇은 포함되지 않은 상태이다. 한편 산업안전보건법의 하위 행정규칙인 안전검사 고시는 2020년 1월 16일부터 개정되어 시행되었는데, 유해하거나 위험한 기계·기구·설비로 프레스 및 전단기, 크레인, 리프트 등과 함께 산업용 로봇을 제시하고 이에 대한 안전검사 기준을 함께 수록하고 있다. 이는 산업 현장에서 로봇의 활용도가 점차 높아지는 것에 대한 규범 입안자들의 관심을 보여주는 것으로 매우 바람직한 현상이다. 이와 같은 사례를 산업안전보건기준에 관한 규칙 제13절(산업용 로봇)과 관련해서 보면, 로봇을 사용하는 경우 작업 수행 지침을 정하여 그에 따라 근로자들이 작업을 할 수 있도록 하여 원칙적으로 로봇으로 인한 산업재해를 방지하기 위해 높이 1.8 미터 이상의 펜스를 설치하도록 규정되어 있었다. 그런데 이는 종래의 산업용 로봇에는 타당하지만, 인간 근로자와 밀접하게 협동하여 작업하는 협동 로봇의 특성에는 맞지 않다. 인간과 지근거리에서 동시에 작업을 분담하는 것이 협동 로봇의 기본 개념이기 때문이다. 그런데 위의 규칙을 적용하게 되면 일선 사업장에서의 협동 로봇 활용이 쉽지 않다. 다행히 2018년 「산업안전보건기준에 관한 규칙」 제223조(운전 중 위험 방지)에 '한국산업표준에서 정하고 있는 안전기준 또는 국제적으로 통용되는 안전기준에 부합한다고 인정하는 경우'에는 펜스를 설치하지 않을 수 있다는 단서가 추가되어, 협동 로봇의 장점을 활용할 수 있는 법적인 가능성을 열어놓았다고 본다.

위의 사항들과 관련한 안전검사 고시에서는 그 로봇과 관련된 국제 안전기준으로 로봇 제조사를 대상으로 하는 ISO 10218-1[22]과 로봇을 도입하여 활용하는 기업을 대상으로 하는 ISO 10218-2[23]도 제시하고 있다. 협동 로봇을 이용하여 스마트 팩토리를 구축 및 운영하는 제조 기업들은 ISO 10218-2 인증을 직접 또는 전문 기관을 통해 취득해야 한다는 것이다. ISO 10218-2와 같은 국제 표준들의 경우, 세계 각국의 해당 분야 전문가들로 구성된 기술위원회의 활동을 통해 제정되며, 다양한 기술적 관점들이 반영되어 있어, 정책 수립이나 기술개발을 위한 합리적인 토대를 제공해 줄 수 있다. 아울러, WTO에서는 회원국들에게 국제 표준화 기구에 참여하고 국제 표준, 지침 및 권고안 등을 준수하기 위해 노력하도록 권장한다(ISO/IEC, 2015). 이러한 맥락에서 국제 표준은 규제 혁신이나 제도 개선을 위한 도구로 활용될 수 있다.

---

22) ISO 10218-1:2011, Robots and Robotic Devices - Safety Requirements for Industrial Robots - Part 1: Robots
23) ISO 10218-2:2011, Robots and Robotic Devices - Safety Requirements for Industrial Robots - Part 2: Robot Systems and Integration

4차산업혁명시대와 같이 다양한 기술들의 발전이 빠르게 이루어지는 시대에는 이들과 관련된 법제도에 포함될 내용을 일일이 새로 정하기보다는 공신력을 가진 국제 표준의 참조나 인용이 더욱 시기적절하고 타당한 방안이 될 수 있을 것으로 보인다. 산업안전보건법 및 관련 법령의 동향은 기술의 발전이 법제도에 반영되고, 위의 사례는 이 과정에서 전문적이고 기술적인 관점이 반영된 국제 표준을 적극적으로 활용하여 기존의 법제도가 기술의 발전에 부합하지 못했던 점을 개선한 좋은 사례라고 보여 진다.

근로자의 개인정보보호와 권리보호

스마트 팩토리는 단순한 자동화가 아니며, 인간 근로사는 여전히 스마트 팩토리에서도 중요한 역할을 수행하게 된다. 왜냐하면, 향후 스마트 팩토리에서는 기계가 인간을 대체하는 면도 있겠지만, 인간 근로자와 첨단 정보통신기술 간의 상호작용이 보다 증가하는 측면도 있을 것이기 때문이다. 센서나 사물인터넷 등을 이용한 실시간 데이터 감지는 스마트 팩토리의 중요한 특징 중 하나이기 때문에, 인간 근로자의 작업 실태나 성과에 대해서도 보다 정밀한 측정이 가능하도록 할 것이며 인간 근로자들의 작업을 더 안전하고 효율적으로 유도하며 더 높은 성과를 이룩하게 하고 공정한 평가도 가능하게 할 것이다. 다시 말하면, 노동 생산성을 높이고 체계적인 성과지표 측정 및 운영관리가 이루어질 수 있다는 장점이 얻어진다는 것이다. 하지만 아마존 물류 센터 사례에서 보듯이, 다른 한편으로는 근로자들을 압박하는 새로운 요인이 될 수도 있다. 그러므로 스마트 팩토리가 자동화를 통한 인력 감축으로 수익성을 높이는 원가절감에 중점을 두는 방식이 아니라 인간과 시스템의 상호작용의 고효율에 의하여 근로자와 산업이 함께 행복과 이익을 누릴 수 있도록 해야 하며, 그러기 위한 구체적인 규범을 제정하는 것이 필요하다.

규범 제정의 방향으로 다음의 것들이 필요하다. 첫째, 근무 시간 동안 작업장 내에서 이루어지는 데이터 수집은 근로 조건이나 산업안전보건 차원에서 접근할 문제로만 생각할 것이 아니라 개인정보보호와 근로자의 사생활 침해의 관점에서도 고려해야 한다. 둘째, 스마트 팩토리 환경에서 수집된 근로자들에 관한 데이터는 네트워크를 통해서 다른 데이터 시스템이나 다른 수요자들에게 공개되거나 이용될 수도 있으므로 일반적인 개인정보보호에 관련된 법령이 스마트 팩토리에도 그 환경에 합당하게 적용되도록 해야 한다. 이 문제에 있어서 이번에 개정된 데이터 3법은 개인정보의 보호를 강화하면서도 데이터 활용 활성화를 통한 관련 산업의 발전을 조화롭게 모색할 수 있도록 현행 제도를 보완하고자 시도하였다고 본다. 그 중요 내용은, 다소 모호했던 개인정보의 판단기준을 명확화한 점에서는 의의가 있다고 하겠다. 개인정보 여부는 결합할 수 있는 다른 정보의 입수 가능성, 식별에 소요되는 시간 · 비용 · 기술 등을 합리적으로 고려하도록 하고 이러한 요건에 해당하지 않는 익명화된 정보는 개인정보보호법을 적용하지 않음을 명확히 하였다(개정 개인정보보호법 제2조 제1호 및 제58조의2). 이를 통해 개인정보 처리를 동반하는 사업 추진 시 혼란이 줄어들고, 익명정보의 이용이 활성화될 것으로 기대된다. 이 개정 내용은 데이터 이용 활성화를 위해 가명정보 개념을 도입하고 데이터 간 결합 근거를 마련하는 것이 그 목표였다(동법 제2조 제15호 및 제16호). 그리고 그 가명정보(추가정보 없이는 특정 개인을 알아볼 수 없는 정보)는 통계작성 · 과학적 연구 · 공익적 기록 보존 등을 위해 정보주체의 동의 없이 적절한 안전조치하에 이용할 수 있다(동법 제32조 제9항). 이에 따라 데이터의 가명처리를 통해 활용 가능한 데이터의 종류가 다양해지고 새로운 기술 · 제품 · 서비스 개발, 시장조사 등 활용분야도 확대될 것이다. 특별히 보안시설을 갖춘 전문기관을 통해 기업 또는 기관 간 데이터 결합이 허용되므로(동법 제15조 제3항 및 제 제17조 제3항), 이 새로운 법에 위법하지 않은 방식으로 수집된 데이터를 네트워크를 통하여 제조 팩토리의 운영합리화와 표준화에 필요한 자료로 활동될 수도 있을 것이다. 셋째, 개인정보를 익명 처리하는 정도의 사생활 보호 규정은 고도로 발전한 현재의 인공지능 인식 시스템에 따른 개인정보의 노출이나 사생활의 노출을 막는 것에는 부족함이 있으므로 스마트 팩토리에서는 보다 강화된 개인정보보호 규범을 가져야 한다. 2019년 홍콩 시위 사태에서 사용된 감시 시스템(발걸음 정보 인식시스템)은 복면을 한 시위자들의 걸음걸이 동작 분석을 통하여 중국 정부가 그 신분을 파악할 수 있었고 그들을 입건하는 데 사용되었다는 보도가 있었다. 그러한 사실을 볼 때 생산 현장에서 근로자들의 사생활을 보호하는 규정은 생산 공장의 환경이나 생산품에 따른 공정 등에 따라서 일정한 영역이나 작업 동작들의 모니터링을 제한하는 등 좀 더 심도 깊고 자세한 보호규정이 필요하다. 스마트 팩토리에 사용되는 개인 인식 인공지능 알고리즘에 이러한 것을 보호하기 위한 강제 제한 규정이 필요하다는 것이다. 넷째, 인공지능 및 로보틱스, 센서, 무선통신 등 첨단 정보통신기술들이 집약된 지능형 로봇, 특히 협동 로봇과 같이 인간 근로자와 같은 장소에서 직접적으로 상호작용하면서 작동하는 제조 설비들은 지금보다 다양한 형태로 개발되어 나올 것으로 보인다. 그런데 이것들은 기존의 방법으로 예방하기 어려운 새로운 유형의 산업재해를 야기할 수 있기 때문에 이에 대해서도 적절한 대응이 필요하다. 산업재해 예방과 쾌적한 작업환경 조성 및 이를 통한 산업안전보건의 유지, 증진을 목적으로 하는 산업안전보건법 및 관련 법령의 시기적절한 개정 필요성이 더욱 증가한 것이다. 그 과정에서 세세한 부분을 법령에 직접 명시하기보다 공신력을 가진 국제 표준을 인용 및 참조하도록 하는 것은 첨단 기술의 발전에 효과적으로 대응한 사안으로 본다. 기술의 급격한 발전과 다가오는 4차산업혁명시대에 일어날 다양한 변화들을 감안할 때 이런 방식은 더욱 많이 활용되어야 할 것이다.

개인정보와 사생활 보호에 더하여 근로자의 불이익을 해소해야 하는 또다른 면이 존재하는데, 그것은 스마트 팩토리에 적용되는 신기술들이나 알고리즘의 개발 주체들은 대부분 기업들이고 근로자들은 그 개발에 참여가 거의 불가능하다는 형평성의 문제가 있다는 것이다. 기본권이나 개인의 권리가 점점 강화되고 있는 법적 · 사회적 환경의 경황을 보면, 그 근로자 보호에 관련된 법령을 조화롭게 만들어 나가는 것도 적극적으로 추구해야 한다. 스마트 팩토리 제도의 도입으로 절감되는 인건비가 있다면 그 상당액을 스마트 팩토리 중요 기술 요소들(예컨대, 8대 스마트 제조 기술들)을 익히기 위한 근로자들의 직무교육 등으로 재투자하여 근로자들이 스마트 팩토리 근무환경과 잘 조화될 수 있도록, 즉 스마트 팩토리 본래의 목적을 달성할 수 있도록 해야 할 것이다.

스마트 팩토리 관련 기술에 대해서는 지속적인 연구 · 개발이 이루어지고 있으며, 스마트 팩토리에 널리 적용될 수 있는 새로운 기술이 나온 후에도 적절한 후속 연구가 필요할 것이다. 특히, 스마트 팩토리의 지능화 수준이 높아져 운영관리, 나아가 경영 전략 수준의 다양한 의사결정들을 인공지능이 대체했을 때 기업 또는 근로자들의 노사 관계에 발생하는 노동법상의 문제가 발생할 것이고, 개인정보 또는 사생활 침해와 관련하여 불법행위, 위임사무 처리 또는 제조물 하자와 관련된 민법상의 손해배상 책임 문제가 복잡하게 될 것이다. 뿐만 아니라 동일한 문제에서 야기될 수 있는 형사법상의 쟁점들에 대해서는 경영학적이고 공학적인 연구와 병행하여 지속적인 융합연구가 이루어져야 한다. 스마트 팩토리는 유럽이나 중국, 일본 등 미국 외에 주요 제조업 강국들에서도 중요한 정책적 추진 과제이기 때문에 앞으로는 보다 다양한 국가들의 법제도적 여건을 비교 분석해 보는 것도 의미가 있을 것이다.

4. 스마트 시티와 미래 모빌리티 시스템 (자율주행자동차, 자율운항선박, UAM)

4.1. 개요

4차산업혁명시대를 살아가는 우리는 이 시대의 여러 가지 특징 중에서 인적 · 물적 이동에 인공지능을 포함한 최첨단의 정보통신기술이 적용되는 자율주행자동차 시대를 앞두고 있다. 최근에는 그 자율주행자동차가 실제로 이용되기도 전에 자율운항선박과 도심 항공택시 등의 새로운 이동 수단과 시스템에 관한 장밋빛 전망과 관련 기술에 관한 정보들이 쏟아져 나오고 있다. 현실에 있어 그러한 전망이나 기술들을 실현하기 위해서는 여전히 해결해야 할 많은 과제들이 있다. 그럼에도 불구하고 현재 진행되고 있는 정보통신 및 이동수단과 관련된 기술발전을 볼 때 많은 사람들이 기대하는 자율주행자동차가 현실적으로 일반적으로 사용되는 시대는 자동차뿐만 아니라 자율적으로 운항되는 선박과 드론을 응용한 UAM(Urban Air Mobility: 날아다니는 자동차 또는 드론 택시) 등이 동시에 서로 상관되어 이용되는 종합적인 미래의 인적 · 물적 이동 시스템(본서는 이러한 미래의 종합적인 인적 · 물적 이동 시스템을 "미래 모빌리티 시스템"이라고 명명한다)이 등장할 것으로 예상된다. 이러한 미래 모빌리티 시스템은 인공지능이 적용되는 시스템들이 고도의 데이터 통신기술이 바탕이 된 인터넷으로 연결(초연결: hyper-link)되어 한 도시를 그러한 시스템으로 운영하는 스마트 시티가 가능하게 된다. 본서의 이 부분에서는 미래 모빌리티 시스템을 스마트 시티와 연계하여 몇 가지 정책적 방안 및 그 정책실현을 위한 입법적 필요 사항에 관하여 서술하였다.

4.2. 미래 모빌리티 시스템의 정책과 관련 입법

미래 모빌리티 시스템을 위한 제도와 기반시설의 준비는 매우 중요하다. 그런데 그러한 시스템이 우리나라에서도 (예컨대, 육·해·공의 이동 시스템이 모두 작동되는 부산광역시가 추구하는 스마트 도시에서) 적용되고 발전하기 위해서는 우선 시범적으로 시행해 볼 만한 필요한 중요 정책들과 그것을 실현하기 위한 입법이 있어야 한다.

자율주행자동차와 관련된 법제도와 자율운항선박에 대한 제안을 포함한 다양한 연구들은 이미 많이 수행되었고 그중 많은 것들이 이미 정책적·입법적으로 다루어지고 있다. 각각의 구체적인 내용들에 대해서는 이하 '**5. 자율주행자동차**' 편에서 다시 구체적으로 서술하였다. 본서는 자율주행자동차와 그 운행 시스템이 해상 및 항공 등에서 이용되는 다른 이동수단들과 함께 형성하는 미래 모빌리티 시스템을 구현함에 있어 인공지능이 기반이 된 자율운행기능을 보유한 다른 이동수단들을 개별적으로뿐만 아니라 종합적으로도 고려하여야 한다고 본다.[24] 예를 들어, 육상·해상

---

24) 2021년 5월 20일 개최된 '2021 미래모빌리티포럼'에서 나온 전문가들도 이러한 UAM을 포함한 미래 모빌리티 시장을 준비하려면 각 부문의 협력 자세가 중요하다는 데에 공통적인 의견이었고, 특별히 한국에서의 UAM에 대해서는 그것이 기술만의 문제가 아니라 더욱더 기존 산업군과의 연계, 법제도적인 차원이 동시에 검토되어야 하는 분야라는 의견들이 제시되었다 (조선비즈, 2021.05.20., "[2021 모빌리티포럼] 자율주행 시대, 의지와 믿음 있으면 언제든 현실화", https://biz.chosun.com/industry/car/2021

및 항공 운송이 함께 이루어져야 하는 도시인 부산의 경우를 보자. 본서는 예시적으로 부산의 사회 전반적인 인적·물적 이동 시스템의 구성과 그 운영을 위한 정책에 대하여 살펴보고 그것을 위한 정책과 입법의 방향을 부산의 스마트 도시 프로젝트를 통하여 검토해 보았다.

현재 자율주행자동차와 전기·수소차 등은 자동차 제조사들과 정보통신사들이 중심이 되어 매우 빠른 속도로 기술적 발전을 이루어 내고 있다. 하지만 그러한 제조물들은 시스템적으로 해상 운송수단들과 항공 운송수단들이 조화롭고 효율적으로 연계되지 않으면 상업성이 떨어지고 결국 발전에 한계가 올 것이다. 미래의 모든 이동수단들은 사회 전체의 인적·물적 이동이라는 큰 틀 아래 연계돼 가장 안전하고 효율적으로 이동의 대상물이 소비자에게 도달되고, 이동하고자 하는 사람들이 그 목적지에 도달하는 것을 목표로 해야 한다. 따라서 육상부터 해상 및 항공을 포함하여 소비자와 이용객의 마지막 목적지까지의 모든 이동 시스템을 안전하고 효율적으로 운영이 될 수 있도록 하는 제도와 환경을 만드는 것은 매우 중요한 요소가 될 것이다.

예를 들어, 인공지능이 고도화된 단계에 이르면 도시 내에서 운행되는 모든 자동차들이 도시의 교통 통신 인프라와 각 개인의 스마트폰 및 각 자동차에 장착된 자율운행시스템의 상호 통신에 따른 총괄적 시스템의 작동에 의해서 운행될 것이다. 도시의 어떤 곳에서 어떤 승객이 기다리고 있는지, 현재 운행 중인 자동차 중에서 어떤 자동차가 가장 신속하게 그 기다리는 승객을 태울 수 있는지에 관해서 이 총괄 시스템은 모든 자동차와 소통하면서 그 운행 방향을 지시할 것이고 각 자동차는 마치 인간 운전사가 지시를 받아서 자동차를 운행하듯이 운행될 것이다. 많은 자동차들이 임의적

/05/20/7OCXH5VBOJGUNNMUCR3ZDHPOMQ/).

으로 승객을 태우기 위하여 이곳저곳을 돌아다닐 필요가 없게 되어 탄소 배출 감소라는 환경적 목표 달성도 가능할 것이다. 자율주행자동차의 운행이 일반화되면 현재 엄청난 건축물 면적과 토지가 주차 시설로 이용되는 것도 필요하지 않게 되어 우리 국토를 매우 효율적으로 사용할 수 있는 큰 이득도 기대가 된다. 선박으로 일본으로 향하는 고객은 자신의 전화로 자율주행자동차를 부르면서 그것과 연결된 부두의 자율운항선박에게도 연결이 되게 할 수 있을 것이다. 시내에서 공항 사이를 운항하는 드론 택시 같은 UAM도 자율주행자동차와 연결되어 단 한 번 자율주행자동차를 부르는 행위로 공항까지의 이동이 모두 연결될 수 있을 것이다. 심지어 이것은 항공기와 도착지 국가의 자율운행시스템까지 연결되어 글로벌 자율이동 시스템이 작동하는 것도 상상할 수 있다.

현실에 있어서 진행 중인 각각의 이동수단들에 관한 연구는 아직 위와 같은 목적 지향에는 집중하지 않고 개별 분야별 기술적인 문제들에 집중하는 것으로 보인다. 최근 이러한 전체적인 이동수단들의 운영에 대하여 종합적인 접근이 필요하다는 의견들이 표출되고 있는데, 그 대표적인 경우 중 하나가 '2021 미래모빌리티포럼'이라고 본다.

4.3. 육상 · 해상 · 항공 이동 시스템을 필요로 하는 스마트 시티에 대한 검토와 제안

위의 검토 사항들을 근거로 항구와 공항이 함께 존재하는 부산에서 최선의 미래 모빌리티 시스템을 구축하고자 한다면 실질적 운영 주체인 부산시와 운영의 근거와 방식의 규율을 담당하는 국회 및 부산시 의회는 어떠한 역할을 하여야 할까? 먼저 새로운 기술로 새로운 편익을 달성할 수 있는 새로운 모빌리티 수단이 등장하면 기존 이해관계자와의 마찰이 생길 수밖에 없다. 최근까지 우버와 같은 승용차 공유제도 등에서 발생한 갈등이 그 예라고 볼 수 있겠다. 어떠한 규제나 촉진을 위한 법규는 어느 한편에서는 불편하고 불필요한 것일 수 있다. 하지만 규제나 촉진의 시발점을 살펴보면 새로운 편익을 도모하고 기존 산업과의 마찰을 최소화하려는 등 모두 나름의 목적과 이유가 있었다. 관련 국가기관과 지방자치단체는 산업의 많은 참여자들의 토론과 합의를 통해 동의할 만한 규제나 촉진 방향을 세우고 점진적인 변화를 만들어 내는 합당한 규범 제정의 방향을 제시하고 실행하는 주체가 되어야 할 것이다.

육상·해상 및 항공을 자율 시스템으로 연결하는 미래 모빌리티 시스템이 자리 잡기 위해서는 그것을 받아들일 수 있는 시민의식과 사회적 합의 및 기반시설의 정비도 필요하다. 여기에 관하여 중국에서 대규모 자금을 공급 받으며 문제가 되었던 '공유자전거' 사업을 예로 들 수 있다. 서비스 이용자들이 공유자전거를 자신의 집 안으로 가져가는 등 개인 소유의 물건처럼 사용하는 부족한 시민의식으로 그 사업이 지속될 수 없게 된 것이다. 이는 그 사회의 시민의식 기반이 정립되지 못한 것이 이유라고 볼 수 있다. 우리나라도 자율주행자동차 시스템 등에서 점점 그 필요성이 강화될 운송수단의 공유를 준비하기 위해 제도뿐만 아니라 시민의식을 높여야 할 것이다.

정부의 외교 정책도 미래 모빌리티에서 중요한 부분을 차지할 것이다. 항공 쪽은 안전 이슈가 너무 중요해서 우리나라와 항공 운송 교류가 많으며 항공기 제조의 중심국이기도 한 미국 및 프랑스와의 항공 인증에 관한 협력을 강화해야 할 것이다.[25] 어느 정도의 국제경쟁력을 갖춘 국내 자율주행자동차 관련 업계처럼 UAM의 경우도 국내를 넘어서는 국제적인 시장 목표를 가져야 할 것이다. 그러한 목표를 수립하고 실현 전략을 수립하기 위해서는 우리나라의 신항공 산업관련 업계의 역량을 객관적으로 평가한 후에 국제시장에 참여하는 단계적이고 면밀한 준비가 필요할 것이다. 한편 이 분야에 있어서 드론 택시와 같이 소형의 날아 다니는 차는 아직 확연히 두각을 나타내는 기업이 없다. 그러므로 우리나라와 같이 좁은 국토에 인구가 밀집된 도시들이 많은 경우 그 수요가 크다는 장점을 가진 점을 고려해 보면 우리나라도 독자적으로 국제경쟁력이 있는 분야를 만들어 갈 수 있을 것으로 보인다.

위에 언급한 모든 부분에서 과학과 기술은 이미 상당한 수준의 발전을 이룩해 왔고 아직 해결되지 않은 기술적 난관들도 짧은 시간 내에 결국 해결될 것이다. 하지만 우리사회의 구성원들이 제도적으로 어떻게 어떤 시민의식으로 이 새로운 이동 시스템을 뒷받침하느냐 하는 것은 매우 중요한 과제가 될 것으로 보인다. 본서는 전반적이고 일반적인 그리고 추상적인 제안에 더하여 좀 더 구체적으로 미래 모빌리티 시스템 각 부분에 대하여 아래와 같은 세부적 내용을 하나의 제안 사항으로 서술하였다.

제안 1. 미래 모빌리티 시스템의 구현을 위한 준비

스마트 도시는 기본적으로 도시의 경쟁력과 삶의 질의 향상을 위하여 건설 · 정보통신기술 등을 융 · 복합하여 건설된 도시기반시설을 바탕으로

---

25) 이는 미국의 보잉과 프랑스의 에어버스가 민간항공 여객기 사업을 거의 독점하고 있는 것이 그 이유라고도 설명된다.

다양한 도시서비스를 제공하는 지속가능한 도시이다. 예컨대 부산시가 추구하는 스마트 도시의 시작은 '에코델타 스마트시티'인데, 이는 국가시범 도시로 지정된 스마트 도시이므로 그 의의가 크다. 부산시는 이것을 시작으로 2018년 3월 '부산광역시 스마트도시 조성 및 산업진흥 등에 관한 조례'(이하 "부산 스마트 도시 조례")를 제정하였고 그해 8월 그 일부를 개정하여 현재에 이르고 있다. 이 조례는 스마트 도시 사업에 관한 부산광역시의 책임과 역할이 규정되어 있는데, 이를 근거로 부산시는 국가지정 사업인 에코델타 스마트시티에 더하여 각 구별로 그 지역의 특성에 맞게 11개의 스마트 도시형 도시재생과 사상스마트 시티 및 수영 테마형 특화단지와 같은 '스마트 시티 챌린지' 사업을 추진하고 있다.

부산시의 이러한 광범위한 스마트 도시 사업계획은 궁극적으로 부산시가 전체적으로 스마트 도시가 되는 것을 목표로 하여 추진하는 "스마트 시티 챌린지"라는 과제로 요약된다. 이 스마트 시티 챌린지는 ① 편리하게 접근할 수 있는 도시, ② 누구나 이용할 수 있는 무장애 교통 도시, ③ 시민이 만족할 수 있는 스마트 도시 수립 등 세 가지를 그 기본 방향으로 하고 있다. 다시 말하면, 부산광역시의 스마트 도시 사업은 스마트한 인적 · 물적 이동 시스템이 그 중심에 있다고도 볼 수 있다. 이러한 관점에서 보면 미래 모빌리티 시스템의 구현은 부산의 스마트 도시 사업의 핵심 요소가 될 것이라고도 말할 수 있다. 따라서 부산이 가지고 있는 특징인 육상 · 해상 및 항공을 포함하는 동북아 물류 중심도시로서 스마트 도시가 되기 위해서는 미래 모빌리티 시스템의 구현을 위한 기술적 제도적 연구와 준비가 매우 중요하며, 그러한 미래 모빌리티 시스템 구축에 발생하는 정보의 수집 및 활용과 관련된 문제점을 해결하는 정보관리 체계와 정보관리 주체에 관한 연구와 준비가 중요하다.

부산의 스마트 도시화 시작은 역시 국가시범도시로 지정된 에코델타 스마트시티라고 본다. 에코델타 스마트시티는 인구 8,500명(3,380세대)을 수용하는 소규모의 사업이지만 그것에서 출발하여 인구 75,000명(3만 세대)을 수용하는 계획도시인 에코델타시티로 발전되게 되어 있으므로 그 시범운영의 성공은 부산광역시 스마트 도시화에 있어서 핵심적 과제라고 할 수 있다. 이곳에는 4차산업혁명의 첨단 기술을 적용하여 교통 · 환경 · 주거 · 교육 · 의료 등 다양한 분야에서 시민들의 삶을 개선하여 도시 운영을 효율적으로 한다는 근본 방향을 설정하고 공간계획, 미래도시 플랫폼, 로봇활용 생활환경, 스마트 교통, 안전 스마트 교육, 헬스 케어 등 10대 혁신 과제를 두고 추진하고 있다.[26] 하지만 이 사업에 있어서 부산시는 최근에 대두된 신기술과 이동수단의 새로운 개념을 포섭한 미래 모빌리티 시스템의 실현을 위한 기본 과제를 가장 중요한 과제로 추가되어야 할 것이다.

추가된 과제에는 미래 모빌리티 시스템의 체계 구성 및 문제점 해결을 위한 제도와 법령 개선이 포함되어야 한다. 스마트 도시의 기본법인「스마트도시 조성 및 산업진흥 등에 관한 법률」(이하 "스마트 도시법"이라 함)이 이러한 기본 과제를 스마트 도시계획에 포함하는 것을 금지하거나 제한하는 바가 없다. 오히려 제25조에서 제34조까지 규정하는 내용에 따르면 국가는 스마트 도시에 대한 다양한 지원을 제공하도록 되어 있으므로, 부산이 선제적으로 스마트 도시 계획에 이러한 과제를 추가하고 그 세부 내용을 부산시 조례로 규정한 후에 국가로부터 다양한 지원을 요구할 수도 있을 것이다. 육상 · 해상 및 항공 교통의 중심으로 동북아 물류 중심도시를 지향함과 더불어 국가 기간산업들이 밀집되어 있는 동남권 중심도시라는 환경적 경제적 특성을 가진 부산은 이 에코델타 스마트시티에서부터 그러한 체

---

26) 부산광역시 보도자료, "부산 스마트 시티 비전과 전략", 미래산업창업과, 2018.11.19.

계를 위한 연구와 시범운영을 지속함으로써 최소의 시행착오와 비용으로 도시 전체의 미래 모빌리티 시스템을 정착할 수 있을 것이다. 미래 모빌리티 시스템 구현을 위해서는 아래와 같이 이동수단 등에 대한 현황과 미래에 대한 검토가 필요하므로 그러한 목적에 필요한 정도에서 각 이동수단에 대한 검토 내용을 아래와 같이 요약하여 서술한다.

제안 2. 미래 모빌리티 시스템의 구성 요소인 각 이동수단과 관련된 제안

자율주행자동차 시스템과 관련된 제안

자율주행은 말 그대로 물체가 스스로 이동하는 네 기반이 되는 기술이다. 최근 현대자동차는 AI에 기반을 둔 자율주행자동차의 자율주행을 시연하여 가장 최근까지 진화한 자율주행자동차를 소개하였다. 이는 현재까지 알려진 자율주행자동차의 발전단계를 기준으로 하면 Level 4에 해당하는 차[27]로서 그 운행의 거의 대부분을 인공지능이 주변의 교통 환경과 소통하면서 수행되는 자동차이다. 인공지능을 기반으로 한 이러한 운행 기술은 이미 일반 가정에서 쓰는 로봇청소기부터 사람을 돕는 공공 서비스로봇 등 곳곳에서 일반인들이 경험할 수 있다. 자동차를 넘어 항공기·선박 등에서도 응용이 가능하다고 한다. 지금까지 자율주행자동차와 관련된 이슈들은 자율주행자동차 자체의 기능과 안전성을 확보하기 위한 기준설정과 그

---

[27] 자율주행기술 수준을 나눌 때 일반적으로 미국 자동차공학회(SAE)의 정의가 활용된다. 운전 자동화 수준에 따라 6단계(Level 0~Level 5)로 나눠 Level 3(특정 구간에서 자동차가 제어권을 가져가는 상태, 운전자는 긴급 상황에만 대응하면 되는 수준)부터 자율주행자동차로 정의된다. Level 4는 위험 상황에서 운전자가 반응하지 않을 경우 차가 스스로 피하는 수준이다.

기준에 부합하기 위한 기술개발에 집중되어 있었다. 그러나 이제는 위에서 기술한 바와 같이 미래의 인적·물적 모빌리티가 추구하는 목적을 달성하기 위해서는 자율주행자동차가 다른 이동수단들과 더불어 안전하고 효율적으로 운행되어야 하며 필요한 기반시설에 대한 분석과 연구가 더욱 활발해져야 하는 시점이 되었다고 보인다.

우리 정부는 자율주행자동차 기술개발 지원과 함께 지능형 교통인프라 구축에 나서고 있다. 국토교통부는 2021년 3월 30일 전국 지방자치단체를 대상으로 지능형 교통체계(ITS·C-ITS) 추진계획을 소개하고 의견을 수렴하기 위한 설명회를 가졌다. 지능형 교통체계(ITS)는 첨단 교통기술로 교통정보를 효율적으로 관리하고 과학화·자동화된 운영으로 교통 효율성·안전성을 향상하는 교통체계다. 차세대 지능형 교통시스템(C-ITS)은 자동차-자동차 또는 자동차-인프라 사이의 통신을 통해 안전·편리함을 추구하는 교통체계다. 업계에선 이 같은 지능형 교통체계가 자율주행자동차의 비용을 줄일 것으로 기대한다. 자율주행자동차의 가격을 낮추면서도 복잡도가 높은 도심의 자율주행 완성도를 높이기 위해선 통신기술과 정밀지도는 필수가 될 것이다. 그러나 현실적으로는 상당 기간 자율주행자동차와 운전자가 공존하는 상황을 피할 수 없을 것이므로 이러한 상황에서 발생하는 여러 가지 변수를 줄이기 위해 다양한 노력이 필요할 것으로 보인다. 새로운 도시로, 무에서 유로 탄생하는 부산 에코델타시티와 같은 도시는 이러한 시스템을 도시의 출발부터 도입할 수 있을 것이다. 그런 점에서 에코델타시티는 차세대 지능형 교통시스템을 시범적으로 운영하고 그것을 통하여 운영 경험과 기술을 축적하는 데에 큰 기여를 할 수 있는 장점을 가지고 있다고 본다. 예를 들어, 도시 안전과 재난 방지 또는 환경관리 등을 위한 정보수집 카메라를 설치할 때도 교통신호 정보 기기들과 도로관리를 위한 정보수집용 카메라의 기능을 동시에 수행할 수 있도록 한다거나, 무인셔틀 시스템과 개인차량 공유 시스템을 도입할 때 미래의 UAM과 연결될 수 있는 정류장과 계류장을 준비하고, 인근의 진해 신항과 연결하는 컨테이너 자동차들이 자율주행으로 도시 내부까지 연결되도록 하고, 김해 공항까지 드론 운행을 하도록 하는 사전 계획을 이 도시가 계획하고 있는 스마트 교통 체계에 포함시켜 운행하게 되면 국가적으로 완전한 미래 모빌리티 시스템을 구축하는 과정의 중요한 경험과 기술을 축적하게 될 것이다.

최근의 통신표준에 대한 논의는 자율주행자동차에 셀룰러폰 네트워크를 이용하는 게 가장 좋겠다는 쪽으로 의견이 모이고 있다. 해외는 물론 국내에서도 LTE나 5G 표준을 활용한 통신을 활용하는 방안이 검토되고 있디고 한다. 그렇다면 이들 통신은 주관하는 통신사들이 자율주행자동차의 기반시설 구축에 주축이 되어 참여하는 것을 의무화하는 정책이나 입법도 필요할 것이다. 자율주행자동차 사고의 경우 예상되는 책임주체와 관련된 논쟁에 있어서 자율주행의 가장 중요한 요소가 이러한 통신수단이라면, 그 통신을 주관하는 업체들이 자동차 제조업체와 함께 그 책임의 중심에 서도록 하는 것이 현실적인 방안이 될 것이라는 제안을 한다. 이 제안과 관련하여 중요한 사실은 자율주행차의 통신기술이 자동차와 인프라 외에도 자동차 간 통신에도 필수라는 점이다. 예를 들어, 자동차 간 통신은 이미 화물차의 군집 자율주행 등을 가능케 하며, 이를 통해 연료효율을 높이고 배출가스를 감축하는 등 전체 물류비용을 낮출 수 있는 것으로 알려져 있다. 스마트 도시법 제9조는 민간 기업이 지방자치단체의 제안에 따라 사업에 참여할 수 있도록 규정하고 있으므로 통신사와 자동차 회사들을 스마트 도시 사업에 참여시켜서 미래 모빌리티 시스템의 중요 구성요소인 이동수단 상호 간의 통신 시스템의 책임주체로 참여시키는 정책과 조례를 제정할 것을 제안한다.

현대자동차 관계자는 2020년에는 이전보다 발전된 형태의 화물차 자율협력주행기술을 시연했는데, 정부과제로 진행 중인 기술인 화물차 자율협력주행기술을 진행해서 여러 대 트럭이 기차처럼 줄지어 주행하는 형태의 자율주행 방법으로 화물차 운전자 피로를 줄이고 졸음운전으로 인한 대형 사고를 줄일 수 있었고 공기저항이 줄어 에너지 효율도 높아지는 효과가 있다고 밝힌 바 있는데,[28] 이는 자율주행과 관련해서 정부 기관이 기업의 참여를 유도한 좋은 사례라고 본다. 정부는 2021년 3월 24일 공익법인 '자율주행기술개발혁신사업단' 출범을 알렸는데 융합형 Level 4 자율주행차 상용화 기반 마련을 목표로 2027년까지 1조974억 원을 투입해 산업통상자원부 · 과학기술정보통신부 · 국토교통부 · 경찰청 등 4개 부처가 참여하는 사업을 시작했다고 한다. 이 조직에는 자동차 업계의 전문가 출신을 포함한 17명이 사업을 수행하고 있어서 그동안 부처별로 나뉘어 추진되던 자율주행 관련 사업을 총괄 기획 · 관리하고 사업성 보급과 확산 등 사업화를 촉진하는 것을 목표로 공공과 민간 협력의 가교 역할도 수행할 것이라고 한다.[29] 부산은 스마트 도시 사업과 관련하여 이러한 공익법인과의 협업 방안도 마련할 것을 제안한다.

자율주행자동차의 실질적인 운행은 시범도로와 같이 고도화된 자율주행기술을 일정한 조건에서 시연해 보이는 것과 차원이 다른 문제로 본다. 시작부터 잘 계획된 기반시설과 신기술이 적용된 에코델타시티와 같은 새로운 스마트 도시에서 자율주행자동차의 실제 운행을 시작하는 것은 여러 가지로 위험을 줄이고 실질적인 기술향상을 위한 경험과 데이터가 축적되는 장점을 살릴 수 있을 것이다. 이제는 관련 기업이나 정부가 기술을 선보이는 정도가 아니라 사회의 모빌리티 시스템의 중요한 부분으로서 실생활

---

28) 현대자동차 대표의 '2021 미래모빌리티포럼' 발표문에서 인용하였다.
29) 자율주행기술개발혁신사업단(http://kadif.kr/)

에서 구체적으로 어떻게 사용되느냐를 알기 위해서 더욱 적극적이고 신속하게 스마트 도시 사업들을 진행하여야 한다고 본다.

자율주행과 공공 모빌리티 플랫폼에 대한 제안

오늘날은 운송서비스 사업에도 온라인을 통한 플랫폼들이 이용될 수 있다. 이 모빌리티 플랫폼들은 운송수단의 공급자와 수요자 사이를 연결하는 기능을 수행할 것인데 그것은 단순한 연결이 아니라 머신러닝, 빅데이터 등의 기술을 활용해 한정된 자원으로 더 효율적인 가치를 창출할 것이다. 자율주행과 UAM, 하이퍼루프 등 미래 이동수단들도 결국 모빌리티 플랫폼을 거쳐 소비자들과 만나게 될 것이다. 플랫폼은 지속적으로 사용될 것이며 그 운영에 있어서는 국가나 지방자치단체 등의 공공기관뿐만 아니라 다양한 민간 기관이나 단체도 참여하여 공공 모빌리티 플랫폼의 형식으로 운영되어야 할 것이다. 지금까지의 모빌리티 플랫폼들이 어떤 형태로 활용되고 있으며 앞으로 다가올 새로운 모빌리티 기술들이 플랫폼과 만나서 어떤 시너지를 만들어낼 수 있는지가 앞으로 자율주행자동차와 자율운항선박 그리고 UAM 등의 운행과 관련하여 중요한 연구 과제이다.

공공 모빌리티 플랫폼을 전면적으로 시행하기 전에 스마트 도시 단위로 이러한 내용의 실험과 기술개발을 먼저 시도한 후에 국가적으로 시행하는 단계별 접근 방식이 필요할 것이다. 그러한 의미에서 개별단위의 스마트 도시에 선제적으로 적용하는 것은 국가 과제의 일부를 부담하는 것이므로 국가재정을 지원받을 상당한 정당성이 있다고 본다. 부산시를 포함하여 스마트 시티를 지향하는 자치단체들은 이러한 사업내용을 담아서 중앙정부와 함께 공공 모빌리티 플랫폼 시범운영할 것을 제안한다. 이 사업에는 앞에서 언급한 바와 마찬가지로 스마트 도시법에 근거한 민간기업의 참여도 가능할 것이다. 예를 들어, 국내에서 활발하게 사용되고 있는 택시호출 플랫폼인 카카오 T 택시의 경우 단순히 택시 수요자와 공급자를 연결해 주는 차원을 넘어, 택시기사의 운행 데이터를 수집해 개개인의 주관적·지역적·시간적 선호도를 고려해 배치 알고리즘을 제공하고 있다고 한다. 이 덕분에 카카오 T 택시의 배차 성공률은 높아졌고 제한된 수의 택시로도 더 많은 고객 수요를 맞추고 있다고 한다.[30] 카카오 T는 모빌리티 플랫폼의 기능으로 대리운전 서비스 요금 산정을 위한 기술을 적용하여 휴일 등 음주가 빈번한 날에는 수요가 대폭 늘어나는 경우의 대리운전 요금에 대한 구체적이고 합리적인 기준을 산정한다고 한다.[31] 이와 같이 플랫폼 사업자들이 모빌리티 관련 새로운 사업을 창출하고 있는 것이다.

현실적으로 시장에서는 이미 여러 모빌리티 플랫폼들을 통하여 꽃이나 간식 등 일상에 필요한 물품들도 배송되고 있으며, 사용자를 이동시키는 것뿐만 아니라 소비자들에게 전달하는 것도 모빌리티 플랫폼들이 만들어 내고 있는 새로운 형태의 비즈니스로 볼 수 있다. 이러한 모빌리티 플랫폼들은 일상의 불편함을 인지하고 계속해서 새로운 비즈니스를 발굴하고 있는데, 예컨대 모든 주차장을 연결시켜 시간대별로 비어있는 공간을 확인하고 이를 소비자들에게 연결해주는 공유 주차의 개념을 도입할 수 있다. 현재 시장에서는 통합 모빌리티 서비스 등의 용어가 유행하고 있으며 모빌리티 플랫폼을 통해 대부분의 이동수단이 소비자들에게 원스톱으로 제공될 수 있기 때문이다. 결국 이러한 이유로 미래 시대 플랫폼의 힘은 더욱더 증

---

30) 이재호 카카오모빌리티 경제연구소장의 '2021 미래모빌리티포럼' 발표문에서 인용하였다.
31) 카카오 T 대리의 다이나믹 프라이싱(Dynamic Pricing)기술은 지역별 수요자와 공급자를 플랫폼에서 계산해 적정 가격을 제시한다고 한다.

대될 수밖에 없으며 플랫폼들은 앞으로도 미래 모빌리티를 활용한 이동 혁신을 제공하는 데 초점을 맞춰갈 것이다.

도심 항공 모빌리티와 관련된 제안

현재 국내에서 현대자동차가 집중 개발하고 있는 도심 항공 모빌리티("UAM": Urban Air Mobility, 일명 플라잉 카 또는 "나는 자동차")은 현재의 교통수단만으로 급격한 도시화에 대응하기 어렵다는 전제하에 도심의 항공이동 수단은 필수적이라는 판단 아래에서 진행되고 있는 것으로 보인다. 이러한 사업은 서울이나 부산처럼 수백만의 인구를 가진 대도시에서 항공이동수단의 활용이 없이는 현재의 교통체증과 안정성, 환경분제 능늘 해셜할 수 없다고 보아 진행된다고 판단된다.

일명 '플라잉 카'로 불리는 UAM은 미래 모빌리티 시대에 주목받는 이동 수단 중 하나다. 최근 미국 투자은행인 모건스탠리는 UAM 시장 규모가 2020년 70억 달러에서 2040년 1조5000억 달러로 급성장(연평균 30% 이상)할 것으로 내다봤다.[32] 모건스탠리의 분석은 UAM 시장을 매우 긍정적으로 본 것으로 판단되지만 기술적 발전을 기반으로 UAM이 대중화되면 거대한 규모의 시장이 열릴 것은 틀림없는 전망이라고 판단된다. 이 사업에는 세계적으로 볼 때 전통적인 비행기 제조업체인 보잉, 에어버스들이 주력업체로 참여하고 있는데, 우리나라의 자동차 기업인 현대자동차와 GM 등 글로벌 자동차 업체들까지 잇따라 UAM 사업에 뛰어들고 있다. 여기에 이들 주력기업의 협력사업을 도모하는 스타트업까지 합하면 업체 수

---

32) 헬로티, 2021.05.20., "[미래 모빌리티 이슈 I] UAM, 탄생부터 시장 전망까지 A to Z", https://www.hellot.net/news/article.html?no=58162.

는 헤아릴 수가 없이 많아진다고 한다. 현대자동차 측이 인용한 통계 자료에 의하면 "비행기의 경우 전 세계 2만6000대가 하루에 총 10만 번 넘게 이륙을 하는 반면, 자동차는 셀 수 없이 많아도 주차돼 있는 시간이 대부분이다"라며 "UAM의 활용 빈도는 비행기와 자동차의 중간쯤일 것으로 예상되는데, 비즈니스 모델로선 큰 장점"이라고 했다.

UAM은 완전히 새로운 이동수단이기 때문에 이 시장이 성공적으로 열리기 위해선 모든 산업군이 다 함께 나아가야 할 것이다. 자동차의 경우 규제가 정비돼 있어서 신차가 출시되면 소비자들이 바로 이용할 수 있지만, UAM은 기술발전과 더불어 사회적인 규제와 기준도 함께 만들어 나가야 하기 때문이다. 예를 들어, UAM 수직이착륙장을 도심 안에 만들기 위해선 UAM을 헬리콥터보다 10배 이상 조용하게 만들어야 할 정도로 기술발전이 필요하다. 이착륙장을 어디에 만들지도 고민해야 한다. 교통 요지에 만들어야 수요가 생길 뿐 아니라, 다양한 규모의 이착륙장을 만들어야 한다. 이를 위해선 기업과 정부, 지자체가 유기적으로 일하며 장기적인 계획을 세우고 실행해야 한다는 것이다. 또 운항하는 기체들끼리 잘 소통할 수 있도록 통신 시스템도 갖춰져야 하며, 통신량이 늘어나기 때문에 사이버 보안에도 대비해야 한다. 고도 500~600m 아래에서 운항하는 UAM 기체들을 관제할 시스템도 필요하다. 현대자동차는 UAM의 사업 비중을 전체의 30%까지 키우겠다는 비전 아래, 승객과 화물 운송 시장 모두를 아우르는 제품군 구축에 박차를 가하고 있다고 한다. 2026년에는 화물용 무인 항공시스템(UAS)을 선보이고 2028년에는 도심 운영에 최적화된 UAM을 출시할 예정이며, "UAM은 육상 교통을 대체하는 것이 아니라 보완하는 것"이고 "UAM이 새로운 교통수단 중 하나가 돼 기존 수단들과 시너지 효과를 낸다면 2030년경에는 사람들의 삶의 질이 놀라울 정도로 높아질 것"이라

고 한다.[33)]

에코델타시티는 김해공항에 인접해 있고 향후 등장할 것으로 기대되는 가덕도 신공항과도 가까운 거리에 있을 뿐만 아니라 공항들 사이에 광활한 김해평야 지대를 끼고 있는 장점이 있어서, 공항과 도시를 연결하여 저공으로 비행하는 드론 택시와 같은 UAM이 다른 도시들보다도 실질적 유용성이 있으므로 앞서 제안한 바와 같이 도심 이동수단의 기반시설을 구성할 때 미리 그 계류장이나 정류장 시설에 대한 기반시설 계획을 준비할 것을 제안한다.

자율운항선박 시스템과 관련된 제안

우리나라는 아직까지 자율운항선박에 대한 정책이나 투자가 괄목할 만한 성과를 내고 있지는 않다. 즉, 해운전반의 운행 시스템을 자율 시스템에 의하여 수행하는 인공지능 기반 모빌리티 시스템을 전제로 한 거시적이고 장기적인 정책은 아니고 정부와 ICT관련 기업, 빅데이터 및 인공지능 관련 기업, 현대중공업이나 삼성중공업 등 조선 관련 기업들이 중심이 되어 자율운항선박과 관련한 기술개발을 중심으로 해상자율운항 분야의 연구와 개발을 진행하고 있다. 국내에서 자율운항선박 시장은 아직까지 미미한 편이고, 자율운항선박에 대한 본격적인 연구개발도 2010년 이전까지는 한국해양과학기술원 부설 선박해양플랜트연구소(KRISO)와 GMB가 수행한 민군사업 "원격선박 통제제어 기술개발"이 유일하다. 그러나 최근에는 자율운항선박에 대한 관심이 매우 높아져 해양수산부, 국방부, 산업통상자원부

---

33) 현대자동차 대표의 '2021 미래모빌리티포럼' 발표문에서 인용하였다.

등에서 자율운항선박의 기술개발 지원이 활발하게 진행되고 있다.[34)]

2017년 11월 23일 해양수산부와 선박해양플랜트연구소(KRISO)는 2011년부터 총사업비 270억 원을 투입하여 "다목적 지능형 무인선 국산화 개발사업"을 추진하고 있다고 했다. ㈜세이프텍리서치 등 민간기업 11곳과 함께 연구개발을 진행하여 자율운항선박 개발을 추진해 왔으며, 2014년 아라곤 1호에 이에 아라곤 2호가 완료되었다고 한다. 자율운항선박인 아라곤은 '바다의 용'이라는 의미로서 스스로 경로를 인식하고 장애물을 회피하여 운항할 수 있는 '자율운항기능'과 긴급 상황 발생 시 육상에서 경로를 조정할 수 있는 '원격조정기능'을 갖추고 있다고 한다. 아라곤 2호는 무게가 3톤이고 최대 속도 43노트에 달하며, 최고파고 2.5m에서도 운항이 가능하도록 하여 해양조사와 감시업무를 동시에 수행하도록 설계되었다고 한다. 이는 현재 우리나라에서 자율운항선박(무인선) 개발이 진행된 것은 주로 해양감시와 해양조사와 같은 공적인 영역에 집중되어 있다는 것을 보여 준다.[35)] 이 선박들은 조업감시업무를 비롯하여 해양 관측 조사, 오염방제 및 수색구조 등 다양한 분야에 투입될 예정이며, 해양조사 업무 등에 자율운항선박을 활용할 시 선박 운항 및 유지 관리에 필요한 인력을 줄일 수 있게 되어 운영비용이 크게 절감될 수 있다. 따라서 해양수산부는 자율운항선박 기술을 바탕으로 방위사업청과 함께 군용으로도 활용 가능한 무인수상정 개발도 추진하고 있다고 한다. 향후 정부는 자율운항선박에 특화된 선형 설계, 유체성능기술 등의 핵심 기술들을 민간 기업에 이전하고

---

34) 김선영, "무인선 연구 동향", 대한조선학회지, 제51권 제2호, 대한조선학회, 2014, 2쪽.

35) 이재영, "자율운항선박의 개발동향 및 쟁점분석을 통한 정책적 제언", 해운물류연구, 제102권 제1호, 한국해운물류학회, 2019, 82쪽.

아라곤 2호와 같은 소형에서 한발 더 나아가 대형 자율운항선박 개발 운영에 필요한 기술을 확보하기 위한 연구를 추진할 예정이라고 한다.[36]

자율운항선박에 대한 정책과 더 나아가 자율운항시스템(자율화된 해상모빌리티 시스템)의 구축은 육상, 해상, 항공을 연결하는 종합 자율 모빌리티를 실현할 모범 도시 부산이 가야 할 길에 있어서 이 해상운송분야에 인공지능을 기반으로 고도의 정보통신을 이용한 자율운항시스템은 필수적인 항목 가운데 하나로 보인다. 앞으로 부산은 해양물류뿐만 아니라 다양한 해양스포츠와 해양관광의 중심지가 될 것인데, 그것에 필요한 선박운행에 이러한 자율운항시스템이 적용되고 그것이 스마트시티의 다른 이동수단과 연계되도록 스마트 도시의 미래 모빌리티 시스템이 설계되도록 제안한다. 그렇게 된다면 부산 인근의 많은 조선소들과 부두 및 해양스포츠 해역들과의 연결에 있어서 편리함뿐만 아니라 육상과 항공 및 해양을 더불어 즐길 수 있는 경쟁력 있는 관광 상품의 개발도 가능할 것이다. 부산시가 진행하고 있는 스마트 시티나 유비쿼터스 도시 등의 목표들은 궁극적으로 이러한 해상 모빌리티 시스템의 자율화와 연계되었을 때 동북아 물류 중심도시로서 그리고 해양스포츠와 관광 명소로서의 부산이 그 목표한 바의 지위를 누릴 수 있을 것이다.

정보관리를 위한 법규 정비에 관한 제안

스마트 도시가 만들어지고 운영되면 여러 가지 문제들이 발생할 것인데 그중 가장 심각한 것이 정보와 관련된 문제라고 본다. 스마트 도시는 위

---

36) 해양수산부 보도자료, "국산 기술로 개발한 무인선, 해양강국을 향한 닻 올려", 해양개발과, 2017.11.23., 2-3쪽.

에서 서술된 목적을 달성하기 위하여 그 다양한 기능을 실행하는 과정에서 개인과 기업 및 다양한 정보들이 수집 처리 분석 활용 및 보관되고 재생산되게 될 것이다. 특히 미래 모빌리티 시스템이 작동하기 위해서는 개인과 물건의 위치정보 · 이동정보 및 그 각각에 대한 인식정보(information for identity recognition)들이 다양한 목적과 경로로 교환되고 보관될 수 있다.

이하에서는 위에서 언급한 미래 모빌리티 시스템 중 현실적으로 그 실행이 임박하고 사회적으로 가장 많은 변화를 초래할 자율주행자동차에 대하여 좀 더 구체적으로 기술한다. 본서는 이 자율주행자동차에 대한 현황과 분석 및 그 대응에 관한 내용이 다른 미래 모빌리티 시스템에도 좋은 참고가 되기를 바란다.

5. 자율주행자동차

5.1. 개념과 의의

자율주행자동차와 그 운영시스템은 다른 차량과 보행자를 포함한 주변의 물체들과 교통표지판 및 도로 사정 등 주변 환경을 인식하는 카메라, 레이더, 그 인식된 데이터를 처리하는 컴퓨터 시스템의 조합으로 설명된다.[37]

---

37) 이 개념은 여러 학자들이나 산업계에서 사용되는 일반적인 개념이며 보다 구체적이고 기술적인 개념으로는 SAE[Society of Automotive Engineers International (http://www.sae.org)]가 정의한 Level 4 또는 Level 5 수준의 자율주행자동차 개념에 해당된다고 본다. R. M. Gandia et al., "Autonomous Vehicles: Scientometric and Bibliometric Review", Transport Reviews, vol.39, no.1, 2019, pp.9-28.

한편 미국에서는 자율주행자동차에 대해서 자율적인 움직임이라는 개념을 중심으로 Automated Vehicle 또는 Autonomous Vehicle(AV)[38]이라고 명명하거나, 주변의 기반시설들(infrastructures) 및 다른 자동차들과 서로 연결되어 움직인다는 의미에서 Connected Vehicle(CV)이라는 명칭도 사용된다.[39] 높은 수준의 자율주행자동차는 그 운행에 있어 이러한 연결은 당연한 포함되어야 하는 기능이어서 Connected Automated Vehicle(CAV)이라고 표기할 수도 있으나 단순히 AV라고 표기하고 있는 것이 일반적이다.

현재 자동차는 이미 사람의 직접 조작 없이도 어느 정도 운행이 가능한 부분적인 자율주행자동차로 발전하였으며, 여러 자동차 회사들은 완전한 자율주행자동차도 완성단계에 이르렀고 곧 상용화될 것이라고 발표하고 있다.[40] 일반적인 자동차 사고의 대부분이 운전자의 과실에 의한 것임을 감

---

38) 미국에서는 자율주행자동차를 보통 Automated Vehicle이라 명명하고 있는데, 영국이나 유럽국가들은 Autonomous Vehicle이라고 표기하고 있다. 그 구분은 사실상 큰 의미가 없어서 서로 대체적으로 사용되고 있는 것으로 보인다.

39) 미국의 공식 연구기관과 일부 주의 자율주행자동차법에서 이러한 용어를 사용하고 있는데, 통상 Level 4 이상의 자율주행자동차는 당연히 주변 기반시설이나 다른 자동차와 소통하면서 연결되어 운영되는 것으로 보아 단순히 CAV라는 용어 대신 통상적으로 AV라는 용어를 통일해서 사용하는 것으로 보인다. 파나소닉사는 이러한 연결성을 주 사업내용으로 미국 콜로라도주 정부와 공동으로 이러한 연결 인프라 구축 사업을 전개하기로 했다는 발표를 한 경우도 있다. 그러한 연결성에 대한 자세한 내용은 다음의 링크를 참조하기 바란다(http://www.techrepublic.com/article/panasonic-takes-major-step-toward-autonomous-driving-with-its-first-connected-vehicle-platform-in/).

40) 우리나라의 현대자동차 주식회사도 여러 언론 보도를 통하여 2020년 상용화를 목표로 하고 있다고 발표했으나 최근까지 그 계획은 실행되지 않고 있

안할 때,[41] 자율주행자동차의 첫 번째 장점은 안전성이라고 볼 수 있다. 전 세계적으로 자동차 사고에 의한 사망자 수가 매년 백만 명이 넘는 현실에서 자율주행자동차 기술의 혁신은 교통 관련 상해를 크게 줄이면서 자동차의 이용이 어려웠던 사람들에게 접근성을 개선하고 운송에 소요되는 비용과 시간을 줄인다고 평가한다.[42] 자율주행자동차는 교통사고 발생의 감소는 물론, 운전이 힘든 노약자나 장애인들도 차량을 이용할 수 있게 한다는 점에서 단순한 편리함을 넘어 인간과 물류의 이동에 있어서 획기적인 변화를 가져온다고 볼 수 있다.[43]

위와 같은 희망적인 전망에도 불구하고, 아직까지는 자율주행 환경의 불확실성 및 자율주행시스템의 불안정성으로 인한 오동작이나 사고 발생

는 상황에 있다.

41) 우리나라의 경우 2019년 인구 10만 명당 6.5명이 사망한바 이는 영국이나 일본의 두 배이고 미국과 비슷한 수준이다(국가지표체계, https://www.index.go.kr/unify/idx-info.do?idxCd=4261, 2020.12.5. 최종방문). 한편, 미국 교통부 발표자료(2017 UD DOT 'Automated Driving Systems 2.0 at p.3)에 의하면 교통사고 사망사고 원인의 94%는 인간의 실수에 그 원인이 있다고 보고하고 있다.

42) Ann Emerg, "Autonomous Self-Driving Vehicles, Annals of emergency medicine", vol.73, no.6, Elsevier Science B.V., Amsterdam, 2019, e85.

43) A. Faisal et al., "Understanding Autonomous Vehicles: A Systematic Literature Review on Capability, Immpact, Planning and Policy", The Journal of Transport and Land Use, vol.12, no.1, 2019, pp.45-72; D. J. Fagnant and K. Kockleman, "Preparing a Nation for Autonomous Vehicles: Opportunities, Barriers and Policy Recommendations", Transportation Research Part A: Policy and Practice, vol.77, 2015, pp.167-181.

위험이 존재한다. 또한, 다양한 감지 장치나 인공지능, 무선 통신 등 관련 기술들의 안정성 및 이들 간의 유기적인 통합 등과 관련된 문제점들을 해결하기 위한 노력이 필요한 것도 사실이다.[44] 사람이나 화물을 싣고 도로를 주행하는 자동차의 특성상, 자율주행자동차의 기술적인 결함이나 불안정성은 불특정 다수의 인명 및 재산 피해로 이어질 수 있다. 또한, 자율주행자동차의 보급 이후에는 도로교통환경이나 관련 산업에도 다양한 변화가 일어날 것으로 예상된다. 따라서 자율주행자동차의 보급으로 인해 발생할 수 있는 위험이나 분쟁, 사회적 비용을 적절히 통제할 수 있는 법제도적 환경이 조성되어야 한다는 의견이 제기되고 있다.[45]

5.2. 자율주행자동차와 관련된 법적 규범

우리나라에서는 2020년 5월 1일 「자율주행자동차 상용화 촉진 및 지원에 관한 법률」(이하 "자율주행자동차법"이라 함)이 시행되었다. 국토교통부는 2020년 11월 20일 이 법에 따라 서울, 충북, 세종, 광주, 대구, 제주 등을

---

[44] F. Jameel et al., "Internet of Autonomous Vehicles: Architecture, Feature, and Socioɤtechnological Challenges", IEEE Wireless Communications, vol.26, no.4, 2019, pp.21-29; M. Martínez-Díaz and F. Soriguera, "Autonomous Vehicles: Theoretical and Practical Challenges", Transportation Research Procedia, vol.33, 2018, pp.275-282.

[45] 김길래, "자율주행자동차 안전위험 이슈 도출과 안전규제체계에 대한 연구", 한국디지털콘텐츠학회 논문집, 제22권 제3호, 2021, 547-554쪽; 문병준, "자율주행자동차 기능안전 및 성능안전 법규 추진 동향", 오토저널, 제42권 제12호, 한국자동차공학회, 2020, 32-35쪽; 이은영, "자율주행자동차 사이버보안 법규 추진 동향", 오토저널, 제42권 제12호, 한국자동차공학회, 2020, 28-31쪽.

'자율주행차 시범운영지구'[46]로 지정했다. 6곳에서는 무인셔틀, 로봇택시, 무인배송 등 자율주행 기반의 교통·물류서비스 등을 시범적으로 운영할 수 있게 되었다.[47] 자율주행자동차법 이전에 이미 시행된 '자동차관리법'은 "자율주행자동차란 운전자 또는 승객의 조작 없이 자동차 스스로 운행이 가능한 자동차를 말한다"라고 하여 자율주행자동차의 개념을 규정하고 있다(동법 제2조 제1의3호). 자율주행자동차법도 위 자동차관리법의 정의를 그대로 채택하면서(동법 제2조 제1항 제1호), "자율주행시스템"에 관한 정의를 추가하였다. 즉 자율주행자동차법 제2조 제1항 제2호는 "자율주행시스템이란 운전자 또는 승객의 조작 없이 주변 상황과 도로 정보 등을 스스로 인지하고 판단하여 자동차를 운행할 수 있게 하는 자동화 장비, 소프트웨어 및 이와 관련된 일체의 장치"로 규정하고 있다. 동 조항은 이에 더하여 운전자나 승객의 개입이 필요한 부분적인 자율주행자동차와 그러한 개입이 필요 없이 자율주행시스템만으로 운행할 수 있는 것으로 구분하여 자율주행자동차를 포괄적으로 정의하고 있다.

자율주행자동차의 상용화를 위해서는 먼저 자율주행차량과 관련된 법안 및 시험운행 관련 법안을 마련하고, 그 후 실제 도로운행에 관련된 도로교통법 및 자율주행자동차 운행 인허가와 운행 방식 등에 관한 법규들을 정비하여야 한다. 우선 도로법, 도로교통법, 자동차관리법, 자동차 손해배

---

46) 시범운행지구는 자율주행자동차법에 의해서 새로 도입된 제도로 자율주행 서비스의 실증을 지원하기 위한 규제 특례지구이다. 이를 결정하는 기구는 자율주행자동차 시범운행지구위원회인데, 국토부 장관과 5개 정부부처(국토부, 기재부, 과기부, 중기부, 경찰청)의 차관급으로 이뤄진 6명의 정부위원과 자동차·교통·통신·도시 분야 전문가 12명의 민간위원으로 구성된다.

47) 국토교통부 보도자료, "자율주행 교통·물류 서비스, 우리 일상으로 '성큼'", 첨단자동차과, 2020.11.22.

상 보장법, 교통안전법, 제조물책임법 (이 법령들은 각 주관 기관이 각각 달라서 그 유기적인 효과를 얻기 위해서는 통합정비 조직이 필요할 것이다) 등의 기본 법령들의 정비가 필요할 것이다. 완전한 자율주행자동차가 운행되기까지는 현재의 운전면허제도도 점진적으로 개선·보완해야 할 것이다. 동시에 자율주행자동차는 차량 또는 기반시설 사이의 통신을 바탕으로 실시간으로 주행정보를 전송하거나 수신하면서 주행의 효율성을 높이도록 구성되어 있다. 따라서 C-ITS[48]를 구현하기 위해 V2V, V2I를 포함하는 V2X 통신 및 이를 통해 생성되는 실시간 상황정보나 자료들의 활용에 관한 법규 정비가 필요하다. 이 과정에서 기존의 개인정보보호법의 보호 대상이 아닌 개인의 동작 정보와 위치 정보 등에 대한 수집, 보관 및 교환이 요구되어 궁극적으로는 개인의 아이디와 사생활이 침해되는 문제를 비롯하여, 중요한 기반시설과 개별 차량과의 정보교환 시스템 간 통신 방해를 이용한 사이버 테러와 같은 국가 안전관리까지 고려한 법규범이 정비되어야 할 것이다.

위와 같이 정부 관계부처들의 정책 활동이 진행되는 한편, 현재까지 자율주행자동차와 관련한 법적 문제에 대해서 다수의 법학자가 운전자와 자동차 소유자(운행자), 시스템 운영자와 알고리즘 설계자 그리고 자동차 제조사들 사이의 역할에 따른 민·형사 법적 책임과 그것의 배분에 관하여 많은 학설과 가이드라인들을 제시하고 있는데, 형사적으로는 인공지능이 도입된 자율주행자동차 운영에서 죄책의 원인이 되는 범죄 의사와 과실에 대한 귀책문제에 대하여 그리고 민사적으로는 그러한 자율주행자동차 사고

---

48) 자율주행자동차와 주변 기반시설과의 통신기술에 관한 사항으로서 그 자세한 내용은 아래 링크를 참조하기 바란다(https://unex.com.tw/products/v2x/v2vsolution/on-board-unit?gclid=CjwKCAiAn7L-BRBbEiwAl9UtkGXTKUVxgOoCa3eBOe-ZW8wSBHWWvxEJmW2bgf_MkxOcs1-97bF3pxoCmj8QAvD_BwE).

에 대한 배상 책임문제를 불법행위나 제조물 책임에 관한 법리로 해결하는 방안과 보험법제도의 보완을 통하여 동일한 문제를 해결하는 방안들에 관한 논의를 진행해오고 있다.

그런데 자율주행자동차의 도입을 통하여 우리가 얻고자 하는 이익과 가치는 자율주행자동차 운행과 관련하여 무엇보다도 그 안전성을 높여서 우리의 생명과 신체를 보호하는 것에 있다고 본다. 이에 더하여 자율주행자동차의 운영시스템에서 이용되는 고도의 정보수집과 보관 분석 및 데이터베이스 사이의 교환은 개인정보의 유출과 사생활 침해 및 국가 사이버 안전망에까지 큰 위험을 초래할 수 있다. 본서는 위에 열거한 바와 같이 여러 가지의 관련되는 법규들에 대한 개정 보완 및 제정(이하 "법제의 정비"라 함)에 관하여 요약하여 전체를 망라하는 식의 문제제기를 하고 있지만, 우선 자율주행자동차의 개념 정립 안정성에 관련되는 기본법령인 자동차관리법과 자율주행자동차법의 내용과 개인정보보호의 문제에 관련한 법규 정비를 위주로 몇 가지 제안을 하고자 한다.

5.3. 자율주행자동차의 제조 및 운행 현황

현재 우리나라의 기업들이 이미 Level 3 자율주행자동차의 시험운전에 성공했다는 소식과 국토부로부터 임시운행허가를 취득했다는 소식이 나오는 등 자율주행자동차 생산 자체의 기술은 상당한 발전단계에 와 있는 것처럼 보인다.[49] 하지만 그러한 차들을 실제로 도로에서 운영하여 일반인들이

---

49) it 조선 기사(http://it.chosun.com/site/data/html_dir/2018/08/22/2018082201290.html)와 디지털 타임즈 기사(http://www.dt.co.kr/contents.html?article_no=2020120102101232064001&ref=naver)를

통상적으로 이용하는 상용화 단계에 도달하기 위해서는 안전기준과 운영방식 및 운영주체의 선정, 통신 시설과 사회기반시설이 연계된 실제 운영체제의 준비 등을 감안할 때 상당한 시간이 더 필요할 것으로 판단된다.

KDB 산업은행의 산은조사월보(2020.2 제771호)에 수록된 자료들에 의하면, GM, Ford 등 기존 차량 제조사와 Google(Waymo), Mobileye, Uber 등 자동차 제조사가 아닌 회사들까지도 자율주행 분야에서 각축전을 벌이고 있는데 기존의 완성차 제조업체는 자율주행차의 점진적 개발 전략을 하고 있으며, Big Tech 기업들은 소프트웨어 기술을 기반으로 한 급진적인 주도권 확보 전략을 구사하면서 협업과 경쟁 관계를 유지하고 있다고 한다. 완성차 제조업체인 Daimler, BMW, VW, Toyota, Nissan, 현대, GM 등은 자율주행 초기부터 점진적인 기술개발을 통해 기존 자동차 산업의 주도권을 유지하는 전략을 추구하고 있으며, 구글, 애플, 아마존, 우버 등 타 산업군 기업들은 전통적 자동차 제조 기술이 아닌 인공지능과 소프트웨어 기술을 기반으로 단숨에 Level 3 이상의 단계를 구현하는 전략을 추구하고 있다고 한다.

IT업체인 Google과 전문 차량 제조업체인 GM이 자율주행 관련 기술을 선도하는 가운데 글로벌 업체들은 2021년 전후 Level 4 수준의 자율주행자동차 개발을 목표로 많은 수의 자율주행자동차를 제작하고 그 주행시험을 하고 있다. 예컨대 Waymo는 111대로 1,271,587마일을, GM은 162대로 447,621마일을 시험 주행하였고, Baidu NVIDIA Toyota Mercedes Benz Apple 및 Uber 등이 실제 자율주행자동차를 시범운행했다.[50]

참고하였다.
50) 이는 각 해당 기업들의 웹 사이트 홍보자료에 근거한 것이다.

위와 같은 기술적인 발전과 함께 제도적인 부분에서도 필수적인 기준들과 규범들을 준비하고 입법화하려는 노력이 있는데 아직은 상당한 시간이 필요한 것으로 보인다. 우리나라에서는 자동차에 관한 기본법 역할을 하는 자동차관리법에 자율주행자동차의 개념 조항을 신설하였다. 주로 시범주행에 관한 사항들을 중심으로 한 자율주행자동차법이 2021년에 발효되었고 정부는 그에 따른 시범운행지역(6개 시)을 선정하고 시범운행계획을 수립 중에 있으며, 4단계 자율주행자동차를 기준으로 안전기준 가이드라인 등을 준비 중이라고 한다.

5.4. 해외 입법 동향과 그 시사점

현재 자율주행자동차에 관한 기술개발과 그 운영 준비에 있어서 미국이 가장 앞서간다는 사실에는 이견이 없다고 본다. 미국은 2016년 전국적으로 연방정부차원에서 미국교부산하 고속도로교통안전청(NHTSA)이 자율주행자동차 분야의 초기 규제모델로 연방자율주행자동차정책(Federal Automated Vehicle Policy)을 가이드라인으로 발표한 이래 매년 새로운 가이드라인을 발표하였다. 최근 3차 가이드라인(2018)은 모든 도로환경에서 '미래 자율주행자동차 운송을 위한 준비'라는 명칭의 가이드라인이다.[51] 2017

---

51) 이는 법적 지위를 갖는 규정(rule)은 아니고, 자율주행자동차의 설계, 개발, 시험 및 실제주행에 있어 안전성 확보를 위한 규제적 토대와 모범 사례를 이끌어 내기 위한 부처 지침(guidelines)의 역할을 한다. 이듬해인 2017년 9월 12일에 NHTSA는 이전 규정을 업데이트하여 '자발적 가이드라인(Voluntary Guidelines)'과 '주(州)입법 및 정책수립에 대한 전문적 지원(Technical Assistance to States)'으로 구성된 자율주행차량 운행에 대한 새로운 연방지침 '자율주행시스템 2.0 (AV 2.0) : 안전을 위한 비전(Automated Driving Systems (ADS) : A Vision for Safety 2.0)'을 발표했다. 그로부터 1년 뒤

년 9월 연방의회 차원으로는 처음으로 하원에서 자율주행자동차법안(SELF DRIVE Act)이 만들어져 현재 상원에 계류 중이며, 같은 해 10월에는 상원 상업과학교통위원회에서 별도의 자율주행자동차법안(AV START Act)이 만들어져 현재 상원에서 법안심의 중에 있다.[52] 즉, 연방차원의 별도의 자율주행법안이 만들어지고 있는 셈이다.

그런데 미국은 연방과 주정부의 권력구분이라는 헌법적 특징에 따라서 연방법과 주법이 동일한 사안을 함께 규율하는 경우도 있는데(그 경우 연방법이 우선하는 것이 원칙이다), 일반인들이 일상생활에서 자율주행자동차 이용을 위한 실질적인 입법은 각 주가 그 자신의 입법을 통하여 법제화하고 있다. 2012년에 입법을 통하여 자율주행자동차의 도로 시범 주행을 허용한 네바다주에 이어 많은 주들이 자율주행 관련 법안들을 마련했지만, 현재까지 각 주의 입법은 자율주행자동차의 시험운행에 관해서만 진행되어 있고 자율주행자동차의 상용화에 따르는 민사책임과 보험처리 문제에 대한 새로운 입법은 연방이나 주 어느 쪽에서도 찾아볼 수 없다.[53] 좀 더 구체적으로

인 2018년 10월 4일에는 '자율주행자동차 3.0 : 운송의 미래를 위한 준비 (Automated Vehicles 3.0 : Preparing for the Future of Transportation)' 를 발표하는 등 자국의 자율주행자동차 기술개발과 상용화를 위한 법·정책적 노력을 지속적으로 해오고 있다.

52) 미국의 SELF DRIVE ACT와 AV START ACT 현황은 아래 링크로 참조하길 바란다(SELF DRIVE ACT 현황, https://www.congress.gov/ bill/115th-congress/house-bill/3388/all-info, 2020.12.05. 최종 방문; START ACT 현황, https://www.congress.gov/search?q=%7B% 22source%22%3A%22legislation%22%2C%22search%22%3A%22 av%20start%20act%22%7D&searchResultViewType=expandedAV, 2020.12.05. 최종 방문).

53) 우리나라의 경우도 입법적 조치로는 2020년 5월에 시행된 자율주행자동차

보면 각 주별로 고속도로에서의 트레일러 운행, 일정 지역에서의 대중 운송수단을 중심으로 한 시범운행이 주류를 이루고 있으며, 네바다 주[54]를 제외하고는 번잡한 교통 환경이 아닌 지역을 중심으로 각 주별로 일반 상업용 및 개인용 자율주행자동차 시범운영을 실시할 수 있는 법제도를 준비하고 각 단계별 사업을 수행하고 있다.[55]

미국은 자율주행자동차에 대하여 기술적으로 가장 앞서가는 나라이지만, 규범적인 면에서는 그 운영에 따르는 민·형사상의 법률문제보다는 도로교통의 안전과 시스템의 안전성 확보라는 보다 큰 정책적 이슈에 집중하는 것으로 보인다. 다시 요약하면 각 주들의 입법 내용은 자율주행자동차를 구성

법이 자율주행자동차의 도입과 확산을 위한 운행기반 조성과 관련 산업에 대한 지원을 주 내용으로 하고 있고, 자율주행자동차 운영에 따르는 사고책임의 배분이나 책임보험 규정 외의 사고배상보상제도에 대한 내용은 담고 있지 않다는 점에서 미국의 현황과 큰 차이가 없다고 보인다.

54) 네바다주는 최초로 사람의 개입 없이 공로에서 자율주행하는 자동차에 관한 입법을 2011년 6월 17일에 통과시켰다(The Nevada Revised Statutes Chapter 482A, http://www.leg.state.nv.us/NRS/Index.cfm, 2020.12.05. 최종 방문). 동 법에 따라 시험주행에 성공한 구글 자율주행자동차에 'AU001' 번호판을 부여했다. 네바다주의 공로에서 자율주행자동차를 시험운행하기 위해서는 500만 달러에 상응하는 보험, 현금 예치, 보증서 또는 다른 형태의 허용된 담보를 갖추어야 한다. 자율주행자동차의 시험운행을 위한 요건에 대해서는 '보험 또는 채권'에 관한 요건과 '자동차의 안전성 및 제어를 위한 자율주행자동차 작동자의 준수사항'으로 나누어 규정하고 있고, 자율주행자동차 작동을 위한 면허에 대한 사항은 관계 당국이 규정을 정할 수 있음을 명확히 하고 있다.

55) 자세한 내용은 미국의 전국 주 의회 협회(National Conference of State Legislatures)에서 확인할 수 있다(http://www.ncsl.org/research/transportation/autonomous-vehicles-selfdriving-vehicles-enacted-legislation.aspx).

하는 요소들, 공공도로에서 그 시범운행을 위한 기본적인 방식들, 제조업자들이 어떤 경우에 사고에 대한 책임을 지는가에 대한 규정, 자율주행자동차의 운행을 위한 가이드라인 등을 규정하는 것으로 요약된다.[56] 위와 같은 미국의 입법 정책 방향은 우리나라가 가야 할 정책과 입법 방향에 좋은 시사점이 된다고 보는데 현재까지 우리나라의 전체적인 방향은 미국과 유사하게 진행되고 있다고 보인다. 다만 우리나라는 법학적 또는 법정책적 관점에서 자율주행자동차 운영에 따르는 안전보장, 면허제도, 통신 및 도로시스템 등 기반시설의 설치와 운영의 주체와 관련된 안전 위주의 행정적이고 실천적인 법규 정비와 관련된 연구가 상대적으로 부족한 것으로 보인다. 다행히 최근에 이런 시범사업들의 진행과 유사하게 우리나라에서도 6개의 시범지역을 정하여 시험운행에 착수한 것은 반가운 소식이기도 하나.

한편 자율주행자동차 운영체제에서 사용되는 여러 정보수집 및 분석과 이용 방식들은 이용자들의 개인정보보호와 사생활 보호에 큰 문제점을 야기할 수 있는 점에 대해서도 법제 정비나 정책 마련이 미흡한 것으로 보인다. 본서를 통해 강조하고자 하는 것은 이러한 분야의 법제도의 정비의 내용과 필요성에 관한 것이다.

5.5. 현행 법제도의 문제점과 개선 방향

(1) 자동차관리법과 자율주행자동차법의 수정 보완

효율성과 편리성의 향상을 통하여 자율주행자동차 운영이 가져올 수 있

---

56) Kentucky Transportation Center Research Report-KTC-16-25/PL-1F, "Analysis of Autonomous Vehicle Policies", p.vii(DOI: https://doi.org/10.130123./KTC.RR.2016.29).

는 많은 경제적 이익에 대한 가치도 중요하지만, 우리나라의 현행 자율주행자동차법은 자율주행자동차의 상용화와 관련 기업들의 기술개발과 투자 및 신규 사업을 진흥하기 위한 부분을 더 강조하고 있다고 보인다. 법률의 명칭 자체도 "상업화 촉진 및 지원"으로 되어 있고 그 안의 29개의 조문도 안전이나 운영기준 또는 기술기준 등에 관한 것은 거의 찾아볼 수 없다. 물론 도로교통법이나 도로법 등 관련된 다른 법들의 수정 · 보완을 통하여 안전성 확보와 개선에 대한 규정을 마련할 수도 있지만, 현재 자율주행자동차의 도입과 발전 속도에 비교하여 그러한 논의나 연구가 부족한 것으로 보인다.

자율주행자동차와 그 운영시스템의 기본 지침이 되어야 하는 자율주행자동차법은 자율주행자동차의 상용화와 그 관련 기업들의 기술개발 및 신규 사업 진흥에 더하여 안전과 기술 및 운영기준을 제시하거나 적어도 그에 관한 명확한 가이드라인을 제시하는 규정이 포함되어야 한다고 본다. 그러한 가이드라인은 앞으로 많은 문제를 야기할 것으로 예상되는 자율주행자동차 관련 사고 책임과 손해배상 보장에 관한 민법적 · 보험법적 규정의 정비에도 큰 도움이 될 것으로 본다. 그러나 무엇보다도 중요한 것은 국민의 안전이므로 자율주행자동차와 그 운영시스템에 관계되는 안전에 관한 법규범들의 정비가 가장 우선되는 것이고 자율주행자동차법도 그것에 대한 명백하고 자세한 가이드라인을 포함하도록 수정할 것을 제안한다. 자율주행자동차법이 그 운행상 안전과 직접적으로 연관되는 조문이 없고 시험운행 등에 대한 형식적인 사항들만 기술하고 있다는 다른 연구자의 지적도 있다.[57]

---

57) 김두상, "자율주행자동차에 관한 형사법적 고찰", 서울법학, 제28권 제1호, 서울시립대학교 법학연구소, 2020.

그런데 기존에 존재하던 자동차관리법에서는 자율주행자동차에 대한 개념을 하나의 조문으로 간단히 정의하였을 뿐이고 이하 자동차관리와 관련되는 모든 조항이 법에서 정의한 자율주행자동차에 그대로 적용된다는 것인지 아니면 그 조항들 중 일부분이 법해석을 통하여 선택적으로 적용된다는 것인지 언급이 없다. 자동차관리법에 자율주행자동차 개념을 규정하였다는 것은 기존 자동차와는 다르다는 것을 전제로 하기 때문일 것이다. 따라서 논리적으로 판단하면 자동차관리법상 자동차에 적용되는 모든 규정이 자율주행자동차에 당연히 그대로 적용된다고 볼 수 없다. 그러므로 자율주행자동차의 상용화를 위해서는 자동차관리법상 자동차에 적용되는 규정들 중 어떠한 규정이 자율주행자동차에도 확대적용될 것인가를 분명하게 할 필요가 있다. 본서는 동법이 정하는 자동차의 개념에 자율수행사동차도 포섭이 가능하도록 하면 그 해석 규정을 두든지, 자동차에 관한 모든 규정이 자연스럽게 자율주행자동차에도 적용 가능하도록 규정할 필요가 있다고 제안한다. 하지만 자동차관리법 전반적인 내용을 볼 때 후자보다는 각각의 규정 중 자율주행자동차에 적용하여야 함이 타당한 규정들을 개별적으로 적용 가능하도록 하는 전자의 방식을 택할 것을 제안한다.

현재로서는 자율주행자동차를 명시하여 적용되는 법규정은 시험운행을 위한 임시운행 허가에 존재할 뿐이다. 자동차관리법은 자동차 자체뿐만 아니라 그 부속 장치와 기준 등도 규정하고 있으므로 자율주행자동차의 특수한 장치 또는 시스템에 대한 정의 규정 및 검사와 관리주체에 대한 규정이 필요하다. 그러한 규정에 대한 대안으로 주관 부서인 국토교통부의 고시나 행정명령 등으로 정할 수도 있으나 자율주행자동차의 운행은 주관부서, 즉 정보통신부나 지방자치단체 등 국토교통부의 관할 밖의 기관이나 단체 등과도 관련된 부분이 많으므로 가능하면 자동차관리법이나 자율주행자동차법 안에 필요한 규정들을 보완할 필요가 있다고 판단된다.

이에 더하여 현실에서 자율주행자동차라고 불리는 자동차의 개념은 사실 좀 더 분명한 서술이 필요하다. 이미 미국의 경우나 세계적으로 알려져 있는 일반적인 자율주행자동차는 그 운행방식이나 사용되는 시스템의 기술 수준에 따라 Level 0에서 Level 5까지 6개의 단계[58]로 구분하여 규정되고 있는데 Level 0은 전적으로 사람에 의하여 운행되는 차이므로 자율주행자동차가 아니다. 미국 연방정부의 가이드라인이나 입법안 및 각 주들의 자율주행자동차 법안들도 그 개념 정의에 있어서 SAE의 표준을 그대로 포섭하여 정의함으로써 표준의 일반화를 지향하고 법령규정 해석상의 혼란을 막고 일관성을 확보하고 있다. 이러한 명확한 개념상의 구분이 필요한 이유는 자율주행자동차의 상용화와 관련된 여러 법규들의 정비(개정·보완 및 제정) 및 그와 관련된 정책들의 수립 및 시행, 그리고 그것들에 대한 일반 국민들의 인식과 사회적 합의에 매우 중요한 기준이 되기 때문이다. 더불어 자율주행자동차의 운행과 관련하여 발생하는 사고와 그 사고에 대한 책임의 부담을 결정함에 있어서도 단계별 개념에 따른 각각의 자율주행자동차들에 대한 법규범과 정책이 분명히 구분되어 있어야 하고 동시에 빠른 속도로 발전하는 기술적 변화에 잘 대응할 수 있도록 정비되어야 할 것이다.

한편 자율주행자동차는 그 개념상 주변의 기반시설(infrastructure) 및 다른 자동차들과 정보를 소통하는 방식으로 연결되어 운영되는 자동차(Connected Car)가 될 수밖에 없으므로 그 연결에 관한 내용도 당연히 자동차관리법이나 자율주행자동차법 안에 규정되어 있어야 한다고 본다. 예컨대,

---

58) US NHTSA(미국 고속도로교통안전청)의 2014년 기준에 따른 분류로 SAE 기준과 동일하다. International SAE(국제자동차엔지니어협회) J3016에 의한 분류(www.sae.org에서 standard 메뉴 참고)로 Level 0에서 Level 5까지를 의미하며 미국 SAE도 동일한 기준을 따르고 있다.

자율주행자동차 운행과 관련된 기반시설들에 관한 규정과 그 기반시설 및 주변의 다른 자동차들과의 소통(connection 또는 communication)에 관한 방식과 장비 및 표준 등을 규정하여야 한다고 본다.

위와 같은 여러 가지 필수적인 요소들과 각 해당 사항들에 대한 정의 및 표준들에 관해서는 자동차관리법과 자율주행자동차법이 서로 연계하여 자율주행자동차 관련 기본 법령으로서 두 개의 축이 되어야 한다고 본다. 현재의 두 법이 서로 연계되어 효율성을 확보할 수 있었던 기회를 얻지 못한 부분에 대한 아쉬움이 크다. 자율주행자동차법이 책임보험에 관하여 별개의 규정을 둔 것은 사고의 책임 배분에 대한 기초 조항으로의 역할을 기대했던 것으로 추정되지만, 그 구체적 내용은 매우 형식적인 것이어서 상용화를 위한 목적에 제대로 부합할지는 의문스럽다.

참고로 미국 연방정부 교통부에서 2016년 9월 제시한 '연방 자율주행자동차 정책(Federal Automated Vehicle Policy: 이하 "FAVP"라 함)'은 미국 내 자율주행자동차의 개발과 이용에 관한 현황과 그것에 대한 기본 정책 방향, 규제 및 향후 발전 단계별 조치 사항들의 예정을 발표한 116페이지에 달하는 방대한 내용으로 구성된 최초의 종합적인 정책이다. 이 정책은 그 후 2017년 2단계 자율주행자동차를 위한 가이드라인(ADS 2.0), 2018년 3단계 가이드라인(AV 3.0), 2020년 3단계 가이드라인(AV 4.0)의 기초가 되었다. 그런데 FAVP는 자율주행자동차의 정책이 향후에 혼란과 오해를 야기하지 않도록 그 첫 장(Ⅰ. Vehicle Performance Guidance for Automated Vehicle)에서 동 정책은 자율화의 등급에 대하여 국제자동차기술자협회(International Society of Automobile Engineers: SAE)의 정의를 채택한 것을 분명히 하고, 그 이유에 대하여 "자동화의 다양한 단계들에 대한 정의가 여러 가지이므로 분명하고 일관된 표준화에 대한 필요가 제기되기 때문이다"라고 명시하고 있다. 당시 이 정책은 SAE의 5단계의 자율주행자동차 개념을 채택했으며, 최근에 발표된 연방정부 가이드라인(AV 4.0)은 4단계 자율주행자동차를 대상으로 한 것이다.

우리나라의 경우 2019년 10월 15일 산업통상자원부, 국토교통부, 환경부 등 관계부처 합동으로 미래자동차 산업발전전략을 발표한 바 있는데,[59] 그 핵심 내용은 다음과 같이 요약된다. 먼저, Level 4에 해당하는 완전 자율주행자동차에 대한 안전기준 가이드라인을 2020년 중 발표하고, 도로교통법상 자율주행자동차의 정의와 핵심 기능을 우선 법규화하며, 실제 안전기준은 2021년 발표 계획이고, 2024년까지 연구 · 개발용 차량의 도로주행을 위한 임시운행허가 제도를 개선하며, 자율주행자동차의 발전 단계별 규제 정비 예정이고, 완전 자율주행자동차의 법적 지위, 사고 책임 등 관련 규정을 마련하며, 영상표시장치의 조작 · 시청 허용 등 운전자 의무사항 개정 진행 예정이다. 코로나 바이러스 등 여러 가지 사정이 있었지만, 현재까지 현실적으로 수행된 것은 자율주행자동차법에 따른 시범운행을 위한 지역이 선정된 것 정도만 파악된다.

국민 개개인이 일상생활에서 필수적으로 이용하는 중요한 수단이자 정부와 기업 및 모든 사회기구들이 작동되는데 필수적인 시스템으로 작동할 교통 시스템에 관련되는 규범은 명확하고 실질적인 개념("실행 개념")으로 즉시 적용될 수 있는 것이어야 한다. 그러한 기본적인 실행 개념이 있어야 하위의 구체적 규범이나 세부 규칙에 가이드라인을 제시할 수 있을 것이다. 본서는 현재 또는 가까운 미래에 닥쳐올 자율주행자동차의 운행 및 그 운행을 가능하게 할 자율주행시스템의 운영에 필요한 실행 개념

---

59) 김앤장 법률사무소, 2020.06.10., "자율주행 관련 주요 법령 및 정책 동향 안내", https://www.kimchang.com/ko/insights/detail.kc?idx=21327.

을 정립하고 그에 합당한 기본법으로서의 자동차관리법과 자율주행자동차법이 먼저 정비되어야 한다고 본다. 특히 안전과 성능, 품질 기준과 성능 검사, 검사 시설과 검사 인력에 대한 기준들을 두 법이 연계하여 앞으로 곧 전개될 시범운영이 시작되기 전에 구체적이고 분명하게 명시하여야 할 것이다. 미국 교통국 'AV System Guideline 2.0 안전 및 자체 평가 기준' 그리고 정부 지원에 대한 상세 규정은 좋은 참고가 될 것으로 본다.

(2) 개인정보보호와 사생활 침해 방지 및 국가 사이버 보안을 위한 법규범 정비

자율주행자동차 운영시스템의 등장은 자동차 이용자의 개인정보와 사생활에 대한 심각한 침해를 조래할 우려가 크다. 최근 개정된 개인정보보호법은 가명처리하거나 개인의 식별이 되지 않도록 하는 방식을 통하여 개인정보가 여러 가지 방식으로 다양한 목적을 위하여 사용될 수 있도록 하였는데, 이는 기업 활동이나 공공기관의 공익적 목적에 따라 필요한 데이터 수집을 가능하게 하는 유익한 측면이 있다. 하지만 가명처리나 개인의 식별이 불가하도록 여러 가지 조치를 취한다고 하더라도 자율주행자동차의 운행이 상용화될 경우, 이용자의 동선과 이용내역이 그 운행시스템에 정기적이고 장기적으로 기록되고 보관되며 운영시스템이나 다른 데이터 시스템에 제공되는 것을 피할 수 없을 것이다. 더구나 주변 기반시설 및 다른 자동차들과의 상호소통을 핵심요소로 하는 자율주행자동차 시스템에서의 정보보호는 기존의 「정보통신망 이용촉진 및 정보보호 등에 관한 법률」이 정하고 있는 사항들 외에 자율주행자동차 운영의 특성에 합당한 특칙이나 별칙 규정을 보완할 필요가 있다고 본다.

현행 개인정보보호법이 정하고 있는 익명 처리 등의 수준으로는 자율주행자동차 이용자들의 개인정보와 사생활 침해를 방지하는 데 부족함이 있을 것이다. 2019년 7월 2일 중국선도인공지능기업(中国领先的人工智能企业)은 세계최초로 '발걸음 인식 인터커넥트 시스템'인 "수이디혜안(水滴慧眼)"을 발표하였는데 이것은 발걸음 데이터 설정, 발걸음 인식, 발걸음 검색, 넓은 범위 추적 등의 기능을 데이터로 집약하여 카메라로 인식한 발걸음과 실시간 스마트 상호접속이 가능하게 실현하였다고 한다. 시스템을 설계한 위 회사는 "수만 대의 카메라의 지원, 대규모 과거 비디오 및 실시간 비디오 즉시 검색 및 위치 지정 지원, 사전 경고, 이벤트 경고 후 추적, 지도 제어 트랙 추적 지원으로 안전한 도시건설에 힘쓴다"라고 발표했다. 이 시스템은 실제로 50미터 정도 떨어진 사람의 발걸음을 분석해서 기존 데이터베이스의 빅데이터로 분석하여 94%의 정확도로 0.2초 만에 그 사람의 신원을 파악해 낸다고 한다. 베이징과 상하이 경찰이 이 프로그램을 도입해 범죄수사 등 치안에 활용하고 있으며, 분리 독립과 인권문제로 시끄러운 신장위구르 자치구에도 도입될 예정이라고 한다.[60] 이러한 사실은 어떤 개인의 동작이나 위치에 관한 동영상 정보가 사실상 그 이용자의 아이디를 파악할 수 있게 되고 그에 관한 많은 개인정보가 노출될 수밖에 없는 상황을 예상할 수 있다. 그러므로 자율주행자동차의 이용과 관련하여 그러한 개인정보가 보호될 수 있도록 별도의 법적 장치가 마련되어야 할 것이다. 특히 자율주행자동차를 운영하는 주체를 누구로 하는가의 문제는 개인정보보호와 맞물려서 매우 신중한 법적 절차를 통해서 해결되어야 할 문제이다.

미국의 연방자율주행자동차법(SELF DRIVE Act)은 그 SEC.5(H.R.3388 – SELF DRIVE Act. SEC. 5. Cybersecurity of automated driving)에서 특별히 주목

---

60) 김형섭 · 황선영, "AI기술의 부패방지와 인권 침해의 논의 – 홍콩 사례(복면금지법)를 중심으로 –", 한국부패학회보, 제25권 제2호, 한국부패학회, 2020, 5-27쪽.

할 만한 규정을 두고 있는데 그것은 "자율주행자동차 제조업자는 사이버 보안계획을 개발하지 않는다면, 모든 고성능 자동화 차량, 부분적인 자동 운전 기능 또는 자동화된 주행 시스템을 가진 자동차를 판매, 판매 제안, 상거래 소개 및 제공 또는 미국으로 수입할 수 없다"고 규정한 것으로 자율주행자동차와 관련된 디지털 정보보안 문제를 통상부문에까지 규제할 것을 규정하고 있는 것이다.

위 조항에서 사이버 보안계획은 사이버 공격, 인가되지 않은 침입, 허위 및 가짜 메시지 또는 차량 제어 명령 등을 탐지하고 대응하기 위하여 제조업체가 수립한 계획을 말한다. 세부적으로는 첫째, 허위 및 가짜 메시지와 악의적인 차량 제어 명령 등을 포함한 사이버 공격 또는 무단 침입으로부터의 취약성들을 식별, 평가, 완화하기 위한 과정, 둘째, 테스트나 모니터링 또는 업데이트를 통한 키(key) 컨트롤 시스템, 그리고 절차를 보호하는 사고대응 계획, 침입 탐지 및 사전예방 시스템을 변화된 환경을 기반으로 하는 과정을 포함하여, 고성능 자동화 차량, 부분적인 자동 운전 기능 또는 자동화된 주행 시스템을 가진 자동차의 취약성을 완화하기 위한 예방 및 시정조치를 위한 과정이 이러한 계획에 포함된다. 또한 사이버 보안관리에 대한 책임의 접점으로서 제조사의 관리자 또는 기타 개인을 식별하고, 자동운전 시스템에 대한 접근을 제한하는 과정을 포함해야 하며, 자동화된 운전 시스템에 대한 직원 접근에 대한 통제를 포함하여 본 조에서 요구하는 정책과 절차의 이행과 유지를 위한 직원 교육 및 감독을 위한 프로세스 등이 포함되어야 함을 명시하고 있다. 이 규정은 통상문제에 있어서 WTO 규정을 위반하여 국제간의 통상을 규제하는 것이 아니냐는 문제 제기가 될 수 있다.

한편, SELF DRIVE Act의 사이버 보안규정을 통상법적 차원에서 연구한 논문[61])에 의하면 이 규정은 TBT 무역기술 장벽 중 '기술규정'에 해당하지만, 무역 제한적 조치의 예외적 허용을 규정한 '정당한 목적'을 달성하기 위한 '필요한 조치'로 판단하였고 보안절차와 방법 및 수준을 정하고 있는 이 표준이 WTO 협정 위반으로 다투기에는 무리가 있어 보인다고 판단하고 있다. 본서는 결국 미국 자율주행자동차법의 사이버 보안규정을 적법한 기술규정으로 인정하고, 이에 대한 대응책을 준비하는 것이 바람직할 것이라는 견해에 동의한다. 이 문제와 관련하여 2018년 WTO는 'World Trade Report 2018'을 통해 AI가 국제통상에 어떤 영향을 끼칠지에 대해 진지하게 고민할 때가 되었다고 하면서 인공지능(AI)은 생산성 향상과 웰빙 향상을 가능하게 해주는 신흥 범용기술로서 한 세대 내에 자율주행자동차와 같은 상품과 디지털 금융서비스와 같은 서비스 영역의 국제통상에서 가장 큰 범주의 일정 부분을 변화시킬 것으로 내다봤다. 다만 이러한 AI 기반 상품과 서비스의 거래방식을 결정짓는 주요 변수를 규제 체계(regulatory frameworks)가 될 것으로 전망하면서, 구체적으로 AI 기반 통상의 핵심 장애물은 국가안보를 목적으로 한 국가 간 데이터이동의 제한과 같은 사생활 규제 및 사이버 보안정책이 될 것이라고 지적했다. 이러한 상황에서 WTO는 국내적 규제가 무역을 필요 이상으로 제한하는 위장된 보호인지에 관한 회원국의 분쟁해결제소 사건에 대해 판결할 도전과제에 직면하게 될 것이며, 본 내용은 이 분야에 있어서 우리나라가 준비해야 할 자율주행자동차 분야의 행정적 규제입법의 좋은 방향제시가 될 것으로 판단되고 미국 자율주행자동차법의 사이버 보안규정을 우리의 입법에도 참조할 것을 제안한다.

---

61) 전용일, "자율주행자동차 시대의 도래에 따른 통상규범적 쟁점 – 미국 자율주행자동차법안(SELF DRIVE Act) 사이버보안규정의 WTO TBT 합치성을 중심으로", 법학연구, 제59권, 전북대학교 법학연구소. 2019, 99-127쪽.

(3) 기타 관련 법규들의 정비

자율주행자동차 기술은 단계별로 자동차 그 자체의 운전이나 자동차들이 운영되는 교통시스템에 사람이 담당하는 부분과 그 역할의 정도가 다르므로 안전성, 효율성 및 책임관계나 피해 보상 등에 있어서 각각의 단계에 합당한 법규범들이 필요할 것이다. 그러므로 현행 자율주행자동차법 내에는 단계별 자율주행자동차와 그 운영시스템에 대한 조항을 삽입하여 상업화의 촉진과 지원이 각 단계에 합당한 방향으로 진행될 수 있도록 하여야할 것이다. 물론 우리의 자율주행자동차법이 제2조에서 운전자나 승객의 개입이 필요한 부분적인 자율주행자동차와 그러한 개입이 필요 없이 자율주행시스템만으로 운행할 수 있는 것으로 구분하여 정의한 것은 포괄적인 개념 규정으로서 앞으로의 기술발전에 따른 여러 다른 단계의 자율주행자동차에 폭넓게 적용할 수 있는 일반법으로서의 성격을 가지고 있다고도 말할 수 있을 것이다. 그러나 법규가 실효적인 규범으로서 적용되기 위해서는 현재 또는 가까운 미래에 실제 일어나거나 일어날 상황을 효과적이고 구체적으로 규율할 수 있어야 한다. 그런데 Level 5까지 고도화되는 자율주행자동차의 개념이 일반적으로 받아들여지는 현실에서 자율주행자동차에 관한 기본법의 두 가지로만 구분된 자율주행자동차가 도로교통법이나 사회기반시설의 운영관련 다양한 법규들 그리고 자율주행자동차 관련 사업면허 및 인허가에 관한 다양한 법규들과 연계하여 각각의 법규가 목표로 하는 것들을 온전히 달성할 수 있을까 하는 의문이 든다는 점을 다시 한번 강조한다. 자율주행자동차법의 해당 조항들은 그러한 목적과 기능에 합당하게 검토 및 정비되어야 할 것이다.

도로교통법, 국토개발 기본법, 항만과 공항 등 물류와 관련된 모든 법규에 자율주행자동차의 운영시스템과 관련하여 영향받는 조항들을 발굴하고 단계별 자율주행자동차 시스템의 운영에 맞게 수정·보완하여야 한다. 최근에 국토교통부가 지정한 6개 시·도 지역에서 자율주행자동차의 시범운행이 이루어질 것이지만, 그중에서도 현실적으로 가장 먼저 자율주행자동차의 운행이 안전하며, 원만하고 효과적으로 이루어질 수 있는 분야를 설정하여 그것에 대한 필요 법규의 정비를 해나가는 점진적 방식을 찾아내야 할 것이다.

미국에서는 주별로 그 특성에 맞추어 우선순위를 정한 후 시범운행에 필요한 법을 제정하고 있는데, 예컨대 고속도로에서의 컨테이너 운행에 대하여 많은 주에서는 컨테이너와 같이 무리를 이루어 운행되는 차량 집단들 사이의 안전거리 유지를 자동차들이 스스로 확보하도록 하는 자율주행시스템을 시험하도록 필요한 입법조치를 하고 있고, 어떤 주는 보다 신속하게 시내에서의 상업용 차량들에 대한 자율주행 시범운행을 시행할 수 있도록 입법조치를 하고 있다.

우리나라도 자율주행자동차가 5G 통신기반을 중심으로 주변의 다른 자동차뿐만 아니라 통신 및 도로를 포함한 사회기반시설들과 정보통신 수단을 연결하여 운영될 것으로 알려지고 있고 또 그렇게 발전할 수밖에 없을 것으로 판단된다. 현재 BRT 시스템이 도입되어 도심지의 도로에서 어느 정도 일반 차량들과 분리되어 독립적으로 운행되는 기반시설이나 고속도로를 전용으로 이용하고 있는 고속버스, 산업도로의 주 이용자이며 기업적으로 운영되고 있는 컨테이너 자동차들 및 대형 운수회사나 렌터카 회사 등도 어느 정도 중앙 통신 시스템을 이용하여 그 운영이 관리되고 있으므로 앞으로 전반적인 자율주행자동차 시스템을 구축하는데 선행적으로 시범운영을 시행할 좋은 대상이 된다고 본다. 일단 그러한 기반시설과 환경이 준비된 분야부터 단계적 시범운영을 실시하면서 그 시행착오와 기술진화를 연계하여 자율주행자동차 운영시스템이 고도화되도록 모든 관련된 분야(주로 행정법적 법규들이 해당된다고 본다)에 있어서 그에 합당한 법규적 정비를 위한 연구와 검토를 하여야 한다고 제안하며, 그것을 위하여 관련된 정부부처들이 합동으로 구성한 자율주행시스템 운영본부와 같은 통합관리 시스템의 운영기구를 설치할 것을 제안한다.

자율주행자동차 자체의 지속적인 기술개발과 자율주행자동차 운영시스템의 발전은 동시에 이루어질 수도 있지만 각각 독립된 부분이 있으므로 각각에 합당한 규범체계가 있어야 한다. 예컨대 자동차는 움직이는 개체로서 각각의 기계적 기능이 중요하지만, 자율주행자동차 운영시스템은 통신 시스템, 국토관리 및 운영시스템, 공항, 항만 등 다양한 사회간접자본의 이용과 개발에 직접 관계되므로 그에 상응한 법제의 연구가 있어야 한다. 이는 앞에서 언급한 바와 같이 일정한 특성을 가지고 이미 상당히 조직적이고 체계적인 운영체제에 따라서 운행되고 있는 버스나 컨테이너 차량 등 차종에 따른 관리체계를 위한 법령들과 고속도로와 항만 도로 또는 몇몇 도시에 건설될 스마트 시티 등의 인프라별로 자율주행자동차 운영시스템을 위한 법령들을 우선적으로 연구 · 검토하여야 할 것으로 판단된다.

6. 인공지능의 법적 지위와 윤리 문제

6.1. 인공지능이 야기하는 사회적 변화와 그 법적 문제

(1) 현황

본서 서두 부분에서 언급된 알파고는 인공지능을 가진 컴퓨터(이하 "인공지능"이라 함)가 자연인인 인간을 상대로 바둑을 두었는데, 그 과정에서 인간의 지시를 받지 않고 스스로의 판단으로 바둑 게임을 진행하여 자연인으로서 세계 최고 수준을 바둑기사를 이겼다. 이 인공지능의 사전적 의미는 "인간이 가지는 학습, 추리, 적용, 논증과 같은 기능을 보유한 컴퓨터 시스템으로 자연 언어의 이해, 음성 번역, 로봇 공학, 인공 시각, 문제해결, 학습과 지식획득, 인지 과학 등에 응용되는 것"으로 정의될 수 있다. 그런데 사회과학의 각 분야, 특히 법학적인 면에서는 그것을 정의하기가 매우 어렵다.

법적인 측면을 강조하여 인공지능을 정의하는 경우 대게 '강한 인공지능', '약한 인공지능'의 개념을 도입한다. 인공지능이 적용된 행위에 대해서 그 인공지능에 관계되는 인간에게 주로 책임을 지워야 하는 관점에서 본 인공지능을 '약한 인공지능'이라 하고, 인간이 관계되는 요소가 거의 없고 인공지능 자체가 그 모든 행위에 대하여 책임을 질 수 있을 정도로 판단능력과 의사결정 능력을 보유한 인공지능을 '강한 인공지능'이라고 정의한다. 현실적으로 인공지능이 엄연히 존재하는 현실에서 그것의 작동이나 작용과 관련된 민·형사상의 책임 문제는 약한 인공지능의 관점에서는 인공지능에게 직접 책임을 묻지 않고 인공지능을 소유한 소유주, 인공지능 로봇의 제조업자, 인공지능에 장착된 알고리즘의 설계자 등의 과실 유무를 물어서 책임을 판단하고 있다. 현실적으로 인공지능이 장착된 로봇, 자동차, 설비 등의 제조업자에게 제조물 책임의 법리를 적용하는 것이 대부분의 경우가 되고 있다. 그러나 그러한 약한 수준의 인공지능은 날로 발전·성장하여 점점 강한 인공지능이 되고 궁극적으로는 인간의 판단이나 통제를 완전히 벗어나 독립적으로 판단하고 행동하는 강한 인공지능들이 인간의 사회 생활의 많은 부분에 등장할 때가 도래할 것이다. 결국 인공지능의 법적 지위 권한과 책임 그리고 그러한 권한과 책임의 실현에 관해서 법적기준과 규율이 마련되어야 할 것이다.

오늘날 널리 알려져 있는 인공지능 프로그램으로는 구글이 개발하여 한국기원으로부터 명예9단을 부여받은 '알파고', 그림을 그리는 '딥드림', 아이비엠이 개발하여 체스게임을 수행하는 '딥 블루', 자연어로 질문에 대한 답변을 수행하는 '왓슨'(2016년에는 이 왓슨을 기초로 한 인공지능 변호사 로스를 미국의 법무법인인 베이커앤호스테틀러가 고용하였다), 마이크로소프트가 개발한 사진의 상황을 문자로 써서 보내주는 인공지능 로봇인 '캡션봇', 인간의 표정에서 감정을 분석하는 '이모션', 채팅을 수행하는 '테이', '더 넥스트 렘브란트'(이는 마이크로소프트와 네덜란드의 델프트과학기술대대학 및 렘브란트미술관 등이 합작하여 만든 인공지능으로 346점의 바로크 회화 대표 화가인 렘브란트 그림을 분석한 뒤 렘브란트 화풍으로 그림을 그린다), 예일대학교 교수 도냐 퀵(Donya Quick)이 개발한 작곡하는 인공지능 '쿨리타', 예일대학교 교수 헤럴드 코언이 개발한 인공지능 로봇화가 '아론' 등은 이미 현실에서 인공지능이 여러 영역에서 인간의 행위를 수행하고 있어 사회적으로 큰 반향을 일으키고 있다.

(2) 인공지능과 관련된 법적 문제

현재 인공지능시대의 법제도에 관해서는 위의 사례들에서 보는 것과 같은 다양한 분야에서 인공지능이 초래할 수 있는 문제들에 대한 연구가 진행되고 있다. 인공지능이 고도화되어 인간의 행동과 같은 일을 수행하는 단계에서 그것이 초래할 수 있는 문제들에 대한 대응 방안과 해결 방안을 모색하기 위하여 다양한 분야에서 논의를 진행하고 있다. 법적인 문제에서 인공지능이 우리 일상에 변화와 영향을 끼치는 분야는 크게 지식재산권법 분야, 소프트웨어와 관련한 제조물 책임 분야, 소프트웨어 산업 진흥을 위한 법 분야, 개인정보보호 및 인공지능 기술발전에 대한 입법정책 등으로 요약할 수 있다. 국회입법조사처는 2016년 2월 1일부터 3월 16일까지 총 11회에 걸쳐 인공지능 입법 전문가 간담회를 개최하였다. 그 간담회에서는 거의 모든 법 분야의 쟁점들이 도출되었다.[62] 국회입법조사처에서 이루어진 위의 논의들은 지금까지 국내에서 논의되어 온 연구결과들을 총 망라한 것이라고도 평가할 수 있다. 그러한 논의들은 해당 법의 영역별로 크게 정리하면, 헌법 영역, 행정 및 공공법제 영역, 지식재산권법 영역, 개인정보보호법제 영역, 민사법제 영역, 형사법 영역, 노동 및 복지법 영역 등으로 정리할 수 있다.

첫째로 헌법 영역에서의 인공지능 문제 논의이다. 이는 비교적 최근에 제기된 문제들에 관한 것이라 다소 생소하게 느껴질 수 있다. 지금까지 인공지능을 형사책임의 주체로 삼을 수 있는가에 대한 논의가 많이 있었다. 그런데 법적으로 보면 인공지능을 권리·의무의 주체로 인정할 것인가 하는 문제는 기본권의 개념과 그 보장이 중요한 내용으로 되어 있는 헌법 영역의 논의에서 출발해야 할 것이다. 물론 인공지능을 어떤 기본권을 보유할 수 있는 권리자에 포함시킨다고 하더라도, 인공지능을 인간과 동등한 관계로 볼 수는 없을 것이다. 따라서 헌법상의 기본권과 관련한 인공지능의 자격에 관해서는 한계가 있다. 하지만 인공지능은 인간과 유사하게 사고하는 주체로서 현실적으로 존재하는 것이므로 그런 의미에서 헌법적 논의를 하지 않을 수도 없다는 것을 부정할 수도 없다. 결론적으로 인공지능이 고도화되어 스스로 의지를 갖고 판단하고 행동하여 그 판단과 행위가 인간의 것들과 크게 다르지 않은 상황이 전개될 수 있고, 인간이 행사하는 권한의 일부 또는 전부를 위임받은 경우도 있을 수 있으므로 인공지능을 기본권 관련한 권리행사의 주체 내지 의무의 주체로 인정할 수도 있을 것

---

62) 심우민, "인공지능 기술과 IT법체계: 법정보학적 함의를 중심으로", 지능정보화사회에서 법과 윤리, 전북대학교 동북아연구소, 2019, 95쪽.

이다.[63] 인공지능은 헌법상 평등권 내지 차별금지 등의 기본권 보장 내지 실현과 관련하여서도 문제될 수 있다. 가상현실 기술의 발달로 인하여 인터넷으로 연결되어 있는 관계에서 모국어가 완전히 다른 사람들끼리 업무를 처리하는 경우 성별, 인종, 국적, 연령, 성소수자, 장애의 유무 등이 일하거나 생활하는데 장벽이 되지 않는 사회 및 제도를 구축할 필요가 있을 것이고, 이러한 제도 등의 구축에 있어서 인공지능과 같은 첨단 기술이 활용될 필요도 있을 것이다.[64]

둘째, 지식재산권법 영역에서의 인공지능 문제이다. 지금까지의 연구내용들은 주로 인공지능에 의한 그림이나 작곡 분야에서 저작권에 관한 사례를 중심으로 논의된다.[65] 예를 들면 구글의 인공지능 프로그램인 딥 드림이 그린 고흐의 별이 빛나는 밤, 마이크로소프트의 인공지능 프로그램인 더 넥스트 렘브란트가 그린 렘브란트 풍의 유화, 헤럴드 코언이 개발한 로봇화가 아론 등을 들 수 있다. 그런가 하면 음악 관련 인공지능으로, 예일대학교의 쿨리타를 들 수 있다. 이 인공지능이 작곡한 곡은 사람이 창작한 곡과 구별할 수 없을 정도로 작곡 완성도가 높다고 평가받고 있다고 한다. 미국 UC 산타크루즈대학교 데이비드 고프 교수진이 개발한 인공지능 작곡가 에밀리 하월은 이미 상용화되어 있으며, 2016년 8월 우리나라에서도 경기도문화의전당에서 모차르트 vs 인공지능이라는 클래식공연이 열리기

---

63) 심우민, "인공지능 기술발전과 입법 정책적 대응방향", 이슈와 논점, 제1138호, 국회입법조사처, 2016, 107쪽(손승우/김윤명, 위 보고서에서 재인용하였다).

64) 송강직, "제4차 산업형(혁의 오자-필자 주)명이 노동법제에 미치는 영향-일본에서의 논의를 중심으로", 중앙법학, 제20집 제2호, 중앙법학회, 2018, 301쪽.

65) 이건영, "인공지능 창작물에 대한 저작권법적 연구 – 저작물 성립여부와 보호방안을 중심으로", 연세대학교 법무대학원 석사학위, 2017, 20쪽 이하 참고.

도 하였다. 인공지능이 소설을 쓰는 시대도 열렸다. 일본의 인공지능 작가인 유우레이 라이타(有嶺雷太)가 쓴 「컴퓨터가 소설을 쓴 날」(コンピュータが小說を書く日)이 2016년 호시 신이치(星新一) 문학상의 1차심사를 통과하여 일본에서 많은 관심을 받았다.

　현재의 법제 아래에서 인공지능에 의한 저작권 문제는 주로 저작권 주체 면에서 문제가 제기되고 있다. 사실상 인간이 아닌 인공지능에 의한 저작물이라고 보는 것이 타당하다는 주장들이 있지만, 인공지능이 미술, 작곡 내지 소설을 쓴 경우라고 하더라도 감정 없는 기계에 의한 창작이라는 점, 대량생산이 가능하다는 점 등에서 창작성을 인정하기가 곤란하다는 것이 일반적 견해이다. 부언하면 저작권이 음악, 미술, 소설, 소프트웨어 등과 같이 인간의 사상이나 감정을 표현한 창작물에 대해서 주어지는 독점적이고 배타적인 권리라는 관점에서 볼 때에 지식재산권법 영역에서 인공지능에 의한 저작 또는 창작물은 지식재산권의 보호 대상으로서 인정받을 수 없다는 것이다. 특허권에 있어서도 특허법이 규정하는 발명이 되려면 산업상 이용가능성이 존재하고 자연법칙을 이용한 기술적 사상의 창작물이어야 하며 기존의 알려진 발명과 동일하지 않아야 하고 기술적 난이도도 갖추어야 한다는 요건들을 고려할 때, 인공지능이 기계장치로 만들어 낸 결과물 또는 저작물을 특허대상으로 보기는 어려울 것이라는 것이 지배적이다. 인공지능이 지식재산권의 보호를 받기가 어려운 것은 디자인보호법상의 보호에 있어서도 마찬가지이다. 디자인보호법상의 보호를 받는 디자인은 물품의 형상·모양·색채 등 시각을 통하여 미감을 일으키게 하는 것에 대한 독점적·배타적 권리인데 디자인보호법은 디자인 등록을 받을 수 있는 자로서 디자인을 창작한 사람 또는 그 승계인으로 보호의 주체를 규정하고 있어서 현행법상 인공지능이 보호의 주체가 되는 것은 힘들다고 본다. 상표법상 상표의 경우 사람 외에도 법인이 보호의 주체가 될 수 있지만 인공지능은 그 보호의 주체로도 인정될 수 없다는 것이 위의 저작권이나 특허권 및 디자인보호법에서와 같은 연구자들의 일반적 견해이다. 그러나 인공지능의 지속적인 고도화와 사회적 인식의 변화가 진행됨에 따라서 위의 견해들은 점진적으로 변화될 수 있을 것으로 보이며, 따라서 지식재산권법 영역에서 인공지능의 창작에 대한 지식재산권 보호의 문제는 향후 과제로서 계속 논의의 대상이 될 수 있다고 하겠다.

셋째, 개인정보보호 영역은 주로 빅데이터와 관련하여 논의된다. 빅데이터는 4차산업혁명시대를 구성하는 중요한 요소이다. 빅데이터는 대단히 유용한 측면이 있다. 그럼에도 불구하고 빅데이터의 구축은 개인의 각종 정보를 수집하고 저장하며 이용하는 것이므로, 개인정보보호의 필요성이 자연스럽게 제기된다. 빅데이터에 들어있는 정보에서 이용하고자 하는 목적물(데이터)을 얻어 내기 위하여 인공지능 기술을 활용하게 되므로 인공지능과 개인정보보호 문제는 밀접한 관련을 갖게 된다. 빅데이터의 가공 및 분석과정에서 2차적 저작물이 생성될 수 있고, 경우에 따라서 빅데이터 분석에서 만들어진 결과물은 저작물로 인정될 수도 있어서 이는 지식재산권의 영역의 문제가 될 수 있는 것이다. 인공지능에 의한 빅데이터 처리과정에서 인격권이 심각하게 침해될 수도 있다. 빅데이터를 이용한 경제적 이익을 창출하기 위해서 수집된 개인정보를 분석하거나 그 분석 결과를 유통하는 단계에서 다양한 방법으로 개인정보의 침해가 발생할 수 있다. 인공지능이 스스로 학습하는 방식에 의하여 인격권을 침해하거나 제3자의 이익을 창출할 수 있는데, 그 경우에 인공지능 자체도 권리의 귀속 주체로서 논의될 수 있을 것이고 동시에 그 인격권의 침해나 개인정보 이용의 결과에 대한 책임의 주체로 인정할 필요성이 제기될 수 있다. 우리나라 개인정보보호법은 개인정보의 정의와 보호 범위, 개인이 갖는 권리, 개인정보처리자가 지켜야 하는 처리기준, 개인정보처리자에 대한 제재 및 구제를 규정하여 이러한 문제에 대처하고 있다. 개인정보처리자가 개인정보보호법을 위반하여 손해를 입은 경우 피해자에게 징벌적 손해배상(개인정보보호법 제39조)과 법정손해배상(동법 제39조의2)의 청구가 인정된다. 그러나 현행법은 그러한 규정들을 아직은 인공지능 자체에 적용할 수는 없다고 보는 것이 일반적 견해이다.

넷째 민사법 영역에서는 주로 과실책임주의와 손해배상청구에 있어서 인공지능이 매우 어려운 문제를 야기한다. 예컨대 인공지능이 로봇을 통제하는 상황에서 타인에게 손해를 입힌다면, 그러한 손해를 입힌 행위자를 확정하기가 곤란하다. 인공지능 프로그래머나 그 인공지능이 적용된 로봇을 소유하거나 점유하여 이용하는 자를 행위자로 상정하고 그에게 책임을 지우는 것은 가능하다. 그런데 그 프로그래머나 소유자에게 고의 또는 과실을 인정하기 위한 법적 요건으로 그들에게 그러한 손해에 대한 예견가능성과 회피가능성이 있어야 한다. 그런데 그러한 손해가 발생한 상황에서 구체적으로 그 손해발생이 예견할 수 있었던 것인지, 나아가 손해발생이 회피가능성이 있었던 것인지를 인정하기가 쉽지 않다. 왜냐하면 인공지능 로봇 이용자의 과실 판단에 있어서, 로봇 이용자는 그 로봇에 명령만 내리는 형태로 로봇을 이용한 것이고 이 경우 로봇을 직접 조작하는 것이 아니라 명령에 따라 인공지능이 스스로 조작활동을 한 상황이므로 로봇 이용자에게 구체적인 지배가능성과 통제가능성을 인정하기 곤란하기 때문이다. 손해의 입증책임에 있어서도 과실에 대한 입증책임은 손해를 주장하는 피해자에게 있게 된다. 다시 말하면, 피해자가 손해를 발생시킨 인공지능 로봇의 알고리즘 프로그래밍에 과실이 있다는 것을 증명하여야 한다. 그렇게 하기 위해서는 피해자가 알고리즘을 입수하여야 한다. 그런데 그 알고리즘은 해당 로봇 제작사의 중요한 영업비밀로 입수 또한 용이하지 않다. 피해

자가 알고리즘의 소스 코드에 접근하는 것이 사실상 불가능하다.[66]

현행 법제도 아래에서 우리 민사법의 책임 문제를 해결하는 중요한 방식 중 하나는 제조물 책임을 묻는 것이다. 제조물책임법은 제조물 정의를 제조되거나 가공된 동산으로 규정(제조물책임법 제2조 제1호)하여, 인공지능 로봇에서와 같은 프로그램이나 소프트웨어에 의한 피해는 일반적으로 그 구제대상이 안 되는 것으로 해석되고 있다.[67] 한편 제조물책임법 제2조 제2호 나목은 제조물 책임을 물을 수 있는 요건의 하나로 "제조업자가 합리적인 대체설계를 채용하였더라면 피해나 위험을 줄이거나 피할 수 있었음에도 대체설계를 채용하지 아니하여 해당 제조물이 안전하지 못하게 된 경우를 말한다"고 규정하고 있다. 이에 따르면 인공지능이 안전하지 못하게 된 경우에 제조물 책임을 묻는다고 하더라도 대체설계의 가능성 내지 존재 여부가 문제될 것이고, 결국 소프트웨어인 인공지능 프로그램은 제조물로서 인정되지 않는다고 할 것이므로 그 결과 제조물책임을 물을 수 없다고 본다. 나아가 인공지능이 적용된 공작물 점유자로서의 책임에 있어서도 손해에 대한 예견가능성과 회피가능성을 인정하기 어렵다는 점에서 그 책임을

---

66) 오병철, "인공지능 로봇에 의한 손해의 불법행위책임", 법학연구, 제27권 제4호, 연세대학교 법학연구원, 2017, 31쪽.

67) 오병철, 앞의 논문, 194쪽; 소프트웨어를 제조물책임법에 의하여 보호하자는 견해로 다음과 같은 논문이 있다[권상로 · 한도율, "제조물책임법의 문제점과 개선방안에 관한 연구", 법학연구, 제51권, 한국법학회, 2013, 188쪽; 김민중, "컴퓨터바이러스에 따른 손해에 대한 법적 책임", 인터넷 법률, 제18호, 2013, 97쪽; 박동진, "제조물책임법상 제조물의 개념", 비교사법, 제10권 제4호, 한국비교사법학회, 2003, 284쪽; 박동진, "제조물책임법 개정방안 연구", 연구용역과제보고서(2012년도 법무부/공정거래위원회), 2012, 72쪽; 신봉근, "컴퓨터소프트웨어와 제조물책임", 인터넷 법률, 제27호, 법무부, 2005, 126쪽].

인정하기는 어려울 것이다. 동시에 공작물 소유자의 경우 공작물점유자가 손해의 방지에 필요한 주의를 해태하지 않은 경우에 공작물 소유자가 그 손해를 배상할 책임이 있다고 볼 수 있다(민법 제758조 제1항). 영미법 원칙을 원용하여 공작물 소유자에게 무과실책임을 인정한다고 하더라도 그에 대한 입증책임은 여전히 피해자에게 있어서 위에서 본 바와 같이 그 입증이 현실적으로 곤란할 것이다. 결국 인공지능이 적용된 공작물 소유자에게 책임을 묻는 것 또한 어렵다.[68] 그 밖에 민법상 사용자 책임의 유추적용에 의한 인공지능 로봇의 소유자 책임문제도 로봇과의 사용관계, 로봇의 피용자로서의 자격 등이 인정되지 않으므로 결국 사용자 책임의 원리에 의한 로봇 소유자의 책임을 물을 수도 없다고 할 것이다.

다섯째 형사법 영역에서 인공지능에 관한 논의는 주로 인공지능을 장착한 자동차자율주행과 관련하여 논의되어 오고 있다.[69] 본서에서도 자율주행자동차를 중심으로 인공지능과 형사책임의 문제를 살펴보았다. 이른바 제한적인 자율주행자동차의 경우에 있어서 형사책임에 대한 논의를 보

---

68) 오병철, 앞의 논문, 198-199쪽.

69) 김형준, "자율주행 자동차 교통사고의 형사책임", 중앙법학회·중앙법학연구소 공동 주최(4차 산업혁명과 관련된 법률적 쟁점) 발표문, 2018.5.26., 9-39쪽(김형준, "자율주행 자동차 교통사고의 형사책임", 중앙법학, 제19권 제4호, 중앙법학회, 2017, 47-82쪽); 신동현, "자율주행자동차 운행의 법적 문제에 관한 시론(試論)", 과학기술법연구, 제22권 제7호, 한남대학교 과학기술법연구원, 2016, 193-240쪽; 이승준, "자율주행자동차의 도로 관련법상 운전자 개념 수정과 책임에 관한 시론(試論)", 형사법의 신동향, 제56호, 대검찰청, 2017, 69-105쪽; 차종진·이경렬, "자율주행자동차의 등장과 교통형법적인 대응", 형사정책연구, 제29권 제1호, 한국형사정책연구원, 2018, 109-145쪽; 황창근·이중기, "자율주행 운행을 위한 자동차관리법의 개정 방향", 중앙법학, 제20권 제2호, 중앙법학회, 2018, 7-45쪽 등.

면 다음과 같다. 인공지능 자율주행자동차를 수동으로 운전하는 경우에 발생한 사고 등에 대한 형사책임 문제는 현재의 책임법리와 같다. 문제는 자율주행모드에서 교통사고가 발생한 경우인데,[70] 자율주행모드가 선택적 옵션으로 설계되어 있는 경우에는 현재의 형사책임 법리가 적용될 수 있을 것이다. 업무상과실책임의 여부는 운전자의 주의의무위반을 중심으로 판단하게 되고, 주의의무는 교통사고 발생 결과에 대한 예견가능성 및 회피가능성을 전제로 하기 때문에 경보가 발령된 경우에만 수동조작모드로 전환되는 설계가 적용된 자율주행자동차 경우, 경보가 발령되지 않은 자율주행모드 상태에서의 교통사고에 대한 형사책임은 이를 인정하기가 곤란할 것이고,[71] 경보가 발령되었음에도 불구하고 운전자가 수동모드로 전환하지 않은 상황에서 교통사고가 발생한 경우에는 부작위에 의한 과실범 성립의 여지가 있다고 하겠다.[72] 한편 완전 자율주행자동차 교통사고의 경우를 보면, 모든 것이 자율주행자동차에 의하여 스스로 주행되는 것이므로 운전자에게 교통사고에 대한 형사책임이 있는가의 문제가 발생할 수 있다. 여기서 인공지능이 장착된 자율주행자동차에 의한 교통사고 책임의 문제는 새로운 책임주체를 모색하여야 할 것인데,[73] 예상할 수 있는 책임 주체로

---

70) 김형준, 앞의 발표문, 21-35쪽 참고.

71) 다만 운전자가 오작동에 의한 교통사고를 예견할 수 있었을 경우에 예외적으로 형사책임을 인정할 수 있다고 하겠다. 즉 일정한 도로구간에서 여러 차례에 걸쳐 자율주행의 오작동을 경험한 경우로 경보의 오작동을 예견할 수 있는 경우이다(김형준, 앞의 발표문, 23-24쪽).

72) 경보가 발령된 경우와 교통사고 발생시점과의 사이에 시간적 간격이 너무 짧아서 운전자가 경보음을 듣고 수동보드로 전환하였으나 이미 회피가능성이 없어서 교통사고가 발생한 경우에는 운전자에게 과실책임을 물을 수 없을 것이다(김형준, 앞의 발표문, 25쪽).

73) 완전자율주행자동차의 경우라 하더라도 인공지능에 의한 운행시스템을 조

먼저 인공지능을 제조·판매한 회사에 대하여 업무상과실치사상죄 등을 인정할 것인가 하는 문제가 제기된다.[74] 만약 그 판매회사에게 죄책을 묻는다면 벌금과 같은 금전적 처벌인 재산형은 물론이거니와 법인의 해산 내지 영업정지 등 비재산적 불이익을 부과하는 방법 등도 모색해 볼 수 있을 것이다.[75]

6.2. 인공지능의 법적 권리와 의무(책임)의 기준

위와 같이 여러 가지 법 영역별로 발생 가능한 문제들과 함께 현실적으로 지금의 사회는 거의 모든 분야에서 고도의 정보 기술과 인간의 사고 및 행위가 함께 또는 협동으로 이루어지는 경우가 많다. 종래에는 모든 책임을 인간에게 지우는 구조였는데 오늘날과 같은 현실에서 그렇게 하는 것은 인간에게 과도한 부담을 준다는 지적은 깊이 논의해야 할 필요가 있다. 인간이 인공지능을 제어해서 의사결정을 내리는 것이 아니라 인공지능 자체가 그 스스로의 판단으로 의사를 형성하고 거래를 성사시키는 일이 현실적으로 발생하고 있는 실제 상황에서 인간에게만 그러한 행위나 거래의 결과에 대하여 책임을 지우는 것은 논리적으로나 합리성의 측면에서 타당하지 않은 면이 존재한다. 따라서 인공지능의 행위에 도덕적·법적 기준을 적

작하여 교통사고가 발생한 경우에는 과실치사상죄 외에 컴퓨터 손괴 등에 의한 업무방해죄 등이 성립될 여지가 있다(김형준, 앞의 발표문, 28쪽).

74) 종래 양벌규정에 의하여 법인의 형사책임을 인정해 왔으나 헌법재판소는 법인의 과실 유무를 묻지 않고 형사책임을 묻는 것은 책임주의의 원칙에 반한다는 취지로 위헌결정을 하였다(헌법재판소 2007. 11. 29. 선고 2005헌가10 전원재판부 결정).

75) 김형준, 앞의 발표문, 30쪽.

용하고 그 기준이나 법규를 위반한 것에 대하여 인공지능 자체에게 책임을 부과하는 방안들이 마련되어야 할 것이다.

최근에는 위에서 논의한 자율주행자동차의 경우뿐만 아니라 인공지능을 적용한 여러 종류의 가상인간들이 출현하여 TV 쇼에 출연하거나 광고 모델로 활동한다. 그런데 이러한 인공지능이 적용된 로봇에 대하여 법적인 인격을 부여한 사례가 이미 5년 전에 있었다. 2017년 10월 사우디아라비아로부터 로봇 최초로 시민권을 부여받아 화제가 되었던 로봇 소피아[76]의 경우이다. 소피아는 인간의 모습을 가진 로봇으로서 인공지능 알고리즘을 장착하여 60여 개의 인간 감정을 표현하며 상당한 수준의 대화와 표정을 짓는 로봇이다. 한 국가가 로봇에게 시민권을 부여했다는 사실은 법적으로 여러 가지 중요한 의문을 야기한다. 첫째 그 시민권을 가진 로봇은 시민으로서 어떤 권리를 향유하며 어떠한 의무(책임)를 부담하는가 라는 의문이고, 둘째 현실적으로 로봇이 가지는 그러한 권리와 의무들을 법적으로 어떻게 실현시킬 것인가의 문제이다. 법적인 지위를 가지고 권리와 의무를 가지는 주체가 되었다는 것은 당연히 그 법의 기초로 존재하는 규범인 도덕적 기준도 있어야 한다는 것이다.

6.3. 인공지능의 윤리

인공지능의 윤리에 관해서는 이미 세계적으로 여러 학자들과 기관들 및 단체들에 의해서 그 윤리기준이 발표되었고 우리나라에서도 전문가 집단에 의하여 인공지능 윤리에 대한 포럼이 형성되어 여러 가지 인공지능

---

76) 홍콩에 본사를 둔 인공지능 로봇 전문 제작 회사인 'Hanson Robotics'가 제작한 인간형 로봇(Humanoid)이다.

의 윤리기준이 제시되고 있다.[77] 위에서 이미 논의한 바와 같이 여러 법 영역에서 인공지능과 관련된 법적 문제를 그 권한과 책임을 중심으로 살펴보았지만, 강제력 있는 법적 책임을 지우는 문제를 해결하는 데에는 근본적으로 어떠한 근거로 그러한 법의 내용과 범위를 정하느냐 하는 문제가 선결되어야 한다. 이는 결국 법이 근거하고 있는 윤리적(또는 도덕적) 기준들이 있어야 한다는 의미가 된다. 이 문제는 인공지능, 예컨대 인공지능 자동차가 교통사고의 위험을 당하는 순간에 자동차 앞을 뛰어든 보행자를 보호할 것인가 자동차 승객을 보호할 것인가를 판단하는 데 있어서 어떠한 윤리적 기준에 의하여 인공지능 자동차가 판단하고 작동하여 닥친 상황을 가장 도덕적으로 해결하고 그 결과에 대하여 법적 책임을 질 것인가 하는 문제인 것이다. 즉 법에 앞서서 윤리적으로 의사결정 또는 판단의 기준을 어떻게 정할 것인가 하는 것이다.

마이클 샌덜 교수의 「정의란 무엇인가?」에서도 이와 비슷한 문제 제기가 있었고 그 윤리적 기준으로 공리주의 절대적 윤리 원칙 등에 대해서 서술한 내용도 이와 상통하는 문제이다. 즉 "한 사람의 행인을 희생하고 여러 명의 승객을 보호하는 것이 맞다"라는 공리주의적 윤리기준이 합당한 것인지, 인공지능이라는 기계에게 그러한 판단을 맡기는 것은 인간의 존엄성을 훼손한다는 절대적 윤리기준이 합당한 것인지에 대한 고민과 해결 방안이 필요하다. 공리주의적 기준을 따른다면 최대다수의 이익에 부합하는 기준 또는 최소의 희생에 부합하는 기준이 합당한 윤리적 기준이 될 수 있을 것이다. 그러나 인간 생명의 존엄성을 숫자로 계산하는 것 자체가 윤리적이 아니고 인공지능이라는 기계적 시스템에 인간 생명에 대한 판단을 맡기는 자체가 윤리적으로 용납될 수 없다는 기준을 따른다면 사실상 고도의 인

---

77) 김용의, 앞의 논문.

공지능을 장착한 자율주행자동차 시스템은 허용될 수 없을 것이다. 따라서 그러한 문제를 판단할 수 있는 윤리 기준이 정립된 후에 그 윤리기준에 합당한 법률이 제정되어야 할 것이다.

인공지능의 윤리에 관해서 여러 기구와 기관들이 그 기준을 발표하였으나 유럽의 HLEG(High-Level Expert Group on IA),[78] EGE(Europeean Group on Ethics in Science and New Technologies)가 발표한 "인공지능의 윤리에 관한 여러 문서와 원칙들"이 국제적으로 의미 있는 원칙들 중 하나로 보인다. 중국은 New Generation Artificial Intelligence Development Plan(新一代人工智能发展规划)[79]에서 인공지능의 윤리기준을 발표하였고, 국제 민간 기구인 IEEE(The Institute of Electrical and Electronics Engineers)는 윤리적 디자인을 초래하기 위한 자율적 지능 시스템의 윤리에 관한 기준들을 제시하였으며,[80] 우리나라에서도 2018년 4월 26명의 전문가들로 구성된 디지털 문화포럼에서 인공지능에 대한 일반적 가이드라인(Seoul Pact)을 발표하였고, 2022년 1월 26일에는 인공지능과 윤리협회(International Association for AI and Ethics)가 서울 여의도에서 창립총회를 가져 인공지능 윤리에 관한 국제적 협력과 연구를 수행하기로 하였다.

고도 수준 인공지능은 인간과 유사하며 윤리는 인간이 어린 시절부터교육을 통하여 체득하게 되는 것이므로 결국은 인공지능도 교육을 해야 한다

---

[78] 이 기관은 유럽연합에 의하여 2018년 4월에 설립되었고, 2019년 인공지능 윤리에 관한 문서를 발행하였다.

[79] State Council of China, 2017, available at https://Flia.Org/Notice-State-Coun-cil-IssuingᵗNew-Generation-Artificial-Intelligence-Development-Plan.

[80] https://ethicsinaction.ieee.org/

는 주장[81])도 매우 설득력이 있다. 이에 더하여 본서의 주저자는 이러한 인공지능에 대한 윤리기준은 시대와 상황의 변화에 따라 수정되고 발전되는 동적인 개념이므로 인공지능의 윤리교육과 함께 다양한 인공지능들과 인간 및 사회의 모든 구성원들이 참여하고 토론하는 인공지능 윤리에 관한 국가적 플랫폼의 설립과 운영이 필요하다고 제안한 바 있다.[82])

　법률적으로 인공지능에게 법인격을 부여하여 인간에 준하는 책임의 내용과 범위를 정하는 것이 자주 등장하는데, 이는 법학자들 사이에서 "인공지능의 법적 책임성과 권리성의 문제"로 불리기도 한다. 어떤 법학자들은 이러한 법적 문제에서 더 나아가 "인공지능의 기본권 주체성"에 관해서도 논의하고 있다.[83]) 예컨대, 위의 소피아가 그의 시민권을 인정한 사우디아라비아에서 자신의 판단으로 말하고 행동한 것이 타인에게 피해를 가한 경우에 그 손해에 대해서 한 시민으로서 법적 책임을 져야 할 것인데 어떤 방식으로 그 책임을 지우고 손해배상을 하도록 할 것인가의 문제가 제기되는 것이다. 물론 한 시민으로서 소피아 명의의 은행 계좌를 개설하고 소피아가 전시회 등에서 안내자나 사회자로 행동한 것에 대한 보수를 그녀의 재산으로써 그녀의 은행 계좌에 입금하여 손해배상에 대한 책임재산으로 작동하게 할 수도 있을 것이다. 하지만 그러한 궁극적인 책임의 확정이나 구제방안의 확정에 이르기 위해서는 절차상 불법행위의 입증이나 재산권의 확정에 상당한 법적 이론과 현실적 타당성이 확립되어야 하는 어려운 문제들이 선결되어야 한다. 이 법인격 부여의 문제는 아래에서 다시 한번 상세

---

81) V. Wigel, "SophoLab: Experimental Computational Philosophy", vol.3, 3TU Ethics, 2007.

82) 김용의, 앞의 논문, 20-43쪽.

83) 조재현·김용의, "인공지능의 기본권 주체성에 관한 연구", 유럽헌법연구, 제35호, 유럽헌법학회, 2021.

히 살펴보았다.

6.4. 인공지능의 법인격 부여

오늘날 우리가 경험하고 있는 현실은 다양한 인공지능이 사람들의 일상생활에 파고들어 여러 가지 권리와 의무를 발생시키는 상황이 발생할 것을 예상할 수 있게 한다. 그러한 상황 속에서 의사 주체로 그리고 행위 주체로 인공지능이 독립적으로 행동하는 경우가 실제로 다양한 형태로 발생하고 있다. 인공지능에 대한 권리와 책임문제가 발생하는 것은 엄연한 현실인데 그러한 것들을 현재와 같이 계속 인공지능 자체가 아닌 다른 사람이나 법인에게 돌리는 것도 법적 불확실성과 혼란을 야기할 것이다. 다시 말하면, 그러한 엄연한 현실을 무시하고 인공지능을 독립된 하나의 법적 주체로 인정하지 않고 방치함으로써 많은 사람들의 생활관계에서 법적 불확실성을 방치해서도 안 된다는 것이다.

인공지능의 발전을 옹호하는 사람들은 인공지능에게 시민권, 선거권, 평등권까지 인정하여 인간과 동일시하려는 움직임도 있다. 하지만 아직까지는 법학계에서 당면한 현실적인 문제들을 해결하는 방안으로 인공지능이 법인과 같은 지위를 인정받아 법인이 가지는 여러 가지 권리와 의무를 부담하게 하는 방안이 보다 더 다수의 지지를 받고 있다. 만약에 인공지능에게 자율적인 인격성을 인정한다면 인공지능도 인간이 누리는 헌법적 권리를 보유할 수도 있을 것이라는 논의도 등장했다. 하지만 위에서 법 영역별로 인공지능의 법적 문제를 논의한 것처럼 궁극적으로 인공지능이 인간과 같이 행동하고 생각하며 인간과 같은 인지능력을 보유한다고 하더라도 해당 영역에서 실질적 타당성에 기초하여 제한적으로 수용할 수는 있겠지만 자연인처럼 헌법적 기본권의 주체에게 요구되는 인격적 자율성, 도덕적 · 윤리적 자율성 등을 충족하기 어렵다고 본다. 다시 말하면, 인간의 존엄성을 전제로 해서 논의되는 기본권이나 인간이 감성과 관련된 문제 또는 인간 생명의 존엄과 관련한 부분까지 인공지능에게 그러한 것과 관련된 권리를 인정하거나 판단을 맡기는 것은 어려울 것이다.

7. 노동시장(고용과 근로 환경)의 변화와 그 대응

7.1. 개요

인공지능과 관련한 다양한 법적 문제들에 대해서는 본서 앞부분에서 이미 여러 가지를 논의했다. 하지만 사회 구성원의 생계와 직접 관련되는 일자리 또는 고용 문제는 법적 문제 이전에 우리의 일상생활에 보다 직접적이고 충격적인 영향을 끼치는 사회문제이다. 우리나라가 세계적으로 선진국의 반열에 올랐다는 것은 이제 기정사실이 되었고 기업들의 양적 · 질적 성장은 눈에 띄게 향상되었다. 그럼에도 불구하고 우리 사회는 수년 전부터 기업들의 신규 채용이 늘어나지 않고 사회 전반적으로 일자리가 줄어들고 있다. 청년실업 문제는 기업의 고용증대로 해결할 수 있는 문제가 아닌 것으로 보인다. 청년 창업이라는 말이 많이 사용되고 있지만, 이는 사실상 청년들을 경제적 약자인 자영업자로 만드는 것을 달리 표현한 것으로 느껴진다. 기술발전과 함께 IT 분야에서 눈부신 성공을 이룬 젊은 사업가들도 많지만, 오늘날과 같이 인공지능이 산업의 각 분야에 적용되고 그것을 장착한 로봇이나 여러 장비들이 많은 분야에서 인간의 노동을 대체하고 있다는 점에서 인공지능은 고용시장 전체의 상황을 변화시키고 근로제공 형태를 근로자에게 더욱 힘들게 하며 근로자의 위상과 생계에 큰 위협을 초래할 수 있다. 본서는 이 부분에서 우리나라의 인공지능시대 도래에 따른 노동시장과 그 법제의 변화에 대한 논의 상황을 정리하였다. 노동시장과 노동법제의 향방에 대한 논의는 인공지능에 국한되어 논해질 수는 없지만, 본서는 노동법제의 논의상황에 대하여 인공지능시대를 포함한 4차 산업혁명시대의 전반적인 논의를 포함하였다. 특별히 최근에 사회적 문제로 자주 등장하는 플랫폼 근로자의 문제에 대하여는 별도의 장을 할애하여 좀 더 구체적으로 그 내용을 논의해 보았다.

본서의 앞부분에서 인공지능과 헌법, 지식재산권법, 개인정보보호법, 민사법, 형사법 등 거의 모든 법 영역에서의 논의 상황을 보았다. 공통된 특징으로 인공지능시대에 현행 법제도로는 충분히 대응할 수 있는 영역은 거의 존재하지 않는다고 할 것이고, 결론적으로 대응 방안은 새로운 법을 만들거나 기존의 법을 수정 · 보완하는 입법론의 형태로 나타날 수밖에 없다는 것을 알 수 있다. 다시 말하면, 인공지능으로 초래되는 다양한 법적 문제들은 결국 사회적 합의과정과 국회의 입법과정을 거쳐서 해결해야 하는 문제가 된다는 것이다. 이하에서는 먼저 그 다양한 법적 문제 중에서 별도의 장으로 인공지능시대와 노동법제에 대한 논의 상황을 보기로 한다. 인공지능의 고용이나 노동과 관련된 법제에 대한 논의는, 고용시장의 변화, 플랫폼에 의한 근로제공을 포함한 근로제공 방식의 변화, 나아가 구체적인 노동법제의 변화 등의 형태로 요약할 수 있다. 다만 여기에서는 인공지능에 한정하지 않고 4차산업혁명과 관련한 전반적인 노동법제 논의를 포함하여 살펴보았다.

7.2. 노동시장의 현황과 변화

한국고용정보원이 2016년 3월 24일 발표한 보도 자료[84]에 의하면, 우리나라의 주요 400개 직업들 가운데 자동화 대체 확률이 높은 직업군과 자동화 대체 확률이 낮은 직업군이 구분되어 소개되고 있다. 위의 보도 자료 직업군 분석에서는 해당 직업이 정교한 동작을 필요로 하는 것인지, 공간적 측면에서 좁은 공간에서 일하는 것인지, 창의력이 어느 정도 필요한 것인지, 예술과 관련한 것인지, 사람에 대한 파악과 협상 또는 설득을 하는 일인지, 서비스 지향적인 것인지 등을 변수로 삼고 있다.

인공지능과 그에 따른 로봇기술 등이 고용시장에 어떠한 변화를 초래할 것인가라는 문제와 관련하여 보고서에 나온 내용을 토대로 자동화 대체 확률이 높은 직업을 순위별(대체율%)로 보면 다음과 같다. 먼저 콘크리트공(99.9)을 선두로, 정육원 및 도축원(99.9), 고무 및 플라스틱 제품 조립원(99.8), 청원경찰(99.8), 조세행정사무원(99.6), 물품이동장비조작원(99.5), 경리사무원(99.3), 환경미화원 및 재활용품수거원(99.3), 세탁관련 기계조작원(99.2), 택배원(99.2), 과수작물재배원(99.1), 행정 및 경영지원관련 서비스 관리자(99.1), 주유원(99.1), 부동산 컨설턴트 및 중개인(99.1), 건축도장공(99), 매표원 및 복권판매원(99), 청소원(98.9), 수금원(98.9), 철근공(98.9), 도금기 및 금속분무기 조작원(98.7), 유리 및 유리제품 생산직(기계조작)(98.7), 곡식작물재배원(98.5), 건설 및 광업 단순 종사원(98.5), 보조교사 및 기타교사(98.3), 시멘트 · 석회 및 콘크리트생산직(98.3), 육아도우미(베이비시터)(98), 주차관리원 및 안내원(98), 판매관련 단순 종사원(97.6), 샷시 제작 및 시공원(97.4), 육류 · 어패류 · 낙농품가공 생산직(97.3) 등의 순서로 그 직종들을 볼

---

84) 한국고용정보원 보도자료, "AI · 로봇-사람, 협업의 시대가 왔다!", 직업연구센터, 2016.03.25., 2-3쪽.

수 있다.

한편 자동화 대체 확률이 낮은 직업을 순위별로 보면 다음과 같다. 먼저 화가 및 조각가(0.001)를 선두로, 사진작가 및 사진사(0.001), 작가 및 관련 전문가(0.001), 지휘자·작곡자 및 연주가(0.002), 애니메이터 및 만화가(0.004), 무용가 및 안무가(0.004), 가수 및 성악가(0.007), 메이크업아티스트 및 분장사(0.021), 공예원(0.024), 예능 강사(0.037), 패션디자이너(0.041), 국악 및 전통 예능인(0.043), 감독 및 기술감독(0.051), 배우 및 모델(0.052), 제품디자이너(0.056), 시각디자이너(0.060), 웹 및 멀티미디어 디자이너(0.069), 기타 금식서비스 종사원(0.074), 디스플레이어디자이너(0.079), 한복제조원(0.085), 대학교수(0.095), 마술사 등 기타 문화·예술 관련 종사자(0.107), 출판물기획전문가(0.144), 큐레이터 및 문화재보존원(0.162), 영상·녹화 및 편집기사(0.169), 초등학교교사(0.171), 촬영기사(0.232), 물리 및 작업 치료사(0.244), 섬유 및 염료 시험원 (0.249), 임상심리사 및 기타 치료사(0.254) 등의 순서로 그 직종들을 볼 수 있다.

위의 한국고용정보원 발표는 그 통계의 정확성은 논외로 하더라도 막연하게 인공지능시대에 사라질 직업 내지 유지될 직업군을 구체적으로 제시하였다는 점에서 그 의의가 있다. 인공지능에 의하여 대체가 가능한 직업군으로 상위 1%대의 직업군을 보면 단순노동에 종사하는 업종이 대부분이고, 반대로 대체가능성이 낮은 직업군 상위 1% 이내를 보면 창작성 이 있는 직업군이라는 것을 알 수 있다. 위 통계에서 인공지능이 대체할 수 있는 가능성이 높은 1%대의 직업군의 근로자 수는 거의 소멸될 것이며, 나아가 그보다도 훨씬 많은 직업군이 사라질 것으로 보인다. 이러한 의미에서 인공지능시대는 고용시장의 변혁을 초래할 것이 분명하다. 인공지능시대의 노동시장의 전반적 구성의 변화를 예측할 수도 있겠지만, 더욱 심각한 논의가 진행되고 있는 것은 플랫폼 노동과 같은 새로운 형태의 노동시장이 형성되는 것에 관한 것이다.

7.3. 플랫폼 경제와 노동 문제

플랫폼 노동이 탄생하는 기반이 되는 '플랫폼 경제(platform economy)'는 인터넷 사이트 또는 모바일 앱과 같은 디지털 플랫폼을 기반으로 이용자들 사이에서 일어나는 거래활동을 말한다.[85] 현재 플랫폼 경제는 지속적으로 성장하고 있고 다양한 영역으로 끊임없이 확산되고 있기 때문에 전 세계적으로 그것의 정확한 규모를 추정하기는 어렵다. 한 조사에 따르면 플랫폼 경제를 포괄하는 디지털 경제(digital economy)는 2016년 글로벌 GDP의 15.5%(11.5조 달러)로 추정되고 있으며, 2025년에는 글로벌 GDP의 24.3%(23조 달러) 규모로 가파르게 성장할 것으로 전망하였다.[86] 2020년 세계 시가총액 상위 10대 기업 중 7개가 플랫폼 기업이었으며, 미국의 경우 시가총액 상위 5대 기업인 Microsoft, Apple, Amazon, Google(Alphabet), Facebook이 모두 플랫폼 기업이었다.[87]

현재 재화와 서비스를 포함한 거의 모든 종류의 거래가 디지털 플랫폼을 통해 이루어질 수 있다. 디지털 시스템을 기초로 한 플랫폼 거래는 낮은 거래비용으로 점점 더 기존의 오프라인 시장에 침투하여 그것을 잠식해 거의 무한하게 확장할 가능성이 있다. 플랫폼 경제의 관점에서 볼 때,

---

85) Martin Kenny and John Zysman, "The Rise of Platform Economy", Issues in Science and Technology, vol.32, no.3, 2016, pp.61-69.

86) Huawei and Oxford Economics, "Digital Spillover: Measuring the true impact of the digital economy", 2017.

87) 한국은행 조사국, "코로나19 이후 경제구조 변화와 우리 경제에의 영향", 조사총괄팀, 2020.06.29.

플랫폼 기업이 제공하는 네트워크 공간은 재화와 서비스가 거래되는 시장(market)이다. 플랫폼 경제의 시장은 기존 시장과 근본적으로 다른 여러 가지 특성을 지닌다. 먼저, 플랫폼 시장은 주로 판매자인 기업과 주로 개인 소비자들인 이용자들이 일대일로 연결된 단면시장(one-sided market)이 아니라 두 개 이상의 서로 다른 이용자집단이 플랫폼 기업에 연결된 다면시장(multi-sided market)을 형성한다.[88] 플랫폼이 제공하는 온라인 네트워크는 거래과정을 알고리즘으로 관리하고 통제하므로 명령을 하달하는 기업과 유사한 모습을 보인다. 단순히 매칭만 하면 시장(market)일 텐데 거래과정과 작업과정에 개입하고 조율하기 때문에 그 자체가 하나의 기업과도 같다고 할 수 있다. 플랫폼 시스템에서는 플랫폼 기업과 플랫폼 이용자 및 플랫폼 노동자 사이에 정보와 권력의 비대칭이 발생하고, 플랫폼 기업이 거래과정과 노동과정에서 상대적인 우위에 서게 되어 플랫폼 기업이 권력과 우위성을 향유할 수 있게 되며 독점적으로 입지를 확보하거나 초과성과를 추출하는 것이 가능하게 된다.[89]

플랫폼 경제의 가장 중요한 요소들은 기술혁신과 디지털화에 의한 거래비용과 의사소통비용의 감소이다. 이 요소들은 원거리 작업과 온라인 일자리매칭을 가능케 한다. 기술혁신과 플랫폼을 활용한 디지털 시장과 경제 생태계를 구축하는 새로운 비즈니스 모델이 출현한 점도 핵심 요인이다. 유럽에서는 약 10년 전부터 미국기업들에 의한 플랫폼 경제와 노동이 본격적으로 도입되었다. 현재는 플랫폼 경제의 생태계가 일상의 곳곳에 침투

88) 김수영·강명주·하은솔, "플랫폼 경제활동에 대한 시론적 고찰: 유형, 특성, 예상위험, 정책대안을 중심으로", 한국사회정책, 제25권 제4호, 한국사회정책학회, 2018, 199-231쪽.
89) 닉 서르닉(Nick Srnicek), 『플랫폼 자본주의』, 심성보 역, 킹콩북, 2020, 53-54쪽.

해 이를 통하지 않고는 일상생활이 안 되는 상황에까지 이르고 있다. 1980 년대 이후 전통적인 고용관계에서 벗어난 노동시장 유연화 경향이 확대되고 이를 선호하는 노동자층이 확산되고 있는 경우도 나타나고 있다. 플랫폼 노동의 증가는 노동시간의 유연화, 프로젝트 베이스 또는 일회성 고용계약의 확대, 직무형태의 선호 변화 등과 맞물려 있다. 디지털 플랫폼의 발전과 플랫폼 노동의 성장은 기존의 노동영역과 고용관계에 엄청난 파급효과와 심대한 변동을 초래할 것이다. 향후 경제의 디지털화와 플랫폼 노동의 팽창은 더욱 가속화될 것이고 이 문제는 '노동의 미래'를 좌우하는 문제가 될 것이다. 플랫폼 노동은 노동영역과 고용관계에 다음과 같은 중대한 변화를 초래할 것이다.

7.4. 근로 환경과 근로제공 방식의 변화

이 문제를 좀 더 세분하여 보면 근로에 관한 일반 환경의 변화와 좀 더 구체적으로 노동 조건의 변화 문제로 나누어 볼 수 있다.

(1) 일반 근로 환경의 변화

인공지능시대에 더 이상 유지되기 어려운 노동시장이 있을 것이지만 인공지능이 대체할 수 없는 노동시장도 있을 것이다. 한편 그로 인해서 새로운 형태의 노동시장이 형성될 수도 있을 것이다. 그런데 어떠한 형태의 노동시장에서건 고도의 인공지능시대에 근로자들이 고용을 유지하려면 직무자격이나 직업능력에서 디지털 및 데이터처리 능력이 강하게 요구될 것이다. 근로자들은 시간적·공간적 경계 없이 지속적으로 업무와 관련된 정보에 접근할 수 있는 상황에서 근로를 제공하게 될 것이다.[90] 인공지능시대의 근로제공 방식 변화 가운데 가장 활발하게 논의되고 있는 것이 플랫폼 노동이다. 플랫폼 노동은 법적으로 정의된 것은 아니어서 다양한 개념으로 설명되고 있다. 일반적으로 4차산업혁명의 출현에 따른 디지털 플랫폼을 기반으로 제공하는 노동을 의미한다. 플랫폼 노동의 제공은 고객이 스마트폰 앱 등 플랫폼에 서비스를 요청하고 노동 제공자가 이를 확인하여 해당 서비스를 제공하는 형태로 이루어진다. 현재에도 퀵서비스 및 대리운전 종사자의 경우 플랫폼 노동의 형태로 볼 수 있다. 이들 플랫폼 노동에 종사하는 자 가운데 현재와 같이 퀵서비스 종사자 및 대리운전 종사자에 대한 산업재해의 보호를 받을 수 있는 근로제공자도 있을 것이나 그렇지 않은 노무 제공자의 출현도 다수 발생할 것이다. 보호에서 멀어지는 노무 제공자들에 대한 사회보장제도의 논의가 필수적이라고 할 수 있다.

플랫폼 노동 종사자들은 현행 근로기준법 및 관련 노동법들에서는 근로자로 인정되지 않는다. 노동법제 측면에서 보면[91] 산업재해보상보험법상 산업재해 보상의 적용을 받을 수 있는 정도에 머물고 있다. 최근 플랫폼 택시 도입과 관련 「여객자동차 운수사업법」 개정안이 국회를 통과하여 이미 운영을 하고 있던 타다(TADA)에 대한 합법적인 제도화의 길을 열었다. 하지

---

90) 일본의 경우 고령화 사회 및 노동력부족에 대비하고 전문적이고도 기술적인 외국인 인재확보를 위하여 유학생 교육 및 지원 시스템 구축에 대한 중요성을 인식하고 비자 등을 포함한 적극적인 노력을 추진하고 있고, 초등 및 중등 교육과정에 프로그래밍 교육을 필수적으로 하는 등의 노력을 기울이고 있다(박지순, "4차 산업혁명과 노동법의 과제", 강원법학, 제54권, 강원대학교 비교법학연구소, 2018, 166쪽). 송강직, 앞의 논문(2018), 167, 282, 291-294쪽.

91) 산업재해보상보험법(제125조 제1항, 동법 시행령 제125조에 의한 9개 직종)에 의한 보험 가입의 실태는 그 예외에 해당한다.

만 여전히 그 허가 대수나 기부금 납부 등의 문제로 분쟁이 발생하고 있다. 이와 같이 우리나라에서도 플랫폼 노동은 제도화의 길목에서 그 논의가 시작되고 있는 상황이라고 할 수 있다.

참고로 근로제공 방식의 변화에 대해서 우선 일본의 논의를 보면, 앞으로는 플랫폼 노동이 출현하고, 근로자 개인이 자신의 의사로 일하는 장소와 시간을 선택할 수 있는 방식이 출현할 것이며, 일한 시간에 따라서 적용하는 기존의 보수 결정보다도 성과에 의한 평가가 한층 더 중요해 질 것이라 한다. 기업은 미션과 목적이 명확한 프로젝트를 위한 조직이 되고, 많은 사람은 프로젝트의 기간 중에는 그 기업에 소속되지만, 프로젝트가 종료되면서 다른 기업에 소속되는 형태, 즉 사람이 사업 내용의 변화에 따라 유연하게 기업의 내외를 이동하는 형태가 나타날 것이라고 본다. 따라서 기업조직의 내외 경계는 애매해지고 기업조직이 사람을 책임지는 정규사원과 같은 형태는 변화될 것이다.

근로자가 복수 회사에 복수의 프로젝트에 병행적으로 동시에 종사하는 사례도 많이 나올 것인데, 그 경우 개인 사업주와 종업원의 경계가 점점 애매해질 수 있게 된다. 즉 조직에 소속하는 의미가 지금과는 달리 복수의 조직에 다층적으로 소속하는 경우도 발생한다는 것이다. 물론, 프로젝트에 따라 수십 년간 계속되는 경우도 있고, 종료가 불명확한 경우도 많을 것이다. 또 하나의 프로젝트가 종료된 후에도 동일한 기업의 다른 프로젝트에 참가하는 등 장기간 동안 하나의 기업에 계속 소속하는 사람도 존재할 것이다. 일반적으로 기업 근속기간의 장단과 고용보장 유무 등에 따라 정규사원과 비정규사원으로 구분하는 것은 없어질 것이다. 근로자의 근로제공이 복수의 사용자에게 제공되는 현상과 함께 겸업과 부업 혹은 복수의 업무도 가능해지게 될 것이다. 많은 사람들에게 복수 업무를 처리하는 형태의 수입구조가 형성될 것이다. 이러한 면에서 이른바 기간제 근로자 등 비정규직 근로자들이 많이 등장하게 되리라는 것은 쉽게 예상할 수 있다.

(2) 노동조건의 변화(악화)

플랫폼 노동은 4차산업혁명시대에 플랫폼 경제를 토대로 가장 빠르게 성장·확산되고 있는 일자리이다. 디지털 플랫폼은 특정한 알고리즘 방식으로 거래를 조율하는 디지털 네트워크로서, 재화나 서비스(노동)가 교환되는 구조화된 디지털 공간이다. 이 공간에서 거래되는 서비스(노동, 용역)가 플랫폼 노동이다. 통상적으로 "온라인 플랫폼을 활용해 특정 조직이나 개인이 다른 조직이나 개인에게 문제해결이나 서비스를 제공하고 보수를 교환하는 고용형태"로도 규정될 수 있다.[92]

일반적인 근로 환경의 변화에 더하여 특별히 플랫폼 노동자는 고용계약의 부재와 플랫폼에서의 작업방식이 초래하는 노동조건의 지속적인 악화를 겪게 될 것으로 보인다. 예를 들면 노동시간이 불명확(무급 노동시간 증가, 노동시간의 생활시간 침투)하게 되고, 낮은 보수를 상쇄하기 위하여 노동시간이 증가하고, 노동자들 간 경쟁에 따른 소득·수입이 감소하며, 노동자에 대한 비가시적 통제가 강화될 것이다. 플랫폼 노동은 유급노동과 무급노동 간 경계 변동을 초래한다. 플랫폼 노동에서는 전통적 임금노동에서 유급노동의 일부로 당연시되던 작업 중 휴식시간, 점심시간, 유급휴가, 질병휴가가 무급으로 바뀌게 된다. 과거 유급노동으로 간주되던 노동시간 일부가 무급노동으로 전환될 것인데, 이는 일종의 '노동의 탈상품화'나 개수급 임금제(piecework remuneration)의 형태로서, 플랫폼 노동이 전통적 고용관계

---

92) Eurofound, "Employment and Working conditions of Selected Types of Platform Work", Publication Office of the European Union, Luxembourg, 2018, p.9.

를 독립자영업자 모델로 변환시키면서 나타난 현상이다.[93]

플랫폼 노동에서는 노동시간을 정확히 계산하기가 어렵고 생활시간에 노동시간이 부지불식간에 침투하는 현상이 발생한다. 대표적으로, 지역기반 플랫폼 노동(배달 및 운송서비스)이나 웹기반 플랫폼 노동(크라우드소싱, 전문서비스 등)에서 고객호출이나 일감수주를 위해 대기하는 시간을 들 수 있는데, 이를 노동시간이 아닌 것으로 간주하기는 어렵다. 통상 플랫폼 노동의 장점으로 자유롭고 유연한 노동시간의 선택이 강조된다. 하지만 일거리를 플랫폼에 의존하고 일거리의 수주 · 배분이 초단기간에 결정되기 때문에 노동자의 입장에서는 일하지 않는 시간에도 끊임없이 플랫폼의 정보를 확인하고 호출에 대기해야 한다. 결국, 일하는 시간과 일하지 않는 시간의 구분이 모호해지는 것이다.[94] 노동시간의 불명확성은 현재 노동법 내에서 플랫폼 노동을 노동의 개념에 포괄하는 것을 매우 어렵게 만든다. 이는 최저임금이나 법정노동시간을 비롯한 많은 노동법 조항들이 기본적으로 노동시간의 계산을 기반으로 하기 때문이다.

플랫폼 노동은 진입장벽이 낮아 일거리를 수주하기 위한 플랫폼 노동자들 간의 경쟁이 치열할 수밖에 없다. 또한 동종업계 플랫폼 기업들 간의 시장경쟁도 서비스 단위당 요금을 낮추려는 요인으로 작용하게 된다. 따라서 시간이 지날수록 플랫폼 노동자의 노동 시간당 수입 · 소득은 점차 감소할 것이며, 노동자는 수입 감소에 대응하기 위해 노동시간을 늘릴 수밖에 없

---

93) Ruth Berins Collier, V.B. Dubal, and Christopher Carter, "Labor Platforms and Gig Work: The Failure to Regulate", IRLE Working Paper, no.106-17, 2017.

94) 장귀연, "노동유연화로서 플랫폼노동의 노동조직 과정과 특성", 산업노동연구, 제26권 제2호, 한국산업노동학회, 2020, 183-223쪽.

게 된다.[95] 따라서 플랫폼 노동에서는 저임금−장시간 노동이 만연될 수 있는 환경이 형성된다.[96] 한국의 지역기반 배달 플랫폼 업체인 '부릉'은 수익 감소를 이유로 배달기사의 건당 단가를 3,700원에서 3,500원으로 인하한 바 있으며, 영국에서도 2016년 배달 플랫폼인 '딜리버루(Deliveroo)'의 배달 요율 삭감으로 플랫폼 노동자들의 항의시위가 발생한 바 있다.[97] 한국고용정보원의 2018년 조사에 따르면, 지역기반 플랫폼 노동자의 월평균소득(세전)이 100만원 이하라는 응답이 36.5%였고, 300만원 초과라는 응답은 3.6%에 불과했으며, 월평균소득의 산술평균은 163.9만원이었다. 이런 조건에서 주 53시간 이상 장시간 노동자는 조사대상 플랫폼 노동자의 1/4에 달했다.[98] 대부분의 플랫폼 노동자는 근로자로서의 지위가 부정되기 때문에 법정 노동시간이나 최저임금의 보호를 받지 못한다.

플랫폼 노동에는 노동과정 중에 관리자에 의한 직접적인 지시·감독이 없다. 이는 플랫폼 노동의 사용종속관계를 부정하는 근거가 될 수 있다. 그러나 노동과정 중에 관리자에 의한 직접적인 통제는 없다고 하더라도, 작업수행 후 데이터에 기초한 알고리즘에 의한 통제가 이루어지며, 플랫폼

---

95) 김준영 외, "플랫폼경제종사자 규모 추정과 특성 분석", 한국고용정보원 연구사업보고서, 2019.10.22., 20쪽.

96) 미국의 웹기반 크라우드소싱 플랫폼인 아마존 메커니컬 터크(AMT)는 미세작업의 90%가 시간당 0.1달러 미만의 보수가 책정되어 있는데, 이 작업을 하는 크라우드워커의 평균소득은 시간당 1.38~2달러에 불과하며, 업무효율이 높은 숙련된 노동자의 소득은 시간당 8달러로 추산된다. 미국의 2018년 최저임금은 캘리포니아주가 시간당 11달러, 12개 주 평균 10.46달러이다(이승계, "플랫폼 노동종사자의 법적 지위와 권리보호 방안", 경영법률, 제30권 제1호, 한국경영법률학회, 2019, 576쪽).

97) 이승계, 앞의 논문, 563-595쪽.

98) 김준영 외, 앞의 보고서, 47, 51쪽.

노동자의 작업결과와 작업과정은 철저하게 감시되어 데이터로 축적된다. 거의 모든 플랫폼은 서비스이용자가 작업완료 후 작업자를 평가하는 평판 시스템을 갖추고 있는데, 이 평가 역시 데이터로 축적되어 알고리즘을 통해 다음 일감을 수주하는데 유·불리하게 작용한다. 따라서 고객의 평가와 피드백은 플랫폼 기업이 플랫폼 노동자를 통제하고 서비스 품질을 강화하는 강력한 도구가 될 수 있다. 어떤 면에서 플랫폼의 실시간 고객평가는 전통적인 기업 내 인사부서의 역할을 대신한다고도 할 수 있는데, 이를 통해 플랫폼 기업은 전통적 기업에 비해 간결한 조직구조와 낮은 비용을 유지할 수 있고, 실시간 고객평가 시스템으로 기업이 해야 할 고객관리의 부담을 플랫폼 노동자에게 전가할 수 있게 된다.[99] 지역기반 플랫폼 노동(배달, 택배, 운송서비스)의 경우 업무특성상 고객과의 대면접촉과 상호작용이 발생할 수밖에 없는데, 이 경우 고객응대와 관련된 감정노동의 문제가 발생할 수도 있다.

(3) 근로 방식의 변화

플랫폼은 제조업을 넘어 서비스업 전반에서 분업을 확대시킬 수 있는 조건을 형성한다. 플랫폼이 지닌 알고리즘적 요소는 업무를 잘게 쪼개어 다수의 사람들에게 배분하는 것을 가능하게 한다.[100] 플랫폼 노동에는 작은 직무들로 세분화된 마이크로 과업(micro-task)으로 이루어진 초단기 일자리가 많다. 그리고 업무가 작은 과업으로 쪼개질수록 이 과업은 숙련이 필요 없는 일거리가 될 수 있다.[101] 이러한 특징은 플랫폼 노동에 대한 진

99) 김준영 외, 앞의 보고서, 23-24쪽.
100) 장지연 외, 『디지털 시대의 고용안전망: 플랫폼 노동 확산에 대한 대응을 중심으로』, 한국노동연구원, 2020, 4쪽.
101) Jan Drahokoupil and Agnieszka Piasna, "Work in the Platform

입장벽을 낮춰 노동력의 유입을 강화하고 노동자들 간의 경쟁을 강화할 수 있는 원인으로 작용할 것이다. 또한 플랫폼은 제조업을 넘어 서비스업 전반에서 외주(아웃소싱)를 확대할 것이다. 왜냐하면 플랫폼은 회사 밖으로 생산과정의 일부를 내보내고도 플랫폼의 알고리즘과 평가 및 감시시스템으로 노동 결과물의 품질을 통제할 수 있는 방법을 제공할 것이기 때문이다.

플랫폼에서는 공식적인 고용계약이 없어도, 관리자·감독자의 대면적인 통제가 없어도 실질적인 업무지시와 노동통제가 가능해진다.[102] 이는 종래 아웃소싱의 최대 단점이었던 생산결과물의 불확실(납기지연, 품질불량, 사후 AS문제 등)을 제어할 수 있게 된 것이며 서비스부문의 아웃소싱을 더욱 확장시키는 추동력이 될 것이다. 플랫폼 경제의 '일'은 시간적·공간적인 제약에서 자유롭고 진입장벽이 낮기 때문에 아웃소싱의 범위는 글로벌 차원으로 확대되게 된다.[103] 플랫폼 노동은 본질적으로 임금노동과 자영업의 경계, 즉 회색지대에 속하는 노동을 증가시킨다. 이 일자리는 근로시간 유연성이 있으나 일자리 안정성이 지극히 낮고 최저임금이 적용되지 않으며 근로자로서의 자격을 인정받지 못하는 경우가 많아지게 된다.[104] 또한, 플랫폼 노동은 플랫폼을 통해 그때그때 일감을 받는 방식이므로 일감을 주고 일을 시키는 사용자가 그때마다 다르기 때문에 플랫폼 노동의 경우, 노동

Economy: Beyond Lower Transaction Costs", Intereconomics, vol.52, no.6, 2017, pp.335-340.

102) 장지연 외, 『디지털 시대의 고용안전망』, 4쪽.

103) 한 예로, 인터넷에 포스팅되는 온라인과업의 80%는 OECD 국가에서 발주된 것인데, 온라인과업을 수임하는 OECD 노동자의 비율은 20%에 불과하다(OECD, "Online Work in OECD Countries", Policy Brief on the Future of Work, 2018, p.6).

104) 김준영, "플랫폼노동의 증가와 사회정책의 과제", 월간 공공정책, 제174권, 한국자치학회, 2020, 48-50쪽.

과정이나 노동결과물을 둘러싼 분쟁 발생 시 노동자들이 법적인 보호를 받지 못할 가능성이 크게 될 것이다.[105]

4차산업혁명이 야기하는 다양한 사회변동과 수많은 사회적 · 경제적 쟁점들 중에서 '노동'이 특히 주목을 받는데, 4차산업혁명 개념을 처음 제안했던 슈밥(Klaus Schwab)조차도 그것의 사회경제적 영향력과 관련해 우선적으로 꼽은 사안이 '노동의 위기'일 만큼, 최근의 기술혁신과 경제의 디지털화는 기존의 노동방식, 고용구조, 고용형태를 급진적으로 변형 · 재구성하고 있다.[106] 이것이 야기하는 문제는 4차 산업혁명과 관련된 신산업들의 노동영역과 노동시장 이슈들이며 그 중심에는 일자리의 증감과 실업의 문제, 플랫폼 노동의 등장과 고용안정성의 문제, 노동자의 직무자율성과 노동통제 문제, 노동자숙련(탈숙련화 · 재숙련화 여부) 문제 등이 있다. 플랫폼 노동은 노동의 유연화와 외주화의 극단화된 형태이고, 이전의 임금노동과 비교할 때 고용안정성과 노동자의 법적 지위 측면에서 많은 문제점을 안고 있는 영역이다. 플랫폼 노동은 우리의 일상생활 곳곳에서 쉽게 목격될 정도로 빠르게 보편화되고 있다. 하지만 실제로 이것이 등장한 것은 얼마 되지 않았고, 매우 다양한 영역의 이질적인 직무나 노동유형을 포괄하고 있다. 그래서 플랫폼 노동의 개념과 포괄범위에 대해서는 아직까지 일반화된 학술적, 정책적 합의점이 존재하지는 않는 것도 현실이다.

현재 다양한 영역과 공간에서 수많은 노동자들이 플랫폼 노동자로 일을 하고 있다는 현실과 이들이 여러 불리한 노동조건과 제도적인 사각지대에 직면하고 있다는 현실은 무시할 수 없다. 우리 사회는 그러한 문제들을 가

---

105) 장귀연, 앞의 논문, 183-223쪽.

106) 클라우스 슈밥(Klaus Schwab) 외, 『4차 산업혁명의 충격』, 김진희 · 손용수 · 최시영 역. 흐름출판, 2016, 65-80쪽.

진 플랫폼 노동에 대해서 법제도적 대응방식을 모색해야 한다. 그런데 플랫폼 노동이 지닌 이러한 현재진행형 성격과 플랫폼 노동이 점증하는 확장성과 이질성 그리고 플랫폼 노동의 새로운 성격에도 불구하고 그것에 대한 학술적, 정책적 합의점이 부재하다는 것은 큰 사회적 문제이다. 뿐만 아니라 플랫폼 노동문제에 대한 각국 정부의 법제도적 대응과 정책적 대안모색도 극히 파편화된 형태로 나타나고 있다는 것도 큰 문제이다. 유럽연합(EU)이 몇 가지 고통의 기준을 가지고 있는 경우를 제외하면 세계 여러 나라가 하고 있는 플랫폼 노동에 대한 사회적 규제와 보호 조치는 국제적인 수준에서 통일된 기준을 가지지 않고 있다. 개별 국가들마다 제각각이고 천차만별적인 대응방식이 제기되고 있는 것이다.

본서는 이러한 문제의식을 토대로 아래에 제기된 문제들을 살펴보았다. 먼저 2010년대 4차산업혁명에서 플랫폼 노동이 부상하게 된 이유와 플랫폼 노동의 개념과 특성, 플랫폼 노동의 하위 유형들을 살펴보고 그것이 야기하는 노동문제의 전반적 지형과 쟁점을 고찰하였다. 이어서 선진국과 한국에서 시도되고 있는 플랫폼 노동문제에 대한 법제도적 대응 방안을 살펴보고, 그것의 타당성과 한계를 비판적으로 검토하였다. 본서는 플랫폼 노동의 다양성과 변동성을 감안할 때, 단일한 법률적 규제만으로는 여기서 파생되는 노동문제를 다 해결하기는 어렵다고 보았다.[107] 본서는 플랫폼 노동이 포괄하는 고용유형별 특성을 고려하여 사안에 따라 다양하고 다차원적인 접근법이 시도될 필요가 있다는 점을 강조하였다. 플랫폼 노동문제에 대한 다차원적인 접근으로 국제적 수준과 개별 국가적 수준에서 추진되

---

107) Valerio de Stefano and Antonio Aloisi, "디지털 노동 플랫폼에 관한 유럽의 법적 프레임워크", 국제노동브리프, 제18권 제5호, 한국노동연구원, 2020, 9-16쪽.

고 있는 '위로부터의' 법제도적 대응방식(관련 노동법 제·개정, 사회보장제도 확대적용)은 물론, 플랫폼 노동자, 노동조합 및 시민사회, 플랫폼 산업부문 등 '아래로부터' 제기되고 있는 조직화와 거버넌스적 대응방식(노조조직화, 단체교섭, 사회적 협약 체결 등)에 대하여 살펴보았다.

(4) 플랫폼 노동의 유형과 통제

최근의 플랫폼 노동은 종류가 다양하고 질적으로 다른 직무유형들이 포함되어 끊임없이 새로운 노동의 영역과 시장으로 확장하고 있기 때문에 플랫폼 노동의 구체적인 유형들을 정확하게 특정화하는 것은 상당히 어렵다. 그럼에도 플랫폼 실증적·정책적 연구를 통하여 노동의 유형을 분류하고 체계화하려는 노력을 진행해 온 국제기구들(ILO, EU, OECD)은 플랫폼 노동의 대표적인 유형을 '웹기반의 플랫폼 노동(온라인 클라우드 노동)'과 '지역기반의 플랫폼 노동(오프라인 호출형 노동)'으로 구분하고 있다. 그런데 이러한 구분은 슈미트(Schmidt) 연구[108]에 기초한 유형 분류이고 가장 일반적으로 합의되고 수용되고 있는 플랫폼 노동의 유형화라고 할 수 있다.

슈미트의 연구에 의하면 노동이 거래되는 플랫폼은 웹기반의 클라우드 노동(cloud work)과 장소기반의 긱 노동(gig work)[109]으로 구분되고 디지털 플랫폼 노동은 6가지로 유형화된다. 클라우드 노동(웹기반 디지털 노동)은 ① 온라인 프리랜서 시장, ② 마이크로태스크 크라우드워크, ③ 콘테스트 기반 크리에이티브 작업을 포함하며, 긱 노동(지역기반, 앱기반 디지털 노동)은 ①

---

108) Florian A. Schmidt, "Digital Labour Markets in the Platform Economy: Mapping the Political Challenges of Crowd Work and Gig Work", Friedrich-Ebert-Stiftung, 2017.

109) 긱(gig)의 어원은 1920년대 미국의 재즈 공연장에서 필요에 따라 즉석으로 연주자를 섭외하는 공연을 지칭하는 것에서 유래되었다.

숙소공유서비스, ② 운송 및 배달서비스, ③ 가정서비스 및 개인서비스 등
이 포함된다. 아래의 〈그림 2-1〉은 슈미트가 유형화한 플랫폼 노동의 하위
유형과 해당 사례를 보여주고 있다.

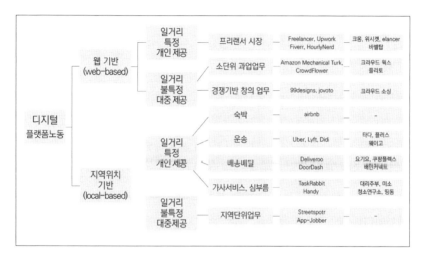

그림 2-1 플랫폼 노동의 하위 유형

출처: Schmidt(2017: 7); 한국 사례는 김종진(2020: 301).

이외에도 플랫폼 노동을 다른 유형으로 분류하는 주장들도 있지만, 한국
의 경우 플랫폼 노동에서 플랫폼이 수행하는 역할에 따라 분류한 유형들로
다음과 같은 것들이 있다: ① 호출형 플랫폼(앱 호출노동, 대리운전, 퀵서비스, 음식
배달), ② 관리형 플랫폼(가사·돌봄, 청소, 홈케어, 컴퓨터 출장수리, 정수기 관리), ③
중개형 플랫폼(프리랜서 중계, 디자인, IT·프로그래밍, 번역, 타이핑, 문서작성), ④ 전
시형 플랫폼(유튜브, 웹툰, 소설, 영상 게시), ⑤ 미세작업 플랫폼(microtask).[110]

---

110) 장귀연, 앞의 논문, 183-223쪽.

그러나 이러한 분류만으로 현실에 존재하는 모든 형태의 노동을 어떤 특정한 유형의 노동이라고 분류할 수 없는 경우도 많이 있다. 그러므로 앞으로 우리의 실정에 맞도록 문제 해결과 입법 목적에 따라서 각 경우에 합당하게 개념을 정의하는 노력이 계속되어야 한다.

본서는 플랫폼 노동의 하위 유형을 '웹기반의 클라우드 노동'과 '장소기반의 긱 노동'으로 대분류하고, 클라우드 노동(웹기반 디지털 노동)은 ① 온라인 프리랜서 시장, ② 마이크로태스크 크라우드워크, ③ 콘테스트 기반 크리에이티브 작업으로 긱 노동(지역기반, 앱기반 디지털 노동)은 ① 숙소공유 서비스, ② 운송 및 배달서비스, ③ 가정서비스 및 개인서비스 등으로 구성되는 것으로 보고, 그 각각의 문제에 대하여 서술하였다.

한편 주요 선진국의 플랫폼 노동 종사자수는 국가별·조사방식별로 편차가 있으나 현시점에서는 대체로 생산가능인구의 약 10% 미만인 것으로 조사된다. 선진국에서 플랫폼 노동 종사자들의 플랫폼 노동 유형을 보면, 미국에서는 웹기반형 플랫폼 종사자수와 지역기반형 플랫폼 종사자수가 대체로 비슷한 수준인 것으로 나타난 반면, 유럽에서는 대부분의 국가에서 웹기반형 플랫폼 종사자 숫자가 지역기반형보다 상대적으로 더 많은 것으로 나타났다.[111] 한국의 플랫폼 노동 종사자는 2018년 한국고용정보원 조사에서 전체 취업자의 1.7~2.0% 비중인 46만 명~53만 명 수준인 것으로 알려진 바 있다. 인적 특성을 보면 남성이 전체의 66.7%, 50대 이상이

---

111) 플랫폼노동 종사자의 분포와는 달리, 전세계 디지털 노동플랫폼 산업규모를 보면 지역기반 노동플랫폼의 매출액이 2017년 765억 달러로 전체 노동플랫폼 매출액의 92.8%를 차지하는 것으로 나타난다. 글로벌 10대 노동플랫폼 기업의 상위 4개사는 모두 지역기반 운송서비스 회사(Uber, Didi Chuxing, Lyft, Grab Taxi)인데, 이들의 매출액은 노동플랫폼 전체 매출액의 76%를 차지하고 있다[최기산·김수한, "글로벌 긱 경제(Gig Economy) 현황 및 시사점", 국제경제리뷰, 제2019-2호, 한국은행, 2019.01.24, 15쪽].

51.2%를 차지하는 것으로 나타났고, 종사업종은 대리운전, 화물기사, 퀵서비스, 가사서비스 등 지역기반 플랫폼 노동이 압도적으로 많은 것으로 조사되었다.[112]

(5) 플랫폼 노동이 초래하는 문제

전통적 임금노동자와 플랫폼 노동 종사자의 구분은 기술적 특성이나 작업방식에 있는 것이 아니라 노동의 사회적 관계와 계약형태의 차이에 의한 것이다.[113] 전통적인 임금노동자는 고용주와의 고용계약을 체결하여 노동소득이 작업시작 전에 임금형태로 결정되고 고용주・사용자의 작업지시와 명령으로 기업 및 공장에서 해당 노동을 수행한다. 반면, 플랫폼 노동 종사자는 고용계약의 체결 없이 노동플랫폼의 중개를 통해 선착순으로 일거리를 수주하며, 노동소득도 수행한 노동량에 따라 수수료나 보수의 형태로 사후적으로 결정된다. 작업장소도 노동자의 집, 거리, 고객이 요구하는 장소 등 유동적 특성을 지닌다.

플랫폼 노동은 매우 다양한 영역의 이질적인 업무들을 포괄하고 있기 때문에 플랫폼 노동의 여러(하위) 유형에 따라 노동문제의 성격이 달라진다. 어떤 유형의 플랫폼 노동은 고용계약의 부재에도 기업의 지시를 받아 노동을 수행하는 사실상의 노동자로 간주할 수 있고, 또 다른 유형의 플랫폼 노동은 노동자라기보다는 독립자영업자에 가까운 특성이 나타나고 플랫폼은 일거리만 중개해주는 경우도 존재한다. 따라서 플랫폼 노동의 주요 노동문제는 플랫폼 노동의 하위유형에 따라 상이한 방식으로 나타날 수 있다

---

112) 김준영 외, 37-38쪽.
113) 김준영 외, 앞의 보고서, 16쪽.

는 점을 고려해야 한다. 일례로, 유럽연합의 한 조사[114]에서는 여러 유형의 플랫폼 노동 중에서 지역기반형 플랫폼도 일상적 작업(우버와 같은 운송서비스)과 웹기반형 중간숙련 클릭작업(Crowdflower 같은 온라인 데이터작업)은 위계적인 기업에서 수행하는 노동과 유사한 특성이 나타난다고 보는데, 이들 노동은 플랫폼이 알고리즘을 통해 작업자를 통제하고 작업자에게 업무수행 방식을 지시하기 때문이다. 반면, 지역기반형 중간숙련 가사서비스(Ofreia, ListMinut)와 웹기반형 경쟁적 전문작업(99design 같은 전문서비스)은 플랫폼이 시장과 유사한 기능을 하는 것으로 평가한다. 여기서 플랫폼은 고객과 작업자를 매칭시키는 도구로써 역할만 할 뿐이며, 서비스공급 과정에서 간섭이 제한적이다. 따라서 전자의 플랫폼 노동은 임금노동자와 유사한 특성을 보이는 반면, 후자의 플랫폼 노동은 독립자영업자에 가까운 특성을 보이는 것으로 볼 수 있다.[115] 이러한 플랫폼 노동 내부의 이질성은 플랫폼 노동문제에 대해 획일적인 법제도적 대응이 적절치 않다는 것을 시사한다. 기업형태와 유사한 플랫폼 노동은 전통적인 노동법의 적용범위에 포섭하는 것이 용이하지만, 시장형태의 플랫폼 노동은 노동법보다는 거래의 공정성과 같은 경제법의 영역으로 다루는 것이 합리적이기 때문이다.[116] 이하에서는 이러한 점들을 고려하면서 플랫폼 노동이 안고 있는 주요 노동문제와 사회문제를 살펴보기로 한다.

---

114) Eurofound, "Platform Work: Maximizing the Potential while Safeguarding Standards?", Publication Office of the European Union, Luxembourg, 2019, pp.5-6.

115) 최인이, "창작물 유통 플랫폼의 노동통제 방식에 관한 연구: 유료 웹툰 플랫폼의 사례를 중심으로", 산업노동연구, 제26권 제2호, 한국산업노동학회, 2020, 45-76쪽.

116) 권오성, "플랫폼경제와 노동법", 노동연구, 제41권, 고려대학교 노동문제연구소, 2020, 78쪽.

고용계약의 부재

플랫폼 노동에서 제기되는 가장 핵심적인 노동문제는 대개의 경우 고용계약 체결이 없다는 것이다. 통상 플랫폼 노동자는 플랫폼 기업을 통해 고용계약이 수반되는 직업(job)이 아닌, 단기적인 일거리(task)를 수주하기 때문에 플랫폼 노동자는 고용계약을 체결한 노동자가 아닌, 용역에 대한 수수료를 받는 자영업자나 프리랜서의 지위로 노동을 수행하게 된다. 따라서 플랫폼 기업과 고객은 자신들은 플랫폼 노동의 고용주가 아니므로 이들의 노동조건과 고용보호에 책임이 없다고 주장하게 되고, 이는 플랫폼 노동자의 근로자로서의 자격 문제와 이들의 고용지위에 대한 노동법 적용여부를 둘러싼 논란과 쟁점을 유발하게 된다.

실제로 고용계약을 체결하지 않고 일하는 대부분의 플랫폼 노동자들은 노동법(근로기준법, 최저임금법, 산업안전보건법, 노동조합 및 노동관계조정법, 남녀고용평등 및 일가정양립지원법)과 사회보험법의 적용과 보호에서 배제되어 있다.[117] 이러한 플랫폼 노동의 불안정은 기본적으로 노동법적 보호와 사회보장법적 보호가 전통적인 고용관계에서 전제하고 있는 '근로자로서의 자격'을 기초로 하고 있는 데서 연유한다. 노동법제의 적용을 받는 노동자이기 위해서는 노동관계에서의 종속성이 인정되어야 하는데, 이는 "노동이 사용자의 지휘명령으로 행해지는 것(인적 종속성)과 근로자와 사용자의 지위가 대등하지 않은 것(경제적 종속성)"을 기본 요건으로 한다.[118] 사용자의 입장에서는

---

117) Antonio Aloisi, "Commoditized Workers: Case Study Research on Labor Law Issues Arising form a Set of 'On-Demand/Gig Economy' Platform", Comparative Labor Law and Policy Journal, vol.37, no.3, 2016, pp.620-653.
118) 박은정, "지금 왜 다시 사용자인가? 플랫폼 노동관계에서 사용자 찾기", 노

고용관계가 노동법상의 노동자가 아니라 자영업자와의 계약관계로 인정되면, 노동법의 제반 규제를 피해 갈 수 있을 뿐만 아니라 사회보험료 지출과 소득세 등의 비용도 절감할 수 있다.[119)]

사실, 전통적인 고용관계를 회피하기 위한 비표준적인 고용형태의 다각화는 이미 플랫폼 노동의 등장 이전부터 존재해왔던 현상이다. 1990년대 이후 한국과 주요 선진국들에서 신자유주의와 노동시장 유연성이 보편화되면서 나타난 비정규직 문제, 예컨대 파견근로, 용역근로, 사내하청과 같이 고용주와 사용자가 일치하지 않는 간접고용(삼각고용관계)이나 가짜 자영업자(bogus self-employment)로 불리는 특수고용의 문제는 사용종속관계라는 성격을 없애고 사용종속관계의 주체를 분산시킴으로써 사용자의 의무를 회피하기 위한 전략이 어떻게 실행되어 왔는지를 잘 보여준다. 현재의 플랫폼 노동은 기존의 비정규노동 및 불안정 고용을 디지털 플랫폼에 힘입어 보다 극단화된 형태로 발전시킨 것으로도 볼 수 있다. 온전한 직무가 아닌 일회성의 초단기 과업, 고용계약이 아닌 용역계약(그나마 정식계약이 아닌 업무수락과 플랫폼 약관에 대하여 컴퓨터로 클릭만 하여도 성립되는 성격의 계약), 임금이 아닌 건당 수수료의 지급, 업무수행과정에서 종속성과 전속성(專屬性)의 부재, 플랫폼 노동의 수행자는 있으나 누가 사용자인지를 확인하기 어려운

동법포럼, 제31호, 노동법이론실무학회, 2020, 215-252쪽.

119) 미국 재무부는 사용자가 종속 근로자를 자영업자로 분류함으로써 매년 사회보장 기여금 26억 달러, 소득세 16억 달러를 납부하지 않은 것으로 추정한다. 한국의 경우에도 사용자가 노동자를 정규직이 아닌 가짜 자영업자나 시간제 근로자 등 사회보험을 회피할 수 있는 방식으로 계약을 체결하면 인건비성 경비를 대략 20% 정도(2015년 18.7%) 절감할 수 있는 것으로 조사된 바 있다(서정희 · 백승호, "제4차 산업혁명 시대의 사회보장 개혁: 플랫폼 노동에서의 사용종속관계와 기본소득", 법과 사회, 제56호, 법과사회이론학회, 2017, 113-152쪽).

문제 등은 플랫폼 노동이 전통적 고용관계를 어떻게 회피하고 파괴하고 있는지를 보여주는 지표이다.[120]

그러나 고용계약의 부재에서 야기되는 노동문제는 앞서 언급했던 플랫폼 노동의 하위 유형에 따라 차별적으로 발현된다. 먼저, 지역기반형 플랫폼 노동(배달 및 운송서비스, 가사서비스)은 서비스 제공자와 이용자가 플랫폼을 통해 중개되지만 실제 서비스 제공은 대면접촉을 통해 이루어지는 방식으로, 플랫폼과 노동자의 관계, 업무와 작업방식의 지시, 보수의 책정, 노동통제의 방식에서 근로자성과 사용종속관계에서의 종속성이 가장 두드러지게 나타나는 유형이다.[121] 그러나 한국에서는 동일한 배달 플랫폼 노동 내에서도 플랫폼 기업 소속 여부 및 전업·부업 여부(예컨대 배민라이더스·배민 커넥터, 쿠팡맨·쿠팡 플렉서)에 따라 임금노동자 특성의 집단(배민라이더스, 쿠팡맨)과 자영업자 특성의 집단(배민 커넥터, 쿠팡 플렉서)으로 분화되고 있는 실정이다.[122] 또한 지역기반형 가사서비스 플랫폼 노동은 유럽의 경우에 플랫폼이 중개역할만 해주고 업무수행에 간섭이 적어 일종의 독립사업자로 간주하는 경향이 강한데, 한국에서는 가사서비스 노동자가 대부분 하나의 플랫폼에 전속되어 있는 경우가 많고 표준적인 서비스 매뉴얼을 제공받으며 보수 지급도 플랫폼 기업을 통해 이루어진다는 점에서 일정부분 특수고용 노동

---

120) 박은정(앞의 논문, 224-228쪽)은 플랫폼 노동관계가 초단기성의 특성을 지니고 있다고 해서 노동관계를 형성하지 못할 이유가 없고 노동법제의 적용이 불가능한 것은 아니라는 점을 지적한다. 마찬가지로 플랫폼 노동의 비전속성도 사용자가 없다는 것을 의미하는 것이 아니며, 복수의 당사자가 존재하기 때문에 '숨어있는 사용자'를 찾는 것이 문제일 뿐이라고 주장한다.

121) 조성혜, "디지털플랫폼 노동 종사자의 근로자성 여부", 노동법학, 제64호, 한국노동법학회, 2017, 115-162쪽.

122) 김종진, "디지털 플랫폼노동 확산과 위험성에 대한 비판적 검토", 경제와 사회, 제125호, 비판사회학회, 2020, 296-322쪽.

자와 유사한 지위를 가진 것으로 평가되기도 한다.[123]

웹기반 플랫폼 노동(크라우드소싱, IT · 디자인 등 전문서비스, 유튜버 · 웹툰 등 온라인 콘텐츠 제작자)은 업무속성에서 근로자성과 종속성의 요건을 충족시키지 못해 대체로 독립자영업자의 지위에 가까운 것으로 평가된다. 웹기반 플랫폼 노동 종사자는 통상 여러 플랫폼에서 일감을 수주하고 고객과의 보수협상이 가능하며 업무수행과정에서 플랫폼의 지휘통제를 받는 경우가 드물고 매우 세분화된 업무가 할당된다. 그러므로 작업자가 한 사람의 사용자에게 경제적으로 종속되어 있다고 보기 어렵다.[124] 따라서 웹기반 프리랜서나 크라우드워커는 한국의 근로기준법 및 대법원의 판단기준을 종합할 때 근로자의 속성을 지녔다고 볼 만한 근거가 거의 없다. 웹기반 플랫폼 노동 종사자는 미국과 유럽의 노동법적 기준으로도 근로자성이 인정되지 않으며, 대체로 독립자영업자로 판단되고 있어 노동법의 적용과 보호에서 배제된다.[125]

따라서 지역기반 플랫폼 노동(배달 및 운송서비스)은 근로자 자격이나 산업재해 문제 등과 관련해서 전통적인 특수고용이나 불법파견 논쟁에서 볼 수 있는 것과 동일한 문제가 나타나고 있다. 반면, 웹기반 플랫폼 노동(전문서비스, 클라우드 작업, 온라인콘텐츠 제작 등)은 프리랜서나 독립사업자의 성격을 지니기 때문에 노동자의 종속성 문제보다는 거래의 공정성에 관계된 문제들, 예컨대 표준계약 수수료, 중개플랫폼의 약관, 고객평판 시스템과 같은 문제들이 주요 쟁점이 되고 있다.[126]

---

123) 이승윤 · 백승호 · 남재욱, "한국 플랫폼노동시장의 노동과정과 사회보장제의 부정합", 산업노동연구, 제26권 제2호, 한국산업노동학회, 2020, 77-135쪽.
124) 서정희 · 백승호, 앞의 논문, 131-133쪽.
125) 조성혜, 앞의 논문, 137-154쪽.
126) 김종진, 앞의 논문, 310쪽.

표 2-1 플랫폼 노동의 하위유형에 따른 노동통제방식

	주요 직종	노동의 조직방식	노동의 통제방식
지역기반 운송·배달서비스	대리운전, 퀵서비스, 음식배달, 승객운송, 출동견인	이용자 요청시 해당지역 노동자에게 동시적 호출, 먼저 호출을 선점하는 노동자가 작업수행	호출반경 축소, 지연 호출
지역기반 가사·개인서비스	가사서비스, 청소, 돌봄 및 요양서비스	이용자 요청시 요구사항에 적합한 노동자에게 순차적으로 일감배분	일감배분의 차등, 보수의 차등지급
온라인 프리랜서	디자인, 번역, 법률, 회계, IT 프로그래밍	이용자와 노동자가 작업 내용, 견적, 프로필을 게시하고 매칭하는 수단 제공	게시 자리배치, 서비스이용자 평가의 노출
온라인 창작물 제작	동영상, 웹툰, 웹소설 제작 및 게시	노동자가 창작물을 게시하고 이용자가 구독	창작물의 자리배치, 서비스이용자 평가의 노출.
온라인 미세작업 크라우드 워크	서베이, 바이럴 마케팅	이용자의 의뢰를 게시하거나 전송	결과물의 검수

출처: 장귀연(2020: 205)을 수정하여 작성.

사회보장 적용의 배제

플랫폼 노동자의 근로자 자격 불인정과 연동된 또 다른 제도적 문제는 노동법(근로기준법, 노동3권 등) 적용의 배제와 더불어, 사회보장 적용의 배제를 꼽을 수 있다. 대부분의 선진자본주의 국가에서 사회보장과 사회안전망은 실업보험, 산재보험, 의료보험, 퇴직연금 등 사회보험을 제도적인 축으로 해서 구축되어 있는데, 통상적으로 모든 사회보험은 고용관계와 연계되어 있고 부가급여의 형태로 고용된 노동자에게 제공된다. 그런데 고용계약을 체결하지 않은 플랫폼 노동자들은 이 고용연계 사회보험에서 배제되는 것이다.[127] 대부분이 독립자영업자의 지위로 인식되는 플랫폼 노동자들은 사회보험의 적용대상에서 배제되며, 실업보험, 산재보험, 의료보험, 퇴직연금 등의 비용을 본인이 자비로 부담해야 한다.[128]

그런데 배달, 택배, 택시서비스 등을 제공하는 지역기반형 플랫폼 노동은 업무특성상 작업과정에서 사고발생의 위험이 높다. 실제로 미국과 영국, 한국 등에서는 작업 중에 사고를 당한 우버기사나 배달기사들이 산재보험의 적용을 주장하며 법적인 소송을 제기한 경우도 많았다. 그 결과, 2015년 미국의 캘리포니아주 연방지방법원에서는 우버기사를 근로자로 인정해 산재보상 등 사회보장의 보호를 받을 수 있도록 판시하였고, 2018년 한국의 대법원도 배달 플랫폼 노동자에 대해 산재보험법상 특수고용 특례조항을 적용해 산재보험 적용을 판결한 바 있다.[129] 그러나 2017년 미국 플로리다주 지방법원에서는 유사한 사건에 대해 산재보험법상의 근로자를 부정하는 상반된 판결이 내려지기도 했고, 한국의 대법원 판결 역시 배달 플랫폼 노동자를 근로기준법상의 근로자로 인정한 것이 아닌 산재보험 적용이 가능한 특수고용의 범위를 폭넓게 해석한 것에 불과하기 때문에 플랫폼 노동자에 대한 사회보험의 적용이 일반화된 것은 아니다. 심지어, 한국의 배달 플랫폼 기업들은 배달기사들의 산재보험 가입 및 지원 필요성을 스스로도 인정하고 있으나, 산재보험의 가입이 국가에 의해 고용관계의 성

---

127) Collier, Dubal, and Carter, op. cit.

128) 이승계, 앞의 논문, 563-595쪽.

129) 한인상 · 신동윤, "플랫폼노동의 주요 현황과 향후과제", NARS 현안분석, 제76호, 국회입법조사처, 2019.10.18., 1-16쪽.

립으로 해석되는 것을 우려해 이를 기피하는 현상도 나타나고 있다.[130]

위와 같은 이유로 오늘날 상당수의 플랫폼 노동자들은 사회보험의 사각지대에 있다. 2018년 한국고용정보원의 조사에 따르면, 음식배달 플랫폼 노동자의 사회보험 가입률은 고용보험 10.2%, 국민연금 37.8%, 건강보험 48.0%에 불과해 임금근로자는 물론 자영업자의 가입률보다 현저히 낮은 것으로 나타났다.[131] 여러 유형의 플랫폼 노동자의 실제 사례들을 검토한 연구를 보면, 근로자 지위가 전제되어야 하는 산재보험이나 고용보험에 아예 가입 자체가 되어 있지 않았고, 국민연금도 납부예외자의 지위에 머물러 있는 경우가 많았으며, 건강보험은 지역가입자로 가입되어 있거나 경제활동을 하고 있음에도 다른 직장가입자의 피부양자 자격으로 가입되어 있는 경우가 상당수 존재했다.[132]

한국의 플랫폼 노동자에 대한 인터뷰와 실태조사를 보면, 사회보험의 필요성에 대해 복합적인 욕구를 가지고 있는 것으로 나타났다. 고용보험이나 소득보장에 대한 욕구는 높았지만 일거리가 건별, 콜(업무 요청)별, 프로젝트 단위로 부여되기 때문에 스스로가 실업급여의 요건을 충족시키지 못한다고 판단하고 있으며, 대개가 전통적인 사회보험 형태의 보호보다는 플랫폼 노동의 불안정한 계약관계 및 수수료 관계를 개선하는 방향의 규제적 지원을 희망하고 있었다. 또한 산재보험의 욕구는 플랫폼 노동의 하위유형에 따라 상이한 인식이 존재하는 것으로 나타났다. 사고 등 산재위험이 높은 지역기반 배달 플랫폼의 경우, 산재보험의 필요성에 대한 강한 욕구가 있었다. 반면, 지역기반 가사서비스 플랫폼의 경우, 산재보험의 욕구는 배

---

130) 이승윤 · 백승호 · 남재욱, 앞의 논문, 115-116쪽.
131) 김준영 외, 앞의 보고서, 58쪽.
132) 이승윤 · 백승호 · 남재욱, 앞의 논문, 120쪽.

달 플랫폼보다 낮았지만 가사서비스 제공과정에서 발생할 수 있는 가구 및 가전제품 손상에 대한 손해배상 욕구가 오히려 더 높은 것으로 나타났다. 그리고 웹기반 플랫폼의 전문서비스 프리랜서의 경우, 산재위험이나 산재보험에 대한 욕구는 그다지 뚜렷하게 나타나지 않았다.[133]

개인프라이버시 및 지적재산권의 침해

플랫폼 노동자들은 플랫폼을 통한 일거리의 수주나 고객과의 매칭을 위해 주요 개인정보를 노출·공개해야 하고 작업과정에서 실시간의 전자감시와 노동통제를 받는다. 따라서 거의 대부분이 개인프라이버시의 침해문제에 노출되어 있다. 지역기반 플랫폼 노동의 경우, 배달, 택배, 택시, 가사서비스 플랫폼 노동 등에서 그 작업과정에서 실시간으로 GPS나 앱을 통한 전자감시기술의 IT통제가 작동하고 있다. 우버기사나 가사서비스 노동자의 경우에는 개인사진, 개인프로필, 경력, 고객리뷰, 차량종류 등 주요 정보가 공개되어 있다. 웹기반의 전문서비스의 경우에도 개인 프로필, 경력, 이전 작업성과 등이 플랫폼에 공개·게시되어 있다. 따라서 플랫폼 노동자들은 지역기반 및 웹기반 유형을 불문하고 개인정보의 노출과 개인프라이버시 침해, 개인정보의 범죄에의 악용가능성 문제를 안고 있다.

그리고 웹기반 플랫폼 노동자(크라우드소싱, 디자인·IT 등의 전문서비스, 온라인 콘텐츠 창작자)의 경우에는 지적재산권 침해문제가 주요 쟁점으로 부각될 소지가 크다. 여기에는 플랫폼 노동자의 지적재산권이 침해되거나 박탈당하는 경우와 플랫폼 노동자가 타인의 지적재산권을 침해하는 경우가 모두 나타날 수 있다. 전자의 상황과 관련하여, 웹기반 미세작업 크라우드소

---

133) 이승윤 · 백승호 · 남재욱, 앞의 논문, 120쪽.

싱의 경우 종사자들은 자신의 노동이 어떻게 사용되는지 모르기 때문에 창의적인 아이디어와 작업에 대한 정당한 보수를 받지 못하고 지적재산권 등을 박탈당할 수도 있다. 또한 이들은 대개 도급인이 임의로 분할한 업무의 일부만을 수행하는 경우가 많은데, 이때 자신의 업무가 어떤 목적으로 누구를 위해 사용되는지도 모른 채 윤리적 문제에 직면할 수도 있다. 예컨대, 스팸에 도움을 주는 일을 하거나 허위의 후기 작성에 기여하는 작업 등은 위법한 행위나 범죄를 돕는 일을 하는 것이다.[134] 그리고 후자의 상황과 관련해서는 온라인 콘텐츠 창작자(유튜브, 웹툰 등)나 온라인 전문 프리랜서(번역, 디자인 등)가 타인의 창작물을 표절하거나 콘텐츠를 무단 도용하는 저작권법 및 지적재산권 관련 분쟁이 발생할 수 있는 가능성이 존재한다. 웹기반 미세작업 크라우드소싱의 경우에도 온라인상 개인정보의 무단수집이나 복제 · 전송 등에 연루되어 개인정보보호법이나 초상권과 관련된 법적 분쟁 및 갈등의 당사자가 될 수도 있다.

(6) 플랫폼 노동문제에 대한 법제도적 대응과 비판적 평가

앞서 논의한 플랫폼 노동의 제반 노동문제가 당면한 현실문제로 부각된 것은 얼마 되지 않지만, 이미 법학, 경제학, 사회학 등에서는 플랫폼 노동자의 보호방안에 대한 다양한 학술적 논의가 폭넓게 제기되어 왔고, 선진국과 한국에서도 플랫폼 노동의 여러 현안과 관련해 국제적 · 국가적 차원의 법제도적 대응 방안을 본격적으로 모색하고 있다. 문제는 플랫폼 노동이 내포하고 있는 내적인 이질성과 변동성으로 인해 표준적인 법제도적 규제 및 보호방안을 도출하기가 지극히 어렵다는 점이다. 게다가, 국가들마

---

134) Alek Felstiner, "Working the Crowd: Employment and Labor Law in the Crowdsourcing Industry", Berkeley Journal of Employment and Labor Law, vol.32, no.1, 2011, p.130.

다 플랫폼 노동과 관련된 법제도적, 경제적, 사회적 환경이 천차만별이라는 점도 제도적·정책적 대안모색을 어렵게 만들고 있다.[135]

선진국과 한국에서 추진되고 있는 플랫폼 노동에 대한 대응방식을 크게 두 가지 차원으로 나누어 볼 수 있다. 첫째는 국제적·국가적 수준에서 진행되고 있는 법제도적 대응으로서 주로 플랫폼 노동자의 법적 지위와 권리를 보장하고 보호하려는 시도이고, 둘째는 플랫폼 노동과 관련된 노동조합, 시민사회, 플랫폼 기업들 간의 거버넌스(governance) 접근법으로 플랫폼 노동자의 노조조직화와 사회적 연대와 단체교섭 등을 통해 자발적으로 플랫폼 노동자들의 권익을 증진하려는 시도라고 할 수 있다. 본서는 이 두 가지 접근방법이 유기적으로 결합되어야 플랫폼 노동문제에 대한 적절한 대응이 가능하다고 판단하고 있다.

국제적·국가적 차원의 법제도적 대응

현재 유럽과 미국 등 선진국이 추진하고 있는 플랫폼 노동에 대한 법제도적 대응방식은 크게 두 가지 유형으로 구분된다. 첫째는 플랫폼 노동자의 법적 지위 확립과 보호를 위해 노동법의 제·개정을 포함한 법률적 규제를 도입하는 방식이고, 둘째는 노동법에 대한 별도의 입법조치는 없으나 기존의 사회보장제도의 적용범위를 조정·확대하여 플랫폼 노동이 제도적 보호를 받을 수 있도록 하는 방식이다. 전자의 사례는 유럽연합(EU), 프랑

---

135) 일례로, 유럽연합 내에서조차 동일한 업무를 수행하는 택배기사를 이탈리아에서는 준종속적 노동자로, 프랑스에서는 자영업자로, 독일에서는 임금노동자로, 영국에서는 영시간계약(zero-hour contract) 노동자로, 벨기에에서는 단속적 노동자(intermittent worker)로 분류한다(De Stefano and Aloisi, op. cit., p.14).

스, 미국의 캘리포니아주가 대표적이며, 후자는 독일, 벨기에, 오스트리아, 슬로바키아 등에서 나타나는 대응방식이다.

플랫폼 노동을 노동법에 포섭하는 것은 다국적으로 유럽연합의 차원에서도 진행되고 있다. 회원국 대부분에서 플랫폼 노동이 확산되고 법률적 쟁점으로 부각되고 있다. 유럽연합은 2019년 6월 유럽의회와 유럽이사회를 통해 「유럽연합의 투명하고 예측 가능한 근로조건에 관한 지침(Directive on transparent and predictable working conditions in the EU)」을 제정하였는데 이것은 같은 해 7월 공포 · 발효되었다. 이 지침은 플랫폼 노동을 포함한 모든 유형의 노동자에게 적용되며, 세부적으로는 서면으로 된 근로조건 정보제공권, 수습기간 제한권, 추가 직업 선택권, 노무제공에 대한 최소한의 예측가능성, 온디맨드(호출) 계약 남용금지, 다른 고용형태로의 전환 요청권, 의무교육훈련 권리를 포함하고 있다.[136] 특히 이 지침은 유럽연합 국가들 사이에서 국제법인 조약(treaties)으로서 효력을 가지기 때문에 회원국은 2022년 8월 1일까지 본 지침을 준수하기 위하여 필요한 조치를 취해야 한다고 명시하고 있다.[137] 따라서 유럽에 국한되는 것이지만 플랫폼 노동에 대한 다국적인 법률적 규제가 조만간 가시화될 것으로 전망된다.

개별 국가의 차원에서 플랫폼 노동의 법률적 규제방식을 채택한 경우는 프랑스가 대표적이다. 프랑스는 2016년 「노동과 사회적 대화의 현대화 그리고 직업적 경로의 보장에 관한 법」을 제정하여 플랫폼 노동자의 권리를 최초로 법제화하였다. 여기서는 플랫폼 노동자를 '비임금 노동자'로 정의하

---

136) 장희은, "해외 플랫폼노동 정책과제와 특징", 한국노동사회연구소 114차 노동포럼 자료집, 한국노동사회연구소 · 서울연구원, 2019, 9쪽.
137) 김도경, "디지털 노동 플랫폼 노동자의 법적 지위와 권리: 프랑스 헌법재판소 2019년 12월 20일 결정을 중심으로", 국외통신원 소식, 헌법재판소 헌법재판연구원, 2020, 11쪽.

여 산재보험 적용, 직업교육, 노동3권의 보장을 규정하고 있다. 2018년에는 동법을 개정한 「자신의 직업적 미래를 선택할 자유에 관한 법」을 제정하여 플랫폼 기업과 플랫폼 노동자들이 '플랫폼 노동약관'을 체결할 수 있도록 하고 이를 통해 플랫폼 노동자의 권리를 보호할 수 있게 하였다.[138] 그러나 이 법률은 입법절차 위반으로 프랑스 헌법재판소에서 위헌결정이 내려져 공포되지 못했다. 결국, 프랑스에서 플랫폼 노동자의 법적 지위에 대하여 직접적으로 규정하는 법률이 없는 상황에서 개별 사건에 대해 법원의 판결로 따로 결정되어 일선 노동법원에서도 제각기 다른 결정들이 내려졌다.[139]

미국의 주정부인 캘리포니아주에서도 플랫폼 노동자를 보호할 수 있는 법안(AB-5: Assembly Bill No.5)이 2019년 주 의회의 상원을 통과하여 2020년 1월부터 시행되고 있다. 이 법안은 플랫폼 노동에서 고용형태 오분류와 가짜 자영업자 문제를 방지하기 위한 강력한 법안이다. 구체적으로, 이 법은 계약에 의하여 독립계약자를 사용하는 모든 기업을 대상으로 사용자인 기업이 상대방이 실제로 독립계약자인지를 ABC 검증요건을 통해 입증해야 하고, 이를 입증하지 못하면 그 계약상대방들은 노동자로 인정되어 최저임금, 산재보상, 유급휴가, 가족휴가 등을 보장하도록 강제하고 있다.[140]

이와 같은 플랫폼 노동에 대한 법제화는 플랫폼 노동의 법적 지위와 사회적 보호를 직접적으로 명시하고 강제한다는 점에서 분명한 장점을 지니지만, 동시에 많은 한계를 지니고 있는 대응 방안이라 할 수 있다. 기존의

---

138) 한인상 · 신동윤, 앞의 보고서, 6-7쪽.

139) 김도경, 앞의 논문, 10쪽.

140) 신동윤, "미국 캘리포니아 주의 플랫폼노동 종사자 보호 사례: AB-5법, 근로자와 독립계약자 구별 검증요건을 중심으로", 외국입법 동향과 분석, 제14호, 국회입법조사처, 2019.11.13., 3쪽.

법제화 시도를 비판적으로 평가하면 다음과 같다. 첫째, 유럽연합 지침의 경우 국제법적인 강제력을 지니기 때문에 회원국들 내에서 일정한 제도적 변화나 개선을 기대할 수 있지만, 플랫폼 노동에 대한 최소한의 보호조치만을 명시하고 있을 뿐 이들의 법적 지위와 사회보장의 적용여부를 법률적으로 분명하게 규정하고 있는 것은 아니다. 또한 이 문제와 관련해 회원국들의 사회경제적 상황과 법제도적 환경이 매우 차별적이고 이질적이기 때문에 일률적인 법적 기준을 쉽게 강제할 수도 없다. 둘째, 프랑스의 플랫폼 노동 법제화는 플랫폼 노동을 노동법에 포섭하려는 매우 적극적인 시도로 평가할 수 있지만, 위헌결정에서 보는 것처럼 현실적인 제약조건들이 상당히 많았다. 헌법이나 다른 법률과의 충돌가능성도 고려되어야 하고 독립자영업자에 가까운 웹기반 플랫폼 노동의 경우 법의 보호대상인지의 여부를 두고 끊임없는 논란이 발생할 소지가 크다.[141] 셋째, 미국 캘리포니아주의 법안은 플랫폼 노동의 오분류와 남용을 억제하기 위한 상당히 강력한 법률적 규제인데, 연방법이 아닌 주법이라는 지역적 한계도 존재하고 플랫폼 기업들의 저항과 반발을 불러일으킬 가능성이 높다는 점이 가장 큰 문제이다.[142]

독일에서는 법제도적 대응으로 플랫폼 노동에 대한 법 제정이나 법률

---

141) 김도경, 앞의 논문, 8쪽.

142) Marriam A. Cherry, "플랫폼 노동자에 대한 법적 보호: 미국 캘리포니아주 AB 5법", 국제노동브리프, 2020, pp.40-41; 그러나 AB-5법 통과에도 불구하고, 우버(Uber)의 최고법무책임자는 "기준이 까다롭다고 해서 우리가 그 기준을 통과할 수 없다는 뜻은 아니다"라고 언급했고, 리프트(Lyft)는 자사의 플랫폼 노동자를 임금노동자로 인정할 계획이 없음을 공공연하게 밝힌 바 있다. 우버가 캘리포니아주에서 철수할 수도 있다는 예측도 제기되는 가운데, 현재는 소송과 주민투표를 통해 법안에 이의제기를 하는 방식을 취하고 있다.

적 포섭을 지향하지는 않지만, 이를 사회보장제도에 폭넓게 편입시켜서 플랫폼 노동에 대한 실질적인 제도적 보호효과를 확보하는 전략을 들 수 있다. 독일의 경우, 현재 플랫폼 노동에 대한 노동법적, 사회법적 규정은 존재하지 않는다. 물론 독일에서도 법제화의 필요성에 대한 논의들이 제기되고 있지만 플랫폼 노동자에 대한 별도의 노동입법 움직임은 나타나지 않고 있다.[143] 하지만 기존 노동법 및 사회보장법에서 '유사근로자'와 '자영업자'에 대한 예외적인 보호조항 적용가능성을 열어놓고 있어, 이를 통한 사회보장의 혜택과 제도적 보호가 가능하다. 그러한 보호조항들에 따라서 플랫폼 노동자도 독일연금공단에서 지위확인절차를 거쳐 노무제공이 취업관계에 해당한다고 인정되면 취업자로서 사회보험의 권리와 의무를 갖게 되는 것이다.[144] 실제로 독일과 오스트리아에서는 가사노동자들에게 사회보장제도를 적용하여 플랫폼 가사노동자들도 사회보장의 혜택을 받을 수 있게 하고 있다. 그리고 슬로바키아에서는 모든 자영업자를 대상으로 건강보험과 연금보험 의무가입을 규정함으로써 플랫폼 노동자들을 사회보장제도에 편입되도록 하였고, 덴마크에서도 실업보험제도의 적용범위를 2018년부터 플랫폼 노동자를 포함한 모든 자영업자로 확대적용해 시행하고 있다.[145]

플랫폼 노동의 사회보험 편입방식은 앞서의 노동법 등의 법제화 시도에 비해서 법제도적 논란과 소모적인 논쟁을 피하고 있다. 플랫폼 AB-5법 통과에도 불구하고, 우버(Uber)의 최고법무책임자는 "기준이 까다롭다고 해서 우리가 그 기준을 통과할 수 없다는 뜻은 아니다"라고 언급했고, 리프

---

143) 한인상 · 신동윤, 앞의 보고서, 8쪽.
144) 이호근, "플랫폼 노동 등 고용형태의 다양화와 사회보장법 개선방안에 대한 연구", 산업노동연구, 제26권 제1호, 한국산업노동학회, 2020, 91쪽.
145) 이호근, 앞의 논문, 83쪽.

트(Lyft)는 자사의 플랫폼 노동자를 임금노동자로 인정할 계획이 없음을 공공연하게 밝힌 바 있다. 우버가 캘리포니아주에서 철수할 수도 있다는 예측도 제기되는 가운데, 현재는 소송과 주민투표를 통해 법안에 이의제기를 하는 방식을 취하고 있다. 노동자에게 제도적 보호 장치를 제공한다는 점에서 매우 실용적이고 현실적합성이 높은 전략이라고 평가할 만하다. 그러나 사회보험 확대적용방식이 문제점이 전혀 없는 것은 아니다. 가장 큰 문제점은 플랫폼 노동자들이 사회보험의 적용대상이 된다고 해서 그것이 곧 사회보험에의 강제가입을 의미하는 것은 아닐 수 있다는 점이다. 상당수 국가에서 플랫폼 노동자를 포함한 자영업자의 연금보험, 실업보험 가입은 임의가입 형태가 많으며, 본인이 사회보험료를 부담해야 하는 경우가 대부분이다. 또한 플랫폼 노동자의 산재보험 적용의 경우에도 플랫폼 기업이나 서비스 이용 고객이 산재보험료를 부담해야 하기 때문에 기업들의 반발과 비용부담을 서비스 이용료에 전가하는 문제 등이 발생할 수 있다.[146] 따라서 플랫폼 노동의 사회보험 편입방식은 제도적 실효성이 나타날 수 있도록 보다 세심하고 정교한 제도설계 및 제도보완이 필요하며, 관련 이해당사자들 간의 이해상충 문제를 합리적으로 조율할 수 있는 전략이 수반되어야 한다.

한편, 한국에서는 플랫폼 노동이 꾸준히 증가하고 있음에도 논의만 무성할 뿐 유의미한 제도화로 진전되지 않았는데 최근 정부주도로 플랫폼 노동에 대한 법제도적 대응이 급물살을 타고 있다. 대통령직속 일자리위원회와 고용노동부는 2020년 12월「플랫폼 종사자 보호대책」을 발표하였다.

---

146) 사회보장의 적용을 받는 독일 가사노동자(플래폼 가사노동자 포함)를 고용하는 개인가정은 노동자에게 법정 산재보험을 가입시켜줘야 하며 산재보험료를 납부해야 한다(장희은, 앞의 논문, 7쪽).

여기서는 플랫폼 노동을 보호·규제하는 법률 제정과 더불어 플랫폼 노동을 사회보장제도로 편입시키는 두 가지 법제도적 전략 모두가 포함되어 있다.[147] 먼저「플랫폼 종사자 보호 및 지원 등에 관한 법률」은 2021년 3월 민주당의 의원발의로 현재 국회계류중인데 2022년에는 법안통과가 유력한 상황이다.「플랫폼 종사자 보호법」은 플랫폼 종사자의 지위를 규정하고 이들의 기본적 노동제공여건을 보호하기 위한 특별법으로서, 구체적으로 서면계약서 제공, 계약해지 시 사전 통보, 보수 지급기준 변경 시 사전 통보, 플랫폼 종사자의 개인정보보호, 규정 위반 시 과태료 부과 등의 조항을 담고 있다. 그리고 정부 정책은 2021년 중에 플랫폼 노동자의 사회보장제도 포섭으로 산재보험의 '전속성' 요건을 폐지해 플랫폼 노동자를 포함할 수 있도록 하고, 고용보험도 '전국민고용보험'을 목표로 플랫폼 노동자에게도 단계적으로 확대적용하는 방침을 수립하였다. 이외에도, 표준계약서 제정, 근로자성 여부를 판단하는 고용형태 자문기구 운영, 사회보험 자격확인, 플랫폼 종사자의 이익대변단체·협동조합 결성허용 등을 주요 정책내용으로 담고 있다.[148]

한국의 플랫폼 노동에 대한 법제도적 대응은 그간 선진국과 한국에서 논란이 되어왔던 플랫폼 노동문제의 각종 현안들을 체계적으로 검토하여 법제화와 사회보장제도, 다양한 정책수단을 동원한 종합적이고 포괄적인 정책대응을 구축하고자 시도했다는 점에서 나름 중요한 실천적 의의를 지닌다고 평가할 수 있다. 그러나 산업 일선에서는 노동조합 및 노동계가「플랫폼 종사자 보호법」에 강력 반발하고 있고 관련 이해당사자들로부터 다

---

147) 관계부처 합동, "사람 중심의 플랫폼 경제를 위한 플랫폼 종사자 보호 대책", 제18차 일자리위원회 의결안건, 2020.12.21.

148) 관계부처 합동, 앞의 안건, 7-15쪽.

양한 논란이 제기되고 있는 상황이어서 실제의 법제화가 어떤 내용과 형식으로 귀결될지는 좀 더 지켜보아야 할 것으로 보인다. 그중 가장 큰 논란은 플랫폼 노동자를 기존의 노동관계법 개정이 아닌, 제3의 지위를 상정하는 별도의 특별법으로 규제·보호하려고 하는 것이 기존의 노동법보다 더 낮은 수준의 보호를 고착화시킬 수 있다는 우려와 반발이다. 이에 대해 정부는 플랫폼 종사자 중에서 근로자성(근로자자격)을 충족시키는 자는 기존의 노동관계법 적용이 가능하며, 자영업자로 분류되는 플랫폼 종사자는 이 법의 보호를 받을 수 있는 제도적 보완이 있다고 강변하고 있다. 하지만 한국노총과 민주노총을 포함한 모든 노동단체들은 현재까지도 이 법률에 반대하고 있는 상황이다.

플랫폼 노동자의 노조조직화와 거버넌스 방식의 조직화

앞서의 플랫폼 노동에 대한 법제도적 대응방식은 주로 국제기구나 중앙정부 및 지방정부에서 추진되는 플랫폼 노동문제에 대한 '위로부터의 접근법'이라 할 수 있다. 이에 비해, 플랫폼 노동자의 노조조직화, 기존 노조와의 사회적 연대, 플랫폼 기업과의 단체교섭 및 사회적 협약 체결, 플랫폼산업에 대한 거버넌스(governance) 및 감시체계 구축 등은 일종의 '아래로부터의 접근법'에 해당한다. 아래로부터의 접근법은 노동 현장의 노조조직률이 높고 노조의 정치사회적 영향력이 강한 나라들에서 채택되는 방식이다. 이들 나라에서는 주요 노동문제를 기업별·개별 노조의 단체협약보다는 그 기업이 속하는 사업의 개별 노동조합들의 연합체(산별노조)에 의한 산별단위의 단체협약으로 해결해 왔는데 그러한 역사적 전통을 지닌 유럽대륙 국가에서 주로 나타나는 대응전략이다. 반면, 노동법 법제화를 통한 플랫폼 노동의 대응전략을 추구하는 프랑스와 미국은 상대적으로 노조조직률과 노조영향력이 낮은 국가들이다. 다시 말하면, 아래로부터의 접근이 좀 더 어려운 국가들에 해당한다. 플랫폼 노동문제에 대한 아래로부터의 접근을 가능하게 하려면 민간차원의 대응전략으로 플랫폼 노동자의 노조조직화, 플랫폼 기업과의 단체협약 체결시도를 실행하는 것이 필요한데 이를 충족하려면 먼저 플랫폼산업의 민간 거버넌스 구축이 있어야 한다. 그 구축방향과 내용은 다음과 같이 요약할 수 있을 것이다.

먼저, 플랫폼 노동자의 노조조직화는 불확실한 고용지위, 공통의 정체성 결여, 작업공간의 분산, 고용의 휘발성 등 플랫폼 노동이 지닌 고유한 특성 때문에 매우 어려운 작업이다.[149] 따라서 유럽의 주요국에서는 기존 노동조합이 플랫폼 노동자를 조직대상에 포함시키도록 적극적으로 포섭하는 방식과 노조의 지원 및 플랫폼 노동자의 집단행동을 통해 플랫폼 노동자들의 독자조직으로 발전하도록 하는 방식으로 노조조직화가 이루어지고 있다. 독일의 금속노조(IG Metal)와 통합서비스노조(Ver.di)가 자영노동자의 노조가입을 허용하고 있는 것과 영국의 독립노동자노조(IWGB)가 모든 유형의 노동자를 가입대상으로 하는 것이 전자의 경우에 해당한다. 프랑스에서 자율노조(UNSA)와 노동총동맹(CGT)이 우버기사와 배달노동자 지부를 설립한 것과 벨기에서 전국피고용자노조(CNC)의 지원 아래 우버 이츠, 딜리버루의 플랫폼 노동자들이 배달노동자노조(Collectif des coursier-e-s/ KoeriersKollectief)를 설립한 것 및 네덜란드에서 라이더노조(Rider's Union)가 수립된 것이 후자의 경우에 해당된다.[150]

유럽에서 플랫폼 노동자의 조직화는 단순히 노조건설로만 끝내지 않고 그동안 여러 차례의 쟁의행위를 통해 집합적 실체로서의 위상을 강화하고

---

149) Eurofound, op. cit., 2018, p.58.
150) Ibid., pp.53-56.

있다. 독일 금속노조의 경우, 노조의 적극적 개입을 통해 플랫폼 기업들이 사용자성과 노동관계를 인정하고 노조참여하에 사회적 협약을 체결하도록 유도하고 있다.[151] 또한 네덜란드의 라이더노조, 벨기에의 배달노동자노조, 영국의 독립노동자 노조에서도 플랫폼 배달노동자의 고용지위 및 배달료 삭감문제와 관련해 이미 수차에 걸쳐 파업과 항의시위를 전개했으며 법적 소송도 진행 중에 있다.[152]

다음으로, 플랫폼 기업과의 단체협약 체결은 플랫폼 기업들이 플랫폼 노동자들의 고용관계와 근로자성을 인정하고 노동자들의 권리를 법적 구속력을 지닌 형태로 보장한다는 점에서 제도적으로 상당히 중요한 진전이리고 할 수 있다. 플랫폼 기업과의 단체협약 체결사례가 아직 보편화된 것은 아니지만, 유럽에서 몇몇 긍정적인 시도들이 나타나고 있다. 덴마크의 가사서비스 플랫폼 기업인 힐퍼(Hilfr)는 2018년 플랫폼 기업 최초로 노조와 단체협약을 체결하여, 단체협약 적용대상자인 수페르힐퍼(Super Hilfr)에게 최저임금, 연금, 유급휴가, 실업급여를 보장하였다. 영국의 물류 플랫폼 기업인 헤르메스(Hermes)도 2018년 배달노동자들이 제기한 소송에서 패소한 후, 노동자를 대리한 영국 일반노조(GMB)와 단체협약을 체결한 바 있다. 주요 내용은 최저임금 보장, 유급휴가 제공 등이다. 스페인의 딜리버루(Deliveroo)도 라이더단체들과 단체협약의 일종인 양해각서(interest of agreement)를 체결해, 산재발생시 유급휴가비 제공, 정당한 사유 없는 계약해지에 대한 보상금, 교육과정 참여기회 등의 권리를 보장한 바 있다.[153]

---

151) 이승협, "집단적 노동관계를 통한 플랫폼 노동자 보호방안: 노동조합의 역할을 중심으로", 동아대학교 법학연구소 인문사회연구소지원사업 학술대회 발표문, 2021.02.23.

152) 장희은, 앞의 논문, 17쪽.

153) 장희은, 앞의 논문, 11-13쪽.

마지막으로, 플랫폼산업의 민간 거버넌스 및 감시체계 구축을 들 수 있다. 대표적으로 꼽을 수 있는 것이 '페어크라우드워크(FairCrowdWork)'이다. 이것은 독일의 금속노조가 웹기반 플랫폼 노동자를 보호하기 위한 사업으로 시작하여 유럽 각국의 노조(오스트리아 노동국, 오스트리아 노동조합연맹, 스웨덴 사무노동조합)가 결합되면서 발전한 플랫폼산업의 국제적 거버넌스 기구라 할 수 있다. 이 기구는 플랫폼 기업의 횡포와 권력남용을 감시하는 것을 목적으로 하며, 플랫폼 노동자의 리뷰에 기초한 플랫폼 등급점수와 프로파일을 제공하여 플랫폼 기업들의 일자리를 상호 비교할 수 있도록 하고, 또한 플랫폼의 약관, 크라우드워커(Crowdwoker)의 법적 권리와 의무, 가입 가능한 노동조합에 대한 정보 등을 제공하는 활동을 하고 있다. 또한 독일에서는 플랫폼 기업들의 자발적인 자정노력이 등장하기도 했는데, 2017년 독일의 11개 플랫폼 기업이 서명한 '크라우드소싱 행동수칙(Crowdsourcing Code of Conduct)'이 대표적이다.[154] 이는 웹기반 플랫폼 노동에 대해 합법적 과업 부여, 정당한 보수, 명확한 과업배분, 자율성·유연성 보장 등을 공개적으로 천명한 일종의 '윤리헌장'으로 볼 수 있으며, 독일 금속노조의 참여하에 플랫폼 기업의 행동강령 준수를 감시하는 옴부즈 오피스까지 설치하여 운영하고 있다. 실제로 옴부즈 오피스 설치 이후 30건의 조정신청이 접수됐으며 이 중 20건이 옴부즈 오피스 패널의 중재로 합의안을 도출한 바 있다.[155]

---

154) Kurt Vandaele, "Will Trade Unions Survive in the Platform Economy?: Emerging Patterns of Platform Workers' Collective Voice and Representation in Europe", ETUI Working Paper, Brussels: European Trade Uniuon Institute, 2018, p.22.

155) Vandaele, 앞의 논문, pp.10-11.

플랫폼 노동에 대한 민간차원의 거버넌스적 접근법은 짧은 기간임에도 플랫폼 노동문제를 공론화하고 이들의 법적 지위 및 노동권을 개선하는데 나름 유익한 역할을 담당한 것이 사실이다. 그러나 '위로부터의' 법제도적 대응과 마찬가지로, '아래로부터의' 조직화 및 거버넌스적 대응방식도 한계점을 지니고 있다. 첫째, 유럽에서 플랫폼 노동자의 노조조직화가 증가하고 있고 일부 국가에서는 이미 파업 등 쟁의행위가 전개되기도 했지만, 여전히 그 성과는 불분명하다는 점이다.[156] 몇몇 사례를 제외하면 대부분의 플랫폼 기업은 플랫폼 노동자들의 '근로자성'을 부정하는 입장을 고수하고 있어서, 상당수의 쟁점사안들이 단체협약이 아닌 법적 소송 형태로 진행되고 있으며, 이에 대한 법원의 판결도 사안별로 들쭉날쭉한 상황이다. 둘째, 플랫폼 기업과 플랫폼 노동자간의 단체협약 체결도 제도적 진전으로 평가할 수 있는 부분도 있지만, 플랫폼 기업의 제도적 유화책으로 볼 수 있는 부분도 있다. 대표적으로, 스페인 딜리버루가 라이더노조와 체결한 것은 단체협약이 아닌 단순한 '양해각서'로서 법적 구속력이 없다는 점이 그 사례에 해당한다. 또한 딜리버루와 우버는 유럽의 자사 배달원 및 운전기사에게 상해보험, 책임보험, 유급휴가 등의 복리후생을 제공한다고 공표했는데,[157] 이들 기업은 자사 배달원이 '노동자'로 인정되는 것을 우려해 '사용자성'이 발생하지 않는 범위 내에서 제한적인 복지를 제공하는 데 그치고 있다. 따라서 노동조건을 실질적으로 개선하는 수준에는 이르지 못하고 있다. 셋째, 플랫폼 기업들과 노조가 참여하여 플랫폼산업을 규제 · 감시하는 거버넌스 체계의 구축도 별다른 실효성이 없는 상징적인 선언에 그치는 경

---

156) Eurofound, op. cit., 2018, p.58.

157) Maysa Zorob, "The Future of Work: Litigating Labour Relationships in the Gig Economy", Business and Human Rights Resource Center, 2019.

우도 있다. 독일의 크라우드소싱 행동수칙과 유사한 거버넌스 체계로 미국에서도 2015년 '굿 워크 코드(Good Work Code)' 캠페인이 제기된 바 있는데, 처음에는 미국의 12개 플랫폼 기업들이 서명했지만 현재까지도 별다른 활동이 없는 것이 그러한 경우에 해당한다.[158]

한편, 유럽만큼의 사회적 관심과 여론의 주목을 받고 있지는 못하지만, 한국에서도 플랫폼 노동자의 조직화 시도, 단체협상 체결, 플랫폼산업의 거버넌스 구축 시도가 꾸준하게 진행되어왔고, 최근에는 유럽에서 나타난 것과 대등한 수준의 의미 있는 성과가 가시화되고 있다. 먼저, 플랫폼 노동자의 조직화 시도는 2019년 3월 민주노총 서비스연맹이 준노조조직이라 할 수 있는 '플랫폼 노동연대' 결성하면서 시작되었고, 배달 플랫폼의 라이더 유니온이 2020년 11월에, 또 다른 플랫폼인 대리운전 노조가 2020년 7월에 각각 고용노동부의 설립 필증을 교부받음으로써 전국단위의 합법노조로 확립되었다.[159] 또한 플랫폼 노동자를 대상으로 한 기존 노조의 조직화 시도도 이어지고 있다. 한국노총은 플랫폼 노동자를 조직대상으로 하는 '전국연대노조'를 2020년 9월 출범시켰고, 2021년 4월에는 플랫폼·프리랜서협동조합협의회와 공동실천협약을 체결하기도 했다.[160]

---

158) 장희은·김유휘, "플랫폼 경제에서의 노동자 보호를 위한 해외 정책동향", 산업노동연구, 제26권 제1호, 한국산업노동학회, 2020, 19-21쪽.

159) 서울경제, 2020.11.09., "배달플랫폼 라이더 전국단위 노조 뜬다", https://www.sedaily.com/NewsView/1ZACB2E5IA.

160) 매일노동뉴스, 2020.09.04., "'전국연대노조' 띄운 한국노총, 플랫폼 노동자 조직화 본격화", http://www.labortoday.co.kr/news/articleView.html?idxno=166389; 한겨레, 2021.04.30., "플랫폼·프리랜서협의회, 한국노총과 '노동권 확보' 나선다", https://www.hani.co.kr/arti/economy/economy_general/993411.html.

다음으로, 플랫폼 노동자의 조직화 노력이 증가하면서 플랫폼 노사 간의 자율적 협약체결도 진전되고 있는 추세이다. 대표적으로, 2020년 10월 배달 플랫폼 노사가 '배달 서비스 협약'을 체결해 배달 라이더의 노조결정 권리를 인정하고, 기업은 이를 정식노조로 인정하고 단체교섭 주체로 존중하며, 업무의 공정배분과 산재보험 가입 등 처우개선에 합의한 바 있다. 여기에는 기업 측에서 배달의 민족, 요기요, 스파이더 크래프트, 코리아스타트업 포럼이, 노조 측에서는 민주노총 서비스연맹, 라이더유니온이 참여했다.[161] 물론 이는 노사 간의 자율협약이기 때문에 실제 분쟁발생 시 어느 정도까지 법적 효력을 인정받을 수 있을지는 미지수이며, 협약이 법적 근거를 갖기 위해서는 노동법 개정이 뒷받침될 필요가 있다. 그럼에도, 플랫폼 노동자의 노조결성과 조직화 시도에 힘입어 플랫폼 기업들이 이들의 '근로자성(근로자 자격)'을 공식적으로 인정하고 단체교섭 주체로 수용했다는 점은 노사관계의 차원에서 플랫폼 노동문제가 제도화되는 데 상당히 중요한 진전이자 성과인 것은 분명하다. 그리고 앞서의 배달 플랫폼 노사협약을 이끌어 내는데 중추적인 역할을 담당했던 '플랫폼 노동 포럼'은 2021년에도 플랫폼 노사대표자 회의를 구성하고 자율협약 이행을 감시하는 배달서비스 협의회도 신설하는 등 배달 플랫폼산업의 민간 거버넌스 기구로 자리매김하고 있다.[162] 이는 유럽의 '페어크라우드워크'와 더불어, 플랫폼 노동문제를 민간차원의 거버넌스적 노력으로 제도화하고 해결하고자 시도하려는 선구적인 모범사례로 평가할 만하다.

---

161) 시사저널, 2020.10.06., "배달플랫폼 노사의 '상생'...라이더스, 이제 '노동자' 인정받는다", http://www.sisajournal.com/news/articleView.html?idxno=205995.

162) 연합뉴스, 2021.01.07., "플랫폼 노동 포럼, 노사 대표자 회의 꾸려 사회적대화 확대", https://www.yna.co.kr/view/AKR20210107062100017?input=1195m.

(7) 플랫폼 노동에 대한 평가와 전망

4차산입혁명과 경제의 디지털화 흐름은 플랫폼 노동이 우리의 일상생활 곳곳에 급속히 파고들면서 다양한 경제영역에 지속적으로 파급 · 확산되게 하는 것은 현재 부인할 수 없는 사회변화라고 할 수 있다. 그렇다고 해서 플랫폼 노동이 지닌 사회적, 경제적, 제도적 의미를 과장하거나 지나치게 과대평가할 필요는 없을 것이다. 플랫폼 노동이 수적으로 증가하고 노동영역에서 그것의 위상과 관련해 논란과 주목을 받고 있는 것은 사실이지만, 선진국과 한국에서 플랫폼 노동은 여전히 전체 경제활동인구에서 아직도 작은 비중을 차지하고 있을 뿐이며, 가까운 시일 내에 기존의 전통적 고용관계를 압도하거나 대체하는 수준으로까지 발전할 것이라 보기는 어렵다. 또한 플랫폼 노동이 디지털 기술에 기초한 새로운 고용형태이고 상당히 이질적이고 차별적인 유형들을 포괄하지만 그것 때문에 기존의 노동법적 개념이 진부해졌다거나 이를 적용하기 어렵다고 볼 이유는 없다.[163] 플랫폼 노동의 형태가 어떠하든 자본주의적 노동관계에 내재해 있는 경제적 종속성이 존재한다면 사회적 약자를 보호하기 위한 노동법적 규제는 정당성을 지니게 되기 때문이다.

그럼에도, 현실에서 플랫폼 노동이 야기하는 제반 노동문제에 대해 법적, 제도적, 사회적 대응이 쉽지 않은 것 역시 분명한 사실이다. 실제로 유럽 등 선진국에서 플랫폼 경제의 출현과 더불어 제기된 수많은 문제들에 대처하는 법적 규제를 도입한 국가는 소수에 불과했다. 플랫폼 경제모델은 변동성이 커서 제도적 규제가 지나치면 산업성장이 저해될 가능성이 있기 때문이다. 또한 플랫폼 노동이 포괄하는 하위 유형들 간 높은 이질성은 일반적인 수준의 논의나 정책 권고를 별로 유용하지 않게 한다. 이런 점에

---

163) 박은정, 앞의 논문, 215-252쪽.

서 일부 학자들은 플랫폼 노동에 대한 일률적이고 수평적인 규제를 제안하
거나 별도의 법제도 신설을 통해 플랫폼을 규제하려는 것은 별다른 실효성
이 없는 무익한 시도라고 비판하면서, 플랫폼 노동의 하위 고용유형별 특
성을 고려한 다양한 접근법이 시도될 필요가 있음을 강조한다.[164] 따라서
플랫폼 노동문제의 합리적 접근을 위해서는 앞서 살펴본 플랫폼 노동의 노
동법적 포섭과 같은 법률적 규제, 사회보장제도의 유연한 적용ㆍ조정을 통
한 실질적 보호방안의 도출, 플랫폼산업 이해당사자들 간의 공동의 행동강
령 및 사회적 협약 구축, 플랫폼 노동자의 조직화와 단체행동을 통한 제도
화 압력 등 다양하고 다층적인 접근법이 유기적으로 결합되어 추진될 필요
가 있다.

선진국들과 마찬가지로 플랫폼 노동이 꾸준히 증가하고 있는 한국에서
도 플랫폼 노동문제에 대해 그간 다양한 학술적, 정책적 논의가 지속적으
로 제기되어 왔다. 최근에는 정부주도로 플랫폼 노동의 보호ㆍ규제를 위
한 법제화 시도, 사회보험 편입정책 등이 추진되고 있어 조만간 플랫폼 노
동문제의 제도화를 향한 의미 있는 진전이 가시화될 것으로 보인다. 그러
나 플랫폼 종사자 보호법을 둘러싼 노동계의 반발과 사회적 논란에서 보듯
이, 이질성과 변동성이 큰 플랫폼 노동 전반을 커버할 수 있는 제도적 해결
책을 구축하는 것은 상당히 어렵고 난해한 과제라 할 수 있다. 플랫폼 노동
문제에 대한 위로부터의 법률적 대응방식이 구조적으로 한계를 지닐 수밖
에 없다면, 그것의 취약지점을 매울 수 있는 것은 아래로부터의 다양한 사
회적 대응을 통해 플랫폼 노동문제의 제도화와 노사관계 정착을 강제하는
방법일 것이다. 사실, 최근 한국에서 정부가 플랫폼 노동문제에 대한 본격
적인 법제도적 대응을 강구하게 된 데는 수년 전부터 진행된 플랫폼 노동

---

164) De Stefano and Aloisi, op. cit., pp.9-16.

자들의 자발적인 조직화와 집단행동이 상당한 영향을 미쳤음은 분명하다. 향후 플랫폼 노동자의 조직화 노력과 실천들, 기존 노동조합과 시민사회의 지원 및 연대활동의 활성화, 플랫폼산업 내부의 가이드라인 제정 및 거버넌스 구축 시도, 이를 통한 사회적 담론 및 문제의식의 확산이 보다 강화되고 유기적으로 결합된다면, 플랫폼 노동에 대한 법제도적 대응은 한 단계 더 높은 수준으로 발전할 수 있을 것이다.

7.5. 노동법제의 변화

위에서 서술한 바와 같은 4차산업혁명시대의 근로 환경과 근로 방식의 변화는 디지털 기술 등 다양한 기술의 발전과 인공지능 그리고 그것을 적용한 로봇의 사용 등으로 초래되었다. 이들 변화에 대응하는 가장 실천력 있는 방식은 강제력이 부여된 노동법제의 변화라고 할 수 있다. 이와 관련한 논의들은, 대표적으로 플랫폼 노동 종사자 보호를 위한 특별법 제정을 비롯하여, 근로계약 영역을 규율하는 「근로기준법」, 노동조합과 같은 집단적 노동관계를 규율하는 「노동조합 및 노동관계조정법(이하 "노조법"이라 함)」 등을 중심으로 전개되고 있다. 이를 영역별로 보면 다음과 같다.[165]

(1) 근로기준법

근로시간과 관련하여 4차산업혁명시대에는 근로제공에 있어서 시간적 · 공간적 유연성이 증대(재택근무 등)한다. 그 관점에서 볼 때 업무와 개인 사생활의 경계가 무너질 가능성이 매우 크다. 이는 근로자의 건강권 확보를 주제로 하는 논의를 요구한다. 1일 근로시간 8시간의 원칙이라는 상

---

165) 박지순, 앞의 논문, 166쪽.

한 규제의 영역에서 벗어나 1일 최소 연속 휴식시간 제도를 도입하는 것에 대한 논의도 필요하다.[166] 더 나아가 1일 근로시간 상한 폐지와 근무일 간 인터벌(간격) 보장을 검토할 필요가 있다고 하여 1일 근로시간 상한제의 폐지를 주장하는 학자들도 있다. 4차산업혁명시대에는 디지털시대와 더불어 이른바 초연결사회가 출현할 것이고, 업무와 휴식의 분리가 명확해지지 않다는 점에 대한 대응 방안으로 "연결되지 않을 권리"에 대한 논의도 필요하다.[167]

일본에서 근로시간 인터벌 제도는, 「근로시간 등의 설정 개선에 관한 특별조치법(労働時間等の設定の改善に関する特別措置法)」의 개정으로 도입되었다. 그 내용은 업무 종료부터 다음 업무 개시까지 11시간을 확보할 수 있도록 하는 형태이다.[168] 이 제도가 도입되기 이전에 실제 사업장에서는 7시간, 8시간, 8시간에 출퇴근시간을 더하는 시간 등의 사례도 있었다.[169] 근로시간 연결로부터의 차단에 대한 일본에서의 논의는 4차산업혁명과 직접적인 관련 없이 장시간근로 제한, 근로자의 일·가정 양립 등의 관점에서 주장되고 있으나 아직 제도화에는 이르지 못하고 있다.

플랫폼 노동 제공자 등에 대한 노동법규의 일부적용 내지 사회보험제도로의 편입 등의 논의 또한 필요한데 우리 정부는 2016년 이후 「중장기 종합대책」 발표에서 '플랫폼 경제'와 관련된 정책방향 및 목표, 추진과제, 상

---

166) 박지순, 앞의 논문; 송강직, 앞의 논문(2018), 291-294쪽.

167) 박지순, 앞의 논문, 179쪽.

168) 송강직, "일본 근로시간 제도", 노동법논총, 제45권, 한국비교노동법학회, 2019, 116쪽.

169) 働き方改革シリーズ第5弾勤務間インターバル制度事例ー長時間労働の抑制や健康管理の時点から導入した先進3社の事例, 労政時報第3939号, 2017.10.27., 16-41頁 등의 사례 참조.

황 점검 결과를 제시하면서, 플랫폼 노동 종사자를 산재보험의 보호대상에 포함하는 방안과 다양한 계약형태의 노무제공 실태를 확인해 사회적 논의를 거쳐 현행 규율 체계를 재검토하겠다고 밝혔다. 한편 경제사회노동위원회는 '디지털 전환과 노동의 미래위원회(2018.7.~2020.10.)'에서 디지털 전환이 경제사회 및 노동에 미치는 영향에 대한 진단과 디지털 확산이 포용적 혁신성장과 일자리 질 제고로 이어질 수 있도록 노·사·정 대응 방향과 협력을 위한 공동의 정책과제에 관한 기본 합의를 도출하였다. 2019년 대통령은 4차산업혁명위원회 '4차 산업혁명 대정부권고안'에서의 노동규범의 대응이 늦어지고 있다는 지적과 플랫폼 노동 종사자에 대한 보호의 필요성을 지적하였다. 한편, 「고용보험법 일부개정법률안」 및 「고용보험 및 산업재해보상보험의 보험료 징수 등에 관한 법률 일부개정법률안」 등과 같은 국회에서의 법안 논의는 고용보험적용문제와 플랫폼 노동 사업주의 피보험자에 대한 관리 및 신고 의무화할 것에 관한 내용을 포함하고 있었다. 서울특별시는 2018년 10월 크라우드워커의 일종인 프리랜서 권리보호를 위한 조례를 제정하여 근로기준법 등 노동관계법의 적용을 받지 않고 계약의 형식과 무관하게 일정한 기업이나 조직에 소속되지 않으며 자유계약에 위해 일하는 사람을 프리랜서라고 정의하는 내용을 포함하여 프리랜서의 권익보호와 지위향상을 서울시장의 책무로 하였고, 노동환경 실태조사 및 공정거래 지침 마련 불공정거래 예방 및 피해구제 지원을 위한 공정거래 지원센터 설치와 같은 지방자치단체 레벨에서의 대응 방안도 마련하였다.

(2) 노조조합 및 노동관계조정법

노동조합 설립은 근로자들 스스로의 선택에 의한 자주적 결정으로 이루어진다. 따라서 4차산업혁명시대 노동조합 조직형태에 대한 논의는 근로제공 형태 및 그에 따른 근로자층의 다양화에 따라 어떠한 노동조합이 출현될 것인가 하는 것이 논의의 중심이 될 것이다. 이러한 관점에서 노동조합 조직형태 변화 등에 대한 논의에 대하여 실제 노동조합 조직에 몸을 담고 있는 조직 활동가들의 의견을 소개한 연구물이 관심을 불러일으킨다.[170] 이 연구결과에 의하면 사회법으로서의 노동법의 존재 의의를 새로운 관점에서 보게 되는데 노동조합이 무력화될 수도 있다는 우려를 볼 수있고, 4차산업혁명에 따라 노동을 대체할 첨단 기술의 도입은 결국 경영상의 이유에 의한 해고를 통한 고용조정 내지 구조조정으로 연결된다는 우려도 볼 수 있다. 정리해고와 같은 기업의 구조조정은 쟁의행위 목적의 정당성 부인과 쟁의행위에 대한 민사 · 형사 책임을 인정한 판례법리 등을 볼때 그러한 법리에 대한 변경이 필요하고 노동의 유연화에 대한 노동조합의 주도적 역할이 필요하다는 것이 강조된다. 플랫폼 노동을 새로운 형태의 비정형노동으로 보고 협동조합과 같은 비노조 방식의 조직화 내지는 온라인노동조합 등의 방안이 제시되었다.[171] 이러한 방안들에는 당사자 간의 합의가 필수적이라는 점을 강조하면서 공동결정제도를 제시하기도 했다.[172] 디지털 플랫폼 노동 종사자들의 단결권 인정 및 산업재재보상보험법 적용을 위한 입법적 노력과 더불어 사회적 기업 및 협동조합형태에 대한 고민, 노사협의회의 역할이 약화된 상황을 고려할 때에 근로자대표 기구 등에 대한 입법적 고려 등이 그 연구의 중요한 내용을 이루고 있어서 매우 참고할 만하다.

노조법과 관련한 제도적 논의로, 근로조건 결정에 있어서 근로기준법

---

170) 문중원, "4차 산업혁명시대의 노동과 노동조합의 미래에 대한 고찰", 법제, 제687권 제4호, 한국법제처, 2019, 10-35쪽.
171) 문중원, 앞의 논문, 20쪽.
172) 문중원, 앞의 논문, 11쪽.

을 통하여 결정되는 현재의 획일적, 통일적 결정방식에서 탈피하여 근로자 개별의 니즈, 역량주문, 전문성 정도에 따라 구체적으로 결정할 수 있는 가능성을 열어 두어야 한다는 견해도 있다. 현행 근로기준법상의 강행적 규정 형식이 아닌 근로자대표와 사용자가 합의하는 방식에 의한 근로조건 결정을 광범위하게 인정할 필요성이 있으며, 단적인 예로서 통상임금에 대한 노사합의는 강행규정임을 이유로 그 효력이 부정되어서는 아니 된다는 주장도 있다.[173] 나아가 근로조건 결정주체로서 조직률이 낮은 현재의 노동조합에 의존하기보다 상설형태로의 근로자대표 제도의 개선을 위하여 근로자대표의 통일적이고 명확한 제도적 재설계가 필요하다는 것이 주장되고 있다.

일본에서도 4차산업혁명시대의 노동조합의 조직형태 등에 조직 변화의 필요성이 제기되고 있다. 즉 기업에서 일한다는 귀속의식보다도 같은 직종과 전문 영역에서 일한다는 공통의식이 보다 강해져서, SNS 등에서 유사 커뮤니티를 만들어 가게 될 것이라는 것이다. 이러한 유사 커뮤니티를 통한 연계가 일하는 사람과 기업이 계약을 체결했을 경우보다 대등한 힘의 관계에 서는데 기여하는 것은 틀림없을 것이라고 한다. 이러한 변화에 대응하려면, 노동조합도 기업별 · 업계별 운영에서 직종별 · 지역별 연대도 고려하고 SNS와 AI, VR 등의 기술혁신을 활용한 새로운 시대에 어울리는 조직으로 진화할 필요가 있다는 견해들이 나오고 있다.[174]

---

173) 박지순, 앞의 논문, 189쪽.

174) 송강직, "쟁의행위와 민사책임", 노동법학, 제9호, 한국노동법학회, 1999, 215-243쪽; 송강직, 일본에서의 쟁의행위와 형사책임, 『노동과 법 제3호 - 쟁의행위와 형사책임』, 금속법률원, 2002, 59-95쪽; 송강직, "쟁의행위에 관한 최근 대법원판례", 노동법포럼, 제6호, 노동법이론실무학회, 2011, 5-39쪽; 송강직, "쟁의행위와 손해배상", 동아법학, 제64호, 동아대

(3) 산업안전보건법

4차 산업혁명시대에는 업무의 진행이 점점 정밀해짐에 따라 근로자의 심리적·정신적 부담이 증가된다. 인공지능 등 기계의 업그레이드된 협업에 대비한 새로운 안전 전략 수립이 필요해지고, 재택근로 내지 원격근무 확산에 대비한 추가적인 안전 및 건강보호가 필요해진다. 그러한 문제들은 산업안전보건법상의 안전보건에 대한 과제를 낳게 된다.[175] 구체적인 개선 과제로 사업주에게 건설물, 기계·기구, 설비, 원재료, 가스, 증기, 분진 등에 의하거나 업무에 기인하는 위험요소를 찾아 위험성을 결정하고, 근로자의 위험 또는 건강 장애 방지를 위한 위험성평가 등의 조치가 필요하고, 업무감시용 장치의 확산 및 스마트폰을 이용한 업무수행 등에 의한 업무 강도와 업무집중도를 높이는 요인에 대한 대응으로 근로자 건강보호가 필요하다. 나아가 노동법 영역에서의 개인정보보호의 부재에 대한 대비를 위하여 개인정보보호법에 노동관계편을 신설하고, 그 내용으로 개인정보 활용은 노무지휘권과 시설관리권 범위 내의 업무와 밀접성을 갖는 것으로 사용자의 정당한 이익에 한정되어야 한다는 것을 규정하며, 동시에 수단의 적절성과 피해의 최소성 확보, 근로자의 동의에 갈음하는 집단적 의사결정 방식에 의한 견제 등에 관한 규정이 필요할 것이다.[176]

학교 법학연구소, 2014, 87-114쪽; 송강직, "노동기본권의 본질과 쟁의행위", 법학논문집, 제39집 제1호, 중앙대학교 법학연구소, 2015, 223-249쪽; 송강직, 앞의 논문(2018), 301쪽.

175) 박지순, 앞의 논문, 182-183쪽.
176) 박지순, 앞의 논문, 188쪽.

7.6. 앞으로의 과제와 전망

인공지능은 향후에 문제되는 것이 아니라 실제로 이미 상용화되고 있다는 점에서 인공지능시대 법제 논의도 시급을 요하는 측면이 있다. 본서는 노동법 영역 연구자들이 주장하는 플랫폼 노동과 그에 따른 문제들은 우리 경제의 많은 부분에서 현실적으로 문제되고 있다는 점을 강조한다. 그러나 이를 기존의 노동법제에서 어떻게 포섭할 것인가 하는 것은 결국 입법으로 해결할 수밖에 없다는 것이다. 필요한 법을 만들기 위한 사회적 합의와 정치적 과정이 제대로 작동되어야 한다. 위의 여러 가지 논의들을 요약·정리하여 보면 인공지능으로 대표되는 4차산업혁명시대 노동법제와 관련된 논의들은 아래와 같이 서술할 수 있겠다.

첫째, 지금까지의 인간의 노동은 인공지능으로 대체될 수 있는 직접노동과 대체되기 곤란한 노동 영역으로만 구분하여 볼 수 있었으나 이제는 이에 더한 새로운 형태의 노동이 출현하므로 이에 대응하는 입법이 필요하다. 지금까지 예상하지 못했던 다양한 형태의 노동이 출현한다는 것이다. 이런 경우 노무제공자를 노동법상 근로자로 인정할 수 없다는 문제도 발생한다. 앞으로 폭발적으로 증가할 인공지능과 관련된 업무의 노무 제공자들 대한 대응 방안으로는 관련법 제정이나 그 개정을 도모해야 한다는 주장이 많다.

둘째, 플랫폼 노동을 포함하여, 프로젝트형 노동의 사례가 증가하면서 특정 근로자가 특정 사용자와의 관계에서 장기간 근로를 제공하는 기존의 고용형태는 점점 줄어들 것으로 보인다. 앞으로는 단기간 근로제공, 나아가 복수 사용자와의 관계에서 겸직도 발생하게 된다. 즉 근로제공 방식이 다양화된다는 것이다. 프로젝트형 근로제공에서는 해당 근로자가 프리랜서와 같은 지위에 서게 될 것이다. 이는 종래 하나의 사무실 내에서 동료 근로자들과 함께 근로를 제공하면서 통일적 또는 일률적 질서의 적용을 받는 형태가 아니다. 이제는 근로자 1인의 독자적 형태의 근로제공이 되면서 근로자 상호 간의 접촉이 희박하게 된다는 것이다. 이런 근로자 가운데는 전문성이 높게 평가되는 근로자도 있고 사용자와의 관계에서 약자의 지위에 있다고 평가할 수 없는 경우도 있을 것이다. 심지어 사용자에 대하여 강자의 지위에 서는 경우도 발생하게 될 것이다. 이러한 현상은 노동조합 조직의 역할 약화로 이어질 것이다. 동시에 이런 근로제공자들은 정규직 형태가 아니라 기간제 등의 형태로 근로를 제공하게 될 것이다. 그에 따라서 비정규직이 늘어나게 될 것이고, 이 경우 근로제공 과정에서 중간에 실직을 하는 경우도 발생하게 되므로 이에 대한 사회보험의 대응도 필요할 것이다. 나아가 특정 근로자가 복수의 사용자와의 관계에서 근로제공 과정에서 발생하는 산업재해에 대비한 보험료 부담 및 사용자들 사이의 손해배상책임 분배 등 복잡한 산업재해보상보험제도의 문제도 야기될 것이다. 전문성을 전제로 하는 프리랜서 형태의 근로제공이 늘어나게 되고 생산 현장에서 4차산업혁명 내지 인공지능에 의한 노동력 대체는 중간층 근로자들의 대량실직을 불러올 것으로 예상되어 실업에 대한 대응도 필요하게 된다.

셋째, 근로기준법 제도가 변화할 것이다. 인공지능시대 및 4차산업혁명시대 초연결사회의 출현에 따라 업무와 휴식의 분리가 명확해지지 않을 것이고, 고정적인 1일 근로시간의 획일적 상한 규제는 근로제공의 현실에 맞지 않게 될 것이다. 따라서 통상의 1일 근로시간 8시간 상한제를 폐지하고 그에 대신하여 초연결사회 근로자들 업무의 과중 우려 현상에서 근로자의 건강 보호를 위하여 일정시간 휴식시간을 확보하도록 하는 제도의 도입이 필요하다. 휴식시간에는 업무와 연결고리를 끊을 수 있는 제도적 장치도 필요하게 될 것이다.

넷째, 노동조합법 제도의 변화이다. 4차산업혁명시대 및 인공지능시대 노동조합의 존재방식은 다양한 형태의 노무제공자들의 조직화가 곤란하게 된다. 그 이유로 새로운 방식이 노동조합 활동에 필요하게 될 것이다. 예컨대, 노동의 유연화에 대해서도 노동조합이 주도적 역할을 담당하기 위하여 협동조합과 같은 새로운 조직형태를 고려해야 할 것이다. 동시에 노동조합의 조직률 저하 및 그에 따른 노동조합 역할의 감소 등 현실을 고려할 때 근로자대표제도의 재정립도 깊이 고려할 사항이다. 나아가 일본에서와 같이 전형적인 근로자의 경우 노동조합의 조직형태도 직종별, 지역별 형태의 조직화가 등장할 가능성이 크다.

끝으로, 산업안전보건법이 변해야 한다. 초연결사회에서는 업무 시간과 휴식 시간이 불명확하게 되고, 프로젝트형 근로제공이 증가하므로 근로자의 건강 보호가 중요한 문제가 된다. 이에 대응하기 위하여 근로자의 건강권 보장, 사업 또는 사업장에서의 위험성평가 등의 조치가 필요하다. 업무 감시용 장치 확산 및 스마트폰을 이용한 업무수행과정에서 업무강도가 세지고 및 업무집중도가 높아짐에 따라 건강보호의 필요성이 더 커져서 이를 위한 산업안전보건법의 정비도 필요하다.

참고 문헌/자료

1. 저서

국내

닉 서르닉(Nick Srnicek), 『플랫폼 자본주의』, 심성보 역, 킹콩북, 2020.

문일경 외, 『생산 및 운영관리』, 생능출판사, 2016.

송덕수, 『민법전의 용어와 문장구조』, 박영사, 2018.

──, 『신민법강의(제12판)』, 박영사, 2019.

이병덕, 『코어논리학』, 성균관대학교 출판부, 2020.

장지연 외, 『디지털 시대의 고용안전망: 플랫폼 노동 확산에 대한 대응을 중심으로』, 한국노동연구원, 2020.

지원림, 『민법강의(제17판)』, 홍문사, 2020.

──, 『민법강의(제18판)』, 홍문사, 2021.

──, 『민법판례』, 박영사, 2021.

최원배, 『논리적 사고의 기초』, 서광사, 2019.

클라우스 슈밥(Klaus Schwab) 외, 『4차 산업혁명의 충격』, 김진희 · 손용수 · 최시영 역. 흐름출판, 2016.

국외

Ashley, Kevin D., 『Artificial Intelligence and Legal Analytics』, Cambridge University Press, 2017.

Edmonds, Andrew, 『DARL-AI online: Build a Fuzzy Logic Expert

System』, Dr Andt's IP Ltd, 2015.

Gupta, I. and Nagpal, G., 『Artificial Intelligence and Expert Systems』, Mercury Learning and Information, 2020.

Nguyen, Hung T. et al., 『A First Course In Fuzzy Logic』, CRC Press, 2018.

2. 논문

국내

권상로 · 한도율, "제조물책임법의 문제점과 개선방안에 관한 연구", 법학연구, 제 51권, 한국법학회, 2013.

권오성, "플랫폼경제와 노동법", 노동연구, 제41권, 고려대학교 노동문제연구소, 2020.

김길래, "자율주행자동차 안전위험 이슈 도출과 안전규제체계에 대한 연구", 한국 디지털콘텐츠학회 논문집, 제22권 제3호, 2021.

김도경, "디지털 노동 플랫폼 노동자의 법적 지위와 권리: 프랑스 헌법재판소 2019년 12월 20일 결정을 중심으로", 국외통신원 소식, 헌법재판소 헌법재 판연구원, 2020.

김도훈, "변호사의 업무상 인공지능 사용에 관한 소고-미국변호사협회의 법조윤리 모델규칙에 따른 윤리적 의무를 중심으로", 미국헌법연구, 제29권 제3호, 미 국헌법학회, 2018.

김두상, "자율주행자동차에 관한 형사법적 고찰", 서울법학, 제28권 제1호, 서울시 립대학교 법학연구소, 2020.

김민중, "컴퓨터바이러스에 따른 손해에 대한 법적 책임", 인터넷 법률, 제18호, 2013.

김선영, "무인선 연구 동향", 대한조선학회지, 제51권 제2호, 대한조선학회, 2014.

김수영 · 강명주 · 하은솔, "플랫폼 경제활동에 대한 시론적 고찰: 유형, 특성, 예상위험, 정책대안을 중심으로", 한국사회정책, 제25권 제4호, 한국사회정책학회, 2018.

김용의, "인공지능 윤리에 관한 하나의 제안", 법학논총, 제37집 제2호, 한양대학교 법학연구소, 2020.

김종진, "디지털 플랫폼노동 확산과 위험성에 대한 비판적 검토", 경제와 사회, 제125호, 비판사회학회, 2020.

김준영, "플랫폼노동의 증가와 사회정책의 과제", 월간 공공정책, 제174권, 한국자치학회, 2020.

김준우, "스마트팩토리 교육의 현재와 발전 방안", 한국콘텐츠학회지, 제15권 제2호, 한국콘텐츠학회, 2017.

김형섭 · 황선영, "AI기술의 부패방지와 인권 침해의 논의 – 홍콩 사례(복면금지법)를 중심으로 –", 한국부패학회보, 제25권 제2호, 한국부패학회, 2020.

문병준, "자율주행자동차 기능안전 및 성능안전 법규 추진 동향", 오토저널, 제42권 제12호, 한국자동차공학회, 2020.

문중원, "4차 산업혁명시대의 노동과 노동조합의 미래에 대한 고찰", 법제, 제687권 제4호, 한국법제처, 2019.

박동진, "제조물책임법상 제조물의 개념", 비교사법, 제10권 제4호, 한국비교사법학회, 2003.

─────, "제조물책임법 개정방안 연구", 연구용역과제보고서(2012년도 법무부/공정거래위원회), 2012.

박봉철, "법률상담 챗봇 정책을 위한 법률요건의 퍼지화–토지임차인의 건물매수청구권을 중심으로", 일감부동산법학, 제21호, 건국대학교 법학연구소, 2020.

─────, "인공지능 변호사를 위한 술어논리 기반 추론엔진", 제4차 산업혁명시대 기술변화에 따른 법적 이슈(발표논문집), 동아대학교 법학연구소 인문사회연구소 지원사업 · 충북대학교 법학연구소 공동학술대회, 2020.

─────, "인공지능 변호사를 위한 법리의 구조화와 그 표현", 국제교류와 융합교육,

제1권 제1호, 한국국제교육교류학회, 2021.

──────, "인공지능 변호사를 위한 법적 논증의 실제 – 연대채무에서 어음채권행사에 따른 소멸시효중단의 절대효", 법학논문집, 제45권 제3호, 중앙대학교 법학연구원, 2021.

박은정, "지금 왜 다시 사용자인가? 플랫폼 노동관계에서 사용자 찾기", 노동법포럼, 제31호, 노동법이론실무학회, 2020.

박지순, "4차 산업혁명과 노동법의 과제", 강원법학, 제54권, 강원대학교 비교법학연구소, 2018.

서정희 · 백승호, "제4차 산업혁명 시대의 사회보장 개혁: 플랫폼 노동에서의 사용종속관계와 기본소득", 법과 사회, 제56호, 법과사회이론학회, 2017.

설민수, "머신러닝 인공지능과 인간전문직의 협업의 의미와 법적 쟁점", 저스티스, 제163호, 2017.

송강직, 일본에서의 쟁의행위와 형사책임, 『노동과 법 제3호 – 쟁의행위와 형사책임』, 금속법률원, 2002.

──────, "쟁의행위와 민사책임", 노동법학, 제9호, 한국노동법학회, 1999.

──────, "쟁의행위에 관한 최근 대법원판례", 노동법포럼, 제6호, 노동법이론실무학회, 2011.

──────, "쟁의행위와 손해배상", 동아법학, 제64호, 동아대학교 법학연구소, 2014.

──────, "노동기본권의 본질과 쟁의행위", 법학논문집, 제39집 제1호, 중앙대학교 법학연구소, 2015.

──────, "제4차 산업형(혁의 오자–필자 주)명이 노동법제에 미치는 영향–일본에서의 논의를 중심으로", 중앙법학, 제20집 제2호, 중앙법학회, 2018.

──────, "일본 근로시간 제도", 노동법논총, 제45권, 한국비교노동법학회, 2019.

송영현, "인공지능 담론과 법의 사회적 현재성", 법학연구, 제18권 제4호, 한국법학회, 2018.

신동현, "자율주행자동차 운행의 법적 문제에 관한 시론(試論)", 과학기술법연구, 제22권 제7호, 한남대학교 과학기술법연구원, 2016.

신봉근, "컴퓨터소프트웨어와 제조물책임", 인터넷 법률, 제27호, 법무부, 2005.

심우민, "인공지능 기술발전과 입법 정책적 대응방향", 이슈와 논점, 제1138호, 국회입법조사처, 2016.

──, "인공지능 기술과 IT법체계: 법정보학적 함의를 중심으로", 지능정보화사회에서 법과 윤리, 전북대학교 동북아연구소, 2019.

양종모, "인공지능을 이용한 법률전문가 시스템의 동향 및 구상", 법학연구, 제19권 제2호, 인하대학교 법학연구소, 2016.

──, "인공지능에 의한 판사의 대체 가능성 고찰", 홍익법학, 제19권 제1호, 홍익대학교 법학연구소, 2018.

──, "인공지능 챗봇 알고리즘에 대한 몇 가지 법적 고찰", 홍익법학, 제21권 제1호, 홍익대학교 법학연구소, 2020.

오병철, "인공지능 로봇에 의한 손해의 불법행위책임", 법학연구, 제27권 제4호, 연세대학교 법학연구원, 2017.

이건영, "인공지능 창작물에 대한 저작권법적 연구 – 저작물 성립여부와 보호방안을 중심으로", 연세대학교 법무대학원 석사학위, 2017.

이상복, "4차산업혁명시대의 한국품질경영 제안", 한국품질경영학회지, 제45권 제4호, 한국품질경영학회, 2017.

이상용, "인공지능과 계약법: 인공 에이전트에 의한 계약과 사적자치의 원칙", 비교사법, 제23권 제4호, 2016.

이상윤, "소위 '4차 산업 혁명'을 추동하는 기술 변화가 노동자 건강에 미치는 영향", 의료와사회, 제6호, 2017.

이승계, "플랫폼 노동종사자의 법적 지위와 권리보호 방안", 경영법률, 제30권 제1호, 한국경영법률학회, 2019.

이승윤 · 백승호 · 남재욱, "한국 플랫폼노동시장의 노동과정과 사회보장제의 부정합", 산업노동연구, 제26권 제2호, 한국산업노동학회, 2020.

이승준, "자율주행자동차의 도로 관련법상 운전자 개념 수정과 책임에 관한 시론(試論)", 형사법의 신동향, 제56호, 대검찰청, 2017.

이은영, "자율주행자동차 사이버보안 법규 추진 동향", 오토저널, 제42권 제12호, 한국자동차공학회, 2020.

이재영, "자율운항선박의 개발동향 및 쟁점분석을 통한 정책적 제언", 해운물류연구, 제102권 제1호, 한국해운물류학회, 2019.

이해원, "테크노 크레아투라(Techno Creatura) 시대의 저작권법: 인공지능 창작물의 저작권 문제를 중심으로", 저스티스, 제158호, 2017.

이호근, "플랫폼 노동 등 고용형태의 다양화와 사회보장법 개선방안에 대한 연구", 산업노동연구, 제26권 제1호, 한국산업노동학회, 2020.

장귀연, "노동유연화로서 플랫폼노동의 노동조직 과정과 특성", 산업노동연구, 제26권 제2호, 한국산업노동학회, 2020.

장희은, "해외 플랫폼노동 정책과제와 특징", 한국노동사회연구소 114차 노동포럼 자료집, 한국노동사회연구소 · 서울연구원, 2019.

장희은 · 김유휘, "플랫폼 경제에서의 노동자 보호를 위한 해외 정책동향", 산업노동연구, 제26권 제1호, 한국산업노동학회, 2020.

전수남, "스마트공장의 끝판왕, "AI공장" 중소기업이 어떻게?", 정보통신산업진흥원, 이슈리포트 2019-26호, 2019.

전용일, "자율주행자동차 시대의 도래에 따른 통상규범적 쟁점 – 미국 자율주행자동차법안(SELF DRIVE Act) 사이버보안규정의 WTO TBT 합치성을 중심으로", 법학연구, 제59권, 전북대학교 법학연구소. 2019.

조성혜, "디지털플랫폼 노동 종사자의 근로자성 여부", 노동법학, 제64호, 한국노동법학회, 2017.

조재현 · 김용의, "인공지능의 기본권 주체성에 관한 연구", 유럽헌법연구, 제35호, 유럽헌법학회, 2021.

조한상 · 이주희, "인공지능과 법, 그리고 논증", 법과 정책연구, 제16권 제2호, 2016.

차종진 · 이경렬, "자율주행자동차의 등장과 교통형법적인 대응", 형사정책연구, 제29권 제1호, 한국형사정책연구원, 2018.

최석원, "인공지능산업 생태계 현황과 발전전략 - 가속성장 인프라 중심 - ", 정보
　　통신산업진흥원, 이슈리포트 2019-32호, 2019.
최인이, "창작물 유통 플랫폼의 노동통제 방식에 관한 연구: 유료 웹툰 플랫폼의 사
　　례를 중심으로", 산업노동연구, 제26권 제2호, 한국산업노동학회, 2020.
최정호 · 이제욱, "스포츠 4차 산업혁명 기술의 효과적 융합을 위한 법 제도적 개
　　선방안", 국사회체육학회지, 제75호, 2019.
황창근 · 이중기, "자율주행 운행을 위한 자동차관리법의 개정 방향", 중앙법학, 제
　　20권 제2호, 중앙법학회, 2018.

국외

Aloisi, Antonio, "Commoditized Workers: Case Study Research on
　　Labor Law Issues Arising form a Set of 'On-Demand/Gig Economy'
　　Platform", Comparative Labor Law and Policy Journal, vol.37, no.3,
　　2016.
Cherry, Marriam A., "플랫폼 노동자에 대한 법적 보호: 미국 캘리포니아주 AB
　　5법", 국제노동브리프, 2020.
Collier, Ruth Berins, V.B. Dubal, and Christopher Carter, "Labor
　　Platforms and Gig Work: The Failure to Regulate", IRLE Working
　　Paper, no.106-17, 2017.
De Stefano, Valerio and Antonio Aloisi, "디지털 노동 플랫폼에 관한 유럽의
　　법적 프레임워크", 국제노동브리프, 제18권 제5호, 한국노동연구원, 2020.
Drahokoupil, Jan and Agnieszka Piasna, "Work in the Platform Economy:
　　Beyond Lower Transaction Costs", Intereconomics, vol.52, no.6,
　　2017.
Emerg, Ann, "Autonomous Self-Driving Vehicles, Annals of emergency
　　medicine", vol.73, no.6, Elsevier Science B.V., Amsterdam, 2019.
Eurofound, "Employment and Working conditions of Selected Types

of Platform Work", Publication Office of the European Union, Luxembourg, 2018.

⎯⎯⎯⎯⎯⎯, "Platform Work: Maximizing the Potential while Safeguarding Standards?", Publication Office of the European Union, Luxembourg, 2019.

Fagnant D. J. and Kockleman, K., "Preparing a Nation for Autonomous Vehicles: Opportunities, Barriers and Policy Recommendations", Transportation Research Part A: Policy and Practice, vol.77, 2015.

Faisal, A. et al., "Understanding Autonomous Vehicles: A Systematic Literature Review on Capability, Immpact, Planning and Policy", The Journal of Transport and Land Use, vol.12, no.1, 2019.

Felstiner, Alek, "Working the Crowd: Employment and Labor Law in the Crowdsourcing Industry", Berkeley Journal of Employment and Labor Law, vol.32, no.1, 2011.

Gandia, R. M. et al., "Autonomous Vehicles: Scientometric and Bibliometric Review", Transport Reviews, vol.39, no.1, 2019.

Hamdani, R. et al., "A Combined Rule-Based and Machine Learning Approach for Automated GDPR Compliance Checking", In the Proc. of the 18th International Conference on Artificial Intelligence and Law, ACM, 2021.

Huawei and Oxford Economics, "Digital Spillover: Measuring the true impact of the digital economy", 2017.

Jameel, F. et al., "Internet of Autonomous Vehicles: Architecture, Feature, and Sociotechnological Challenges", IEEE Wireless Communications, vol.26, no.4, 2019.

Kenny, Martin and John Zysman, "The Rise of Platform Economy", Issues in Science and Technology, vol.32, no.3, 2016.

Mabkhot, M. M. et al., "Requirements of the Smart Factory System: A Survey and Perspective", Machines, vol.6, no.2, 2018.

Martínez-Díaz M. and Soriguera, F., "Autonomous Vehicles: Theoretical and Practical Challenges", Transportation Research Procedia, vol.33, 2018.

OECD, "Online Work in OECE Countries", Policy Brief on the Future of Work, 2018.

Osterrieder, P., Budde, L., and Friedli, T., "The Smart Factory as a Key Construct of Industry 4.0: A Systematic Literature Review", International Journal of Production Economics, vol.221, 2020.

Ruben, R. B., Vinodh, S., and Asokan, P., "Lean Six Sigma with Environmental Focus", International Journal of Advanced Manufacturing Technology, vol.94, no.9-12, 2018.

Salehi, H. and Burgueno, R., "Emerging Artificial Intelligence Methods in Structural Engineering", Engineering Structures, vol.171, 2018.

Satoh, K. et al., "Interactive system for arranging issues based on PROLEG in civil litigation", In the Proc. of the 18th International Conference on Artificial Intelligence and Law, ACM, 2021.

Schmidt, Florian A., "Digital Labour Markets in the Platform Economy: Mapping the Political Challenges of Crowd Work and Gig Work", Friedrich-Ebert-Stiftung, 2017.

Thoben, K. D., Wiesner, S., and Wuest, T., "Industrie 4.0 and Smart Manufacturing - A Review of Research Issues and Application Examples", International Journal of Automation Technology, vol.11, no.1, 2017.

Vandaele, Kurt, "Will Trade Unions Survive in the Platform Economy?: Emerging Patterns of Platform Workers' Collective Voice and

Representation in Europe", ETUI Working Paper, Brussels: European Trade Uniuon Institute, 2018.

Wigel, V., "SophoLab: Experimental Computational Philosophy", vol.3, 3TU Ethics, 2007.

Zorob, Maysa, "The Future of Work: Litigating Labour Relationships in the Gig Economy", Business and Human Rights Resource Center, 2019.

3. 온라인 자료

관계부처 합동, "사람 중심의 플랫폼 경제를 위한 플랫폼 종사자 보호 대책", 제18차 일자리위원회 의결안건, 2020.12.21.

국토교통부 보도자료, "자율주행 교통·물류 서비스, 우리 일상으로 '성큼'", 첨단자동차과, 2020.11.22.

김준영 외, "플랫폼경제종사자 규모 추정과 특성 분석", 한국고용정보원 연구사업 보고서, 2019.10.22.

김형준, "자율주행 자동차 교통사고의 형사책임", 중앙법학회 · 중앙법학연구소 공동 주최(4차 산업혁명과 관련된 법률적 쟁점) 발표문, 2018.05.26.

박양신 · 지민웅, "국내 중소 · 중견기업의 스마트제조 구축 실태와 성과: 정부의 스마트공장사업 참여기업을 중심으로", I-KIET 산업경제이슈, 제81호, 산업연구원, 2020.04.13.

부산광역시 보도자료, "부산 스마트 시티 비전과 전략", 미래산업창업과, 2018.11.19.

신동윤, "미국 캘리포니아 주의 플랫폼노동 종사자 보호 사례: AB-5법, 근로자와 독립계약자 구별 검증요건을 중심으로", 외국입법 동향과 분석, 제14호, 국회입법조사처, 2019.11.13.

이승협, "집단적 노동관계를 통한 플랫폼 노동자 보호방안: 노동조합의 역할을 중심으로", 동아대학교 법학연구소 인문사회연구소지원사업 학술대회 발표문, 2021.02.23.

정보통신산업진흥원, "IoT 오픈 플랫폼 기반 스마트 팩토리 서비스 분야 도입 사례집", NIPA 발간자료, 2019.06.

최기산·김수한, "글로벌 긱 경제(Gig Economy) 현황 및 시사점", 국제경제리뷰, 제2019-2호, 한국은행, 2019.01.24.

한국고용정보원 보도자료, "AI·로봇-사람, 협업의 시대가 왔다!", 직업연구센터, 2016.03.25.

한국은행 조사국, "코로나19 이후 경제구조 변화와 우리 경제에의 영향", 조사총괄팀, 2020.06.29.

한인상·신동윤, "플랫폼노동의 주요 현황과 향후과제", NARS 현안분석, 제76호, 국회입법조사처, 2019.10.18.

해양수산부 보도자료, "국산 기술로 개발한 무인선, 해양강국을 향한 닻 올려", 해양개발과, 2017.11.23.

김앤장 법률사무소, "자율주행 관련 주요 법령 및 정책 동향 안내", 2020.06.10., https://www.kimchang.com/ko/insights/detail.kc?idx=21327.

매일노동뉴스, "'전국연대노조' 띄운 한국노총, 플랫폼 노동자 조직화 본격화", 2020.09.04., http://www.labortoday.co.kr/news/articleView.html?idxno=166389.

법률신문, "판결문 공개 과감히 확대하라", 2019.10.28., https://m.lawtimes.co.kr/Content/Article?serial=156740.

서울경제, "배달플랫폼 라이더 전국단위 노조 뜬다", 2020.11.09., https://www.sedaily.com/NewsView/1ZACB2E5IA.

시사저널, "배달플랫폼 노사의 '상생'...라이더스, 이제 '노동자' 인정받는다", 2020.10.06., http://www.sisajournal.com/news/articleView.

html?idxno=205995.

연합뉴스, "플랫폼 노동 포럼, 노사 대표자 회의 꾸려 사회적대화 확대", 2021.01.07., https://www.yna.co.kr/view/AKR2021010706210001 7?input=1195m.

조선비즈, "[2021 모빌리티포럼] 자율주행 시대, 의지와 믿음 있으면 언제든 현실화", 2021.05.20., https://biz.chosun.com/industry/car/2021/05/20 /7OCXH5VBOJGUNNMUCR3ZDHPOMQ/.

한겨레, "플랫폼 · 프리랜서협의회, 한국노총과 '노동권 확보' 나선다", 2021.04.30., https://www.hani.co.kr/arti/economy/economy_general/993411. html.

헬로티, "[미래 모빌리티 이슈 I] UAM, 탄생부터 시장 전망까지 A to Z", 2021.05.20., https://www.hellot.net/news/article.html?no=58162.

Atlanta K, "'알렉사' 해킹되면 사생활 다 털린다", 2019.10.22., https:// atlantak.com/%EC%95%8C%EB%A0%89%EC%82%AC- %ED%95%B4%ED%82%B9%EB%90%98%EB%A9%B4- %EC%82%AC%EC%83%9D%ED%99%9C-%EB%8B%A4- %ED%84%B8%EB%A6%B0%EB%8B%A4/.

Lecher, C., "How Amazon automatically tracks and fires warehouse workers for 'productivity'", The Verge, Apr 25, 2019, available at https://www.theverge.com/2019/4/25/18516004/amazon- warehouse-fulfillment-centers-productivity-firing-terminations.

찾아보기

저자 소개

김용의

연세대학교 경영학과 졸업
미국 Western State College of Law 졸업 (Juris Doctor)
감사원 근무 (국방 외교 분야 감사 업무 담당)
㈜ 호텔신라 근무 (홍보팀장, 영업기획팀장)
㈜ 씨엠개발 (대표이사)
미국 기업 Veryl Investment Mgt. (CEO)
미국 로펌 Diversity Law Group PLC (변호사)
동아대학교 법학전문대학원 (교수)
동아대학교 법학연구소 (소장)

박봉철

한국과학기술원 학사 · 석사 · 박사 졸업 (전자전산학)
㈜ 삼성종합기술원 근무 (전문연구원)
동아대학교 법학전문대학원 졸업 (법학전문석사)
변호사 박봉철 법률사무소 (변호사)
동아대학교 석당인재학부 (조교수)
대한상사중재원 (중재인)

4차산업혁명시대의 사회적 변화와 대응 방안

초판발행	2022년 6월 30일
지은이	김용의·박봉철
펴낸이	안종만·안상준
편 집	사윤지
기획/마케팅	정성혁
표지디자인	BEN STORY
제 작	고철민·조영환
펴낸곳	(주) **박영사**
	서울특별시 금천구 가산디지털2로 53, 210호(가산동, 한라시그마밸리)
	등록 1959.3.11. 제300-1959-1호(倫)
전 화	02)733-6771
f a x	02)736-4818
e-mail	pys@pybook.co.kr
homepage	www.pybook.co.kr
ISBN	979-11-303-4244-3 93360

정 가 16,000원

이 책은 2019년 대한민국 교육부와 한국연구재단의 지원을 받아
수행된 연구임(NRF-2019S1A5C2A03080978)